W0067680

Johannes Gernert
Generation Porno

Johannes Gernert

GENERATION PORNO

Jugend, Sex, Internet

Fackelträger

Pädagogisches Begleitmaterial zu diesem Buch finden Sie auf der
Homepage des Verlags.

FSC
Mix
Produktgruppe aus vorbildlich
bewirtschafteten Wäldern und
Recyclingholz oder - fasern

Zert.-Nr. SGS-COC-003091
www.fsc.org
© 1996 Forest Stewardship Council

Das für dieses Buch verwendete FSC-zertifizierte Papier holzfrei Zephir OR
liefert Papeteries de Vizille, Frankreich.

© 2010 Fackelträger Verlag GmbH, Köln
Alle Rechte vorbehalten
Grafisches Konzept, Gestaltung und Satz: Bild1Druck GmbH, Berlin
Gesamtherstellung: VEMAG Verlags- und Medien AG, Köln
Printed in EU

ISBN 978-3-7716-4439-0

www.fackeltraeger-verlag.de

Inhalt

Kapitel 5
Porno ist Pop: Eine Gesellschaft zieht sich aus 148

Kapitel 6
Schatzis und Schlampen: Warum Mädchen unter Druck geraten 167

Prolog

So viel Porno war nie

Am späten Abend, wenn Carl sicher ist, dass seine Eltern schlafen, setzt er sich in seinem Dachgeschosszimmer manchmal vor den Laptop und tippt die Adresse mit den elf Zeichen in das Browserfenster: youporn.com. Der Bildschirm wird ganz dunkel. Auf dem schwarzen Hintergrund steht in grauer Schrift, dass man 18 Jahre alt sein muss, um die Seite anzusehen. »WARNING: This website contains explicit adult material.« Carl ist 15, er besucht das Johanneum, ein traditionsreiches Gymnasium in Lüneburg. Er kann Englisch, er versteht den Warnhinweis, er weiß, dass er eigentlich noch drei Jahre warten müsste, bis das, was er gleich tut, legal ist. Aber er weiß auch, dass ihn niemand daran hindern wird, auf die helle Fläche mit der Aufschrift »Enter« zu klicken. Er hat es oft ausprobiert. Carl kennt nicht nur *Youporn*, sondern einige solcher amerikanischer Porno-Homepages. Die Startseiten sehen alle ähnlich aus. Er ignoriert die Warnungen jedes Mal. Dann kommen die Bilder.

Sie sind etwa so groß wie das Display eines Handys, bei *Youporn* immer fünf in einer Reihe. Carl schaut kurz über die neuesten Videos, die Nutzer auf die Seite gestellt haben. Es sind meist nackte Frauen darauf zu sehen. Frauen, die einen oder mehrere Penisse im Mund haben, in der Hand, in der Vagina oder im Anus.

Frauen mit verzerrten Gesichtern, die mitten in einer Disco Sex
haben, in einem Badezimmer, in der Küche, im Wald, im Bett, auf
einer Couch, am Straßenrand.

Unter den Fotos sind in Rosarot kurze Zusammenfassungen zu
lesen: »First Anal«, der erste Analsex, oder einfach: »Blowjob«. Carl
muss bloß auf eines der Bilder klicken, damit die Filmchen in einem Fenster abgespielt werden. Er kann sie auch auf dem ganzen
Bildschirm angucken wie auf einem kleinen Fernseher. Schon
während ein Clip läuft, werden ihm reihenweise neue angeboten,
die dem ersten ähneln. Es funktioniert fast wie bei Youtube, Googles
riesigem Videoportal. Nur dass dort keine Vaginen, keine Erektionen und kein Sperma gezeigt werden. Es gibt auch bei Youporn
einen Suchschlitz. Gelegentlich tippt Carl dort ein Wort ein: »Strip«
beispielsweise. Bei anderen Seiten kann er aus Dutzenden Kategorien aussuchen: Amateur, Anal, Ass, Big Tits, Black Woman, Blond.
Und immer so weiter.

Mit einem Mal sind da so viele Stunden Pornografie, wie sie kein
Hinterzimmer einer Videothek und kein Sexshop fassen können.
Niemand kontrolliert den Ausweis. Das ist auf all den Gratis-Porno-
seiten gleich: Es genügt ein einfacher Klick, um an Abertausende
bewegte Bilder zu gelangen. So leicht wie im Jahr 2009 war das nie
zuvor. Carl hatte noch keine Freundin, er hat in seinem Leben kein
einziges Mädchen geküsst. Wie er sitzen etliche andere Jungs vor
dem blinkenden Bildschirm und machen ihre ersten sexuellen Erfahrungen mit kurzen Clips. Einige sind noch jünger als Carl. Das
Angebot ist für alle gleich groß.

Man könnte Carl und seine Altersgenossen als »Generation
Porno« bezeichnen. Das ist eine Zuspitzung und irgendwie auch
ein Stigma. Obwohl »Porno« in unserer Gesellschaft weit verbreitet
ist und seit der Legalisierung von Pornografie 1975 an Akzeptanz
gewinnt, haben viele weiterhin ein ungutes Gefühl dabei, wenn sie

öffentlich mit Sexszenen in Verbindung gebracht werden. Durch
die Betrachtung des Lebens von Jugendlichen, die in den Neunzigern geboren wurden, unter der Überschrift »Generation Porno«
soll niemand diskriminiert werden. Sie sind genauso eine »Generation iPod«, eine »Generation Internet«, eine »Generation Casting« oder eine »Generation Alcopop«.

Eigentlich sind sie vor allem eine Generation, **Enttabuisierung durchs**
für die pauschale Generationen-Begriffe nicht **Internet**
mehr taugen. Dafür sind ihr Medienumfeld
und ihre Konsumgewohnheiten viel zu vielfältig. Ihre Eltern sind
von Journalisten noch als »Generation Fernsehen« charakterisiert
worden. Die Holzkisten mit den gewölbten Mattscheiben haben
ihr Lebensgefühl geprägt. Sie hatten ein gemeinsames Programm,
samstagabends sahen sie *Einer wird gewinnen*, die Quizshow mit
Hans-Joachim Kulenkampff. Das Fernsehen der »Generation Internet« ist *Youtube*. Es gibt Hunderttausende Clips, aber keinen
einzelnen, der sie alle in demselben Sofagefühl vereint wie eine
Samstagabendsendung. Es gibt aber eine Art von Videos, die die
meisten kennen: Aktuelle Studien zeigen, dass die Mehrheit der
Jugendlichen schon Pornos gesehen hat. Manche geben an, regelmäßig welche anzuschauen. Aber welche genau? Und warum?
Antworten darauf sucht dieses Buch.

Mit dem Begriff »Generation Porno« ist eine Sorge verbunden:
Dass junge Leute, die sich mit Pornografie aufklären, Sexualität
nicht mehr mit Liebe verbinden. Dass Jungs wie Carl die Mädchen an ihren Schulen mit den Frauen aus den Filmen vergleichen und sie als Objekte betrachten, mit denen sie prinzipiell Sex
haben könnten, wann und wo sie wollen, um dabei all das nachzustellen, was in Pornos passiert. Es ist von sexueller Verrohung
oder Verwahrlosung die Rede. Und der deutsche Sexualaufklärer
Oswalt Kolle fragt sich, ob wir in eine Masturbationsgesellschaft

zerfallen, weil der virtuelle Sex wichtiger werden könnte als der reale.

Die Sexdarstellungen aus den Portalen breiten sich aus. Sie werden von dort auf Handys geladen, über Bluetooth weitergeschickt oder kommen übers mobile Internet direkt auf Taschentelefone. Sony überlegt, Porno-Downloads für seine Spielkonsole Playstation zu ermöglichen. In Japan gibt es die schon. Auf den Handys mancher Kinder und Jugendlicher sind neben normalen Pornoszenen auch Clips von Frauen, die Sex mit Pferden haben, gespeichert. Der Soziologe Roland Eckert erkennt eine »noch nie da gewesene visuelle Enttabuisierung«, die das weltweite Netz gebracht habe.

Teenager können Pornos nicht nur konsumieren, sondern sie mit Digitalkameras selbst produzieren. In den USA spricht man von »Sexting«, was sich vom Verb »text« ableitet, »SMS verschicken«. Mädchen, die sich selbst nackt aufgenommen und die Bilder verschickt hatten, sind wegen der Verbreitung von Kinderpornografie angeklagt worden. Auch in Deutschland drehen Teenager Nacktclips, senden sie sich gegenseitig zu oder laden sie auf Internetplattformen.

Von den Ärzten zum »Arschficksong« Die Profilbilder in Freundesnetzwerken wie *SchülerVZ* erinnern manchmal an die Pornodarstellerinnen auf *Youporn*. Manche Mädchen vertrauen den sozialen Seiten gutgläubig private Informationen an und merken nicht immer, dass anstelle von »m 15«, dem vermeintlich 15 Jahre alten Jungen, ein Mann die Tastatur bedient, der mehr als 40 Jahre älter ist, als er online behauptet. Es gibt gute Gründe, warum Eltern um ihre Cyber-Kinder Angst haben können.

Sie sind verunsichert, wenn etwa der Kleine aus dem Kindergarten kommt und fragt: »Mama, was ist ein Blowjob?« Wenn auch Sie sich Gedanken um ihre Kinder, Enkelkinder, Neffen oder

Patentöchter machen: Lesen Sie in Ruhe dieses Buch! Es kann Ihnen sicher einige Sorgen nehmen. Vermutlich wird Sie die eine oder andere Stelle auch beunruhigen. Sie werden aber immer genau wissen, warum. Und am Ende wird Ihnen klar sein, wie Sie etwas dagegen unternehmen können.

Vätern und Müttern ist die Webwelt, in die ihre Töchter und Söhne nach der Schule für Stunden verschwinden, häufig fremd. Ganz anders als ihre Kinder sind sie nicht mit Handy, Playstation, iPod und Laptop groß geworden. In ihrer Jugend gab es weder *SchülerVZ, Jappy, Myspace* noch *Youtube* – und schon gar kein *Youporn*. Die Telefone waren alle per Kabel mit einer Dose in der Wand verbunden, man konnte mit ihnen keine Fotos aufnehmen, keine Videos abspielen und keine Musik hören. Computer waren große graue Kästen mit bauchigen Monitoren. Pornofilme gab es im streng abgeschirmten hinteren Teil der Videothek.

Zwar sangen auch die Ärzte vor über 20 Jahren sexuell aufgeladene Texte. Allerdings orientierte sich die Band nicht so deutlich an pornografischen Bildern wie Frauenarzt oder King Orgasmus One, die deshalb »Porno-Rapper« genannt werden. Gegen den »Arschficksong« des Berliner Rappers Sido wirken die Ärzte mit »Claudia« im Nachhinein fast harmlos, obwohl das Stück davon handelt, dass ein Schäferhund abends ins Bett der Frau kommt. Es wurde in den Achtzigern von der Bundesprüfstelle indiziert. In Sidos Song schreit ein Mädchen namens Kathrin beim Analsex vor Schmerz, denn »ihr Arsch hat geblutet«. Sido hat damit ähnlich erfolgreich provoziert wie die Ärzte mit »Claudia«. Dass Jugendliche solche Zeilen auswendig kennen, entsetzt Erwachsene – selbst Ärzte-Fans.

Entsprechend emotional führen sie die Debatte um die »Generation Porno«. Es werden Verbote von Handys oder von Porno-Rappern gefordert. Einige rufen nach dem Staat, damit die Politiker

den Jugendschutz im Internet so verbessern, dass Carl nicht länger
mit einem Klick zu all den nackten Frauen gelangt. Angefacht hat
die Diskussion ein Artikel, den der Reporter Walter Wüllenweber
2007 unter dem Titel »Voll Porno« im Magazin *Stern* veröffentlichte.
Seine These: Jugendliche sehen Pornografie und hören Porno-Rap.
Die Filme würden in einigen Familien schon zum Frühstück laufen. Manche Teenager würden Gangbang-Szenen nachstellen.
»Gangbang« heißt: Viele Männer fallen über eine Frau her.

Es ist ein Begriff, der auch in den Texten von Porno-Rappern immer wieder auftaucht. Seitdem der *Stern*-Text erschienen ist, prägt
er die Pornodiskussion. Manche übersetzen Gangbang mit »Massenvergewaltigung«. Das, was Carl findet, wenn er bei *Youporn* auf
»Gangbangs« stößt, passt für ihn zu dem Wort. Andere Teenager
sehen das völlig anders.

Erwachsene empören sich. Genauer begutachten, worüber sie
sich da aufregen, wollen viele nicht. Es gilt nach wie vor, was der
Wissenschaftler Werner Faulstich in den Neunzigern formuliert
hat. Die meisten Erwachsenen verurteilten Pornofilme, ohne sie
wirklich zu kennen: »Viele wollen gar nicht wissen, was es da gibt,
welche Subgenres und Variationen, welche ›Spezialitäten‹ und
›Perversionen‹; sie wollen nur ihr Vorurteil vertreten: Der Hard-
core-Porno zeige die öde, immer gleiche Rammelei, bei der Männer Frauen zu Objekten erniedrigen und ihnen Gewalt antun.«
Einer der bedeutendsten deutschen Sexualwissenschaftler, Gunter
Schmidt, hat für diese pauschale Ablehnung eine Erklärung. Er
nennt eine Vielzahl von Gefühlen, die die Abwehrreaktion provozieren. Scham, weil Intimes bloßgestellt werde. Ärger, weil Pornografie eigene geheime Fantasien enthalte. Und Angst, weil sie un-
eingestandene Wünsche wecke oder sichtbar mache – »wenn man
ehrlich ist«. Es ist deshalb einfacher, nicht ehrlich zu sein und gar
nicht nachzusehen, was beispielsweise unter dem Label »Gang-

bang« auf *Youporn* angeboten wird oder wie eigentlich der komplette Text von Sidos »Arschficksong« geht. Und was der und seine Kollegen sonst noch für Lieder machen.

Wer sich ernsthaft mit der »Generation Porno« befassen will, muss ehrlich sein und darf sich nicht verschreckt abwenden. In die-

Was machen Jugendliche mit Pornos?

sem Buch wird deshalb genau hingehört und hingesehen. Keine Sorge: Diese Ehrlichkeit soll beim Lesen weder Angst noch Ärger hervorrufen und auch keine Scham. Sie soll vielmehr zeigen, was Jugendliche an »Gangbang« fasziniert, was sie abstößt, wie das Pornogucken sie beeinflusst und was Erwachsene mit dem Wissen darüber anfangen können.

Sind Kindheit und Jugend im 21. Jahrhundert wirklich »voll porno«? Dieses Buch basiert zu einem großen Teil auf Gesprächen mit Teenagern. Manche ihrer Namen sind anonymisiert, um sie zu schützen. Es ist eine Reise, die in Jugendzentren führt, zu Jugendlichen nach Hause oder in ihre Online-Communitys, aber auch zu Sozialpädagogen und Lehrern, zu Sexualwissenschaftlern, Medienforschern, Psychotherapeuten, Psychologen und Linguisten. So wird ein Bild dieser Generation entstehen, an manchen Stellen noch etwas trübe, da, wo die Forschung jung ist, an anderen schon wesentlich klarer. Aufgrund dieser Eindrücke lässt sich mit Politikern diskutieren, wie gut der Jugendschutz in Deutschland ist, welche Verantwortung die Betreiber sozialer Online-Netzwerke haben und ob sich die Schulen nicht viel besser auf die mediale Allgegenwart der Pornografie einstellen müssten. Eine erfahrene Erziehungswissenschaftlerin meint: Wir müssen die Pornokompetenz fördern.

Was können Pornos mit Jugendlichen machen? Oder aber: Was machen Jugendliche mit Pornos? Ein einfacher Wechsel der Perspektive kann ganz neue Erkenntnisse liefern – gerade bei einem derart umstrittenen Thema. Genau da fällt er allerdings auch so viel schwerer. Wir werden von Frauenjournalen und Männermagazinen ständig mit Sextipps versorgt. Aus jeder Boulevardzeitung blitzen uns regelmäßig Busen entgegen. Wir kennen das Society-Starlet Paris Hilton erst so richtig, seit sich ihr Privatporno über Internetportale verbreitete. Das Reden über die echte, die eigene Sexualität, scheint dagegen immer noch alles andere als selbstverständlich. Oder haben Sie schon einmal einen guten Freund gefragt, ob er Pornos guckt? Welche ihm gefallen? Was er dabei macht?

Einigen Teenagern scheint es heute leichter zu fallen, solche Tabus zu brechen. Aber auch für Jugendliche mit besten Pornokenntnissen, erzählen Sexualpädagogen, ist es überhaupt nicht einfach, darüber zu reden, was sie in einer Beziehung gemeinsam tun oder lassen wollen. Noch schwerer fällt es Eltern, mit ihren Kindern über Sexualität zu sprechen. Gerade in der Pubertät, gerade über Pornografie. Wie Jugendliche doch mit sich reden lassen, auch das zeigt dieses Buch. Carls Mutter beispielsweise weiß, was ihr Sohn alles sieht. Er hat es ihr erzählt.

Dass sie ihm das Surfen auf solchen Seiten nicht verbietet, halten Sie für unverantwortlich? Oder tolerieren Sie es bei Ihrem eigenen Sohn genauso und verstehen nicht, wer sich darüber bitte schön aufregen könnte? Sie haben gar keine Kinder? Mehr als 30 Jahre nach der Legalisierung von Pornografie ist vieles möglich in Deutschland. Das Thema erhöht in Gesprächen dennoch weiterhin Herzschlag und Adrenalinpegel. Besonders wenn es um Jugendliche und Kinder geht. Da sehen in der Debatte manche nur schwarz und weiß – oder gleich rot. Dieses Buch ist eine Suche nach den Grautönen dazwischen. Sie beginnt an dem Ort, der die Debatte ganz entscheidend geprägt hat. Bei einem Mann, der mit seinen Plädoyers polarisiert.

Kapitel 1

Deutschlands sexuelle Spaltung: der Pastor und der Pädagoge

Ganz am Rand von Berlin, wo die Hellersdorfer Plattenbauland-schaft endet und die Felder beginnen, scheint die Sonne auf einen Bolzplatz. Es ist Anfang September. Der Himmel glänzt sommer-blau. Bernd Siggelkow steht im gestreiften Shirt kurz hinter der Mittellinie. Er hüpft einem Fußball hinterher. Kinder rempeln sich in Richtung Tor. Siggelkow ist der Älteste auf dem Platz, mit 45 Jahren. Sein Seitenscheitel schimmert im hellen Licht. Es sieht aus, als ob die kleinen Augen hinter der ovalen Brille lächeln. Viel-leicht konzentriert er sich auch nur.

Siggelkow ist Pastor seiner eigenen evangelischen Freikirche. In einer ehemaligen Schule am äußersten Ende der Stadtrand-siedlung betreibt er »Die Arche«. Einen Ort, an dem Kinder und Jugendliche Mittagessen bekommen, Hausaufgabenhilfe oder ge-brauchte Klamotten. Im Café hängen Teenager mit breiten Caps ab, in der Gummizelle mit den Matten und Bällen toben sich Übereifrige aus. Die Jüngeren spielen an diesem Nachmittag mit Siggelkow Fußball.

Vor einigen Tagen hat er sein neues Buch vorgestellt, das dritte. Es heißt *Deutschlands große Chance*. Es stehen Wünsche von Kindern darin. Man müsse diese Wünsche unbedingt ernst nehmen, schreibt

Siggelkow. Man müsse den Armen im Land endlich mehr Geld geben. Sonst würde die Unterschicht so stark wachsen, dass sie irgendwann den größten Teil der Gesellschaft ausmacht. Denn nur die Hartz-IV-Familien bekämen noch Kinder. Die müssten unterstützt werden. Wenn das nicht passiere, komme es in wenigen Jahren zum »sozialen Gau«.

Bernd Siggelkow hat gelernt, dass man zuspitzen muss, wenn die Leute einem zuhören sollen. Er hat das auch in seinem umstrittensten Buch gemacht, das im Herbst 2008 erschien. Es heißt *Deutschlands sexuelle Tragödie*. Es erzählt von Mädchen wie Milena, die mit zwölf Jahren im Heim zum ersten Mal Sex hat, mit 15 einen Privatporno dreht, den sie verkauft, und ansonsten mit ständig neuen Männern schläft, ohne an Verhütung oder HIV zu denken. Es kommen Mütter darin vor, in deren Wohnungen morgens Pornos laufen, die ihre Söhne beim Sex zuschauen lassen oder mit ihren Töchtern durch Clubs ziehen und darum konkurrieren, wer die meisten Männer abbekommt. Die Kapitel tragen Überschriften wie »Sexorgien am Wochenende«, »Die Gefahr der sexuellen Enthemmung« und »Die Pornoseuche«. Es wird von Mädchen berichtet, die mit neun Jahren Sex haben, ohne dass das die Mutter stört.

Und Siggelkow schildert diese eine Szene, die ihm seitdem als der aufrüttelndste Beleg für seine These dient: Vier elf Jahre alte Jungen fallen auf einer Treppe über ein zwölf Jahre altes Mädchen her, als würden sie es vergewaltigen. Sie hätten Gangbang gespielt, sagt Siggelkow. Alle seien angezogen gewesen. Gangbang ist die Bezeichnung für ein Porno-Genre: Mehrere Männer schlafen mit einer Frau.

Als die Mitarbeiter die Jungen fragten, warum sie das getan haben, hätten die geantwortet: »Das haben wir auf Video gesehen. Irgendwann wollen wir es mal richtig machen.« So läuft das in Siggelkows Augen: Junge Leute sehen Sexszenen, turnen sie an-

fangs nach, und später richten sie ihr ganzes Leben danach aus. Sie
verwandeln es in eine Aneinanderreihung von realen Sexclips, nie
mit Kondom, immer mit lauten Lustschreien. Vor allem aber: völlig ohne Liebe.

Ihr Selbstwertgefühl würden besonders die **Ein Pastor sagt den**
jungen Mütter, von denen es in Hellersdorf so **sexuellen Gau voraus**
viele gibt wie in wenigen anderen Berliner Bezir-
ken, nur aus dem Sex beziehen. Manche Frauen, kaum älter als 20,
erzählt Siggelkow, hätten vier Kinder von vier verschiedenen Part-
nern und würden weiterhin die meiste Zeit damit verbringen, in
Internetchats nach Männern zu suchen. Als wäre ihr Lebensmotto:
Ich habe Sex, also bin ich. Daraus schließt Siggelkow,»dass der
Konsum von Pornofilmen die Seele von Heranwachsenden nach-
haltig schädigt«. Im Schlusswort von *Deutchlands sexueller Tragödie*
lässt er einen Eheberater des Weißen Kreuzes eine Gesellschaft
»mit beziehungsunfähigen Menschen« vorhersagen, zusehends
verroht, voller Gewalt, mit wachsenden psychischen und physi-
schen Erkrankungen. Siggelkow selbst geht noch weiter:»Wir dürfen uns nicht wundern, dass immer mehr Kinder Opfer von Pädo-
philen werden, denn auch diese Menschen haben erkannt, wie
liebeshungrig unsere Kids geworden sind, und nutzen genau das
aus.« Er geht an gesellschaftliche Grenzen.

Vor dem sozialen hat Siggelkow den sexuellen Gau vorausgesagt.
Es war ein kalkulierter Tabubruch. Die *Sexuelle Tragödie* hatte der
Freikirchenpastor vorher exklusiv an die Bild-Zeitung und an
Spiegel-TV gegeben.»Sex-Alarm: Immer jünger! Immer öfter! Immer extremer!«, stand in Bild. Siggelkow weiß, wie Medien funktionieren. Seit 2004 arbeitet er mit dem Berater Wolfgang Büscher
zusammen. Das Kinderhilfswerk Arche hat schon immer vor allem
von Spenden und kaum von Zuschüssen des Bezirks gelebt. Gemeinsam mit Büscher hat Siggelkow die Marke Arche in ganz

Deutschland bekannt gemacht. Sie setzen auf zweierlei: steile Thesen und prominente Unterstützer. Für ihr erstes Buch, *Deutschlands vergessene Kinder*, schrieb der RTL-Moderator Günther Jauch ein Vorwort. Der Comedian Mario Barth zählt zu den Arche-Spendern. Barth hat mit Programmen wie »Männer sind Schweine – Frauen aber auch!« Deutschlands größte Mehrzweckhallen gefüllt. Als er im Sommer 2008 im ausverkauften Berliner Olympiastadion von den Marotten seiner Freundin erzählte, stellte er damit einen Guinnessbuch-Rekord auf. Der Comedian zeigt Frauen gegenüber nicht gerade viel Respekt, wenn er seine Freundin nachäfft, als sei sie ein halbdebiler Alien von einem seltsamen Stern.

Dass neben Pornos und drastischen Rap-Texten auch Komiker wie Barth junge Menschen beeinflussen, darüber denken die Arche-Leute wohl nicht allzu intensiv nach. Barths Geld hilft den Kindern. Punkt. Selbst auf die Unterstützung von Frauenarzt, einem der am häufigsten indizierten Rapper Deutschlands, der im Dezember 2009 von einem Berliner Gericht wegen seiner gewaltpornografischen Texte zu einer Geldstrafe verurteilt wurde, haben Siggelkow und seine Mitarbeiter nicht verzichtet. Er hat beim Soundtrack zu Siggelkows allererstem Buch mitgewirkt.

Mit seinem 2007 erschienenen Erstling *Deutschlands vergessene Kinder* wurde Siggelkow zum wichtigsten öffentlichen Kämpfer gegen Kinderarmut. Darin schildert er mit krassen Beispielen das Leben von Plattenbaukids, denen oft nur eine Möglichkeit bleibt, wenn sie Zuneigung und etwas Warmes zu essen wollen: in die Arche kommen, zu Papa Bernd, der zum Hellersdorfer Übervater geworden ist. Die Kälte der Platte gegen die Wärme seiner Einrichtung, das war die Geschichte, mit der Siggelkow seine Arche den Medien verkauft hat. Es ist eine gute und wahre Geschichte, man kann das in Hellersdorf besichtigen. Journalisten tun es regelmäßig. An diesem Septembernachmittag sind gleich zwei Teams vom ZDF da. Es geht um Kinderarmut. Die Fernsehleute kamen schon aus Russland, Korea, auch die britische BBC war zu Besuch. Die ARD hat hier Teile eines Features namens *Letzter Halt Sex – Kids am Abgrund* gedreht. Die Dokumentation wurde im Sommer 2009 gesendet und hat im Grunde noch einmal dieselbe Geschichte erzählt wie Siggelkows Buch, wie die *Bild*-Zeitung, wie der *Stern*. Es kamen Jugendliche vor, die viel Sex haben. Eine sehr junge Mutter mit zwei Kindern schätzte die Zahl ihrer bisherigen Partner auf etwa 60. Sie steht jetzt an der Ausgabe im Speisesaal der Arche. Es gibt Spinat, Kartoffeln und Eier. Die Frau sieht noch viel zarter und unscheinbarer aus als im Fernsehen. Man trifft hier viele Gesichter aus der ARD-Dokumentation. Auch einige der Jugendlichen, die oben am Ausgang mit ihren Handys spielen, waren zu sehen. Man weiß so bei den meisten, wie oft sie Sex haben und was sie sich noch für sexuelle Praktiken vorstellen könnten. Man weiß das, ohne je mit ihnen gesprochen zu haben.

Siggelkow hat mit seiner Arche neben der Armut auch die Deutungshoheit über ein zweites Thema erlangt:»sexuelle Verwahrlosung«. Mit dem Erfolg, der vielen Aufmerksamkeit, dem Bundesverdienstkreuz und all den anderen Ehrungen und Orden wurden die öffentlichen Vorwürfe gegen ihn lauter. Die meisten Kritiker meinen dasselbe: Er übertreibt. Er betreibe Rufmord am Bezirk, beklagte vor einigen Jahren ein Lokalpolitiker. Am aggressivsten klangen die Gegenstimmen nach der *Sexuellen Tragödie*.

Mit diesem Buch wurde eine Tatsache viel präsenter, die zuvor eher am Rande erwähnt worden war: Siggelkow ist Christ. Die Heilsarmee hat ihn in Basel zum Theologen ausgebildet, bevor er die»Evangelische Freikirche Hellersdorf« gründete. Seine Frau ist die Köchin der Arche, sie haben zusammen sechs Kinder. Alle drei Bücher Siggelkows sind bei Gerth erschienen, einem»christlichen Medienhaus«, oberster Grundsatz:»Werte setzen«.

Das Weiße Kreuz, dem der Eheberater angehört, der in Siggelkows Buch die übersexualisierte, verrohte Horrorgesellschaft prophezeit, ist ein christlicher Verein für »Sexualethik und Seelsorge«, der unter anderem das Verbot der Jugendzeitschrift *Bravo* fordert. Die Referenten auf der Homepage werden nach dem immer gleichen Schema vorgestellt: »Geburtsjahrgang, Ehestand, Kinderzahl«. Im Zentrum des Lebens sehen sie die Familie, die aus einer Ehe entstanden ist. Pornografie bedroht die Ehe und damit die ganze Familie. Das glauben nicht nur die Referenten des Weißen Kreuzes. Den Feldzug gegen die Sexfilme führen zahllose Online-Portale aus dem christlichen Umfeld wie loveismore.de, wo Abhängige sich zu ihrer Schuld bekennen und ihre Sucht beichten. In dem Büchlein *Der sexte Sinn* berichtet ein Pastor unter dem Pseudonym Wolf Deling, wie er jahrzehntelang versucht, sich nicht permanent von Sexseiten zur »raschen Triebbefriedigung« ins Netz ziehen zu lassen. Masturbation ist für ihn Schuld. Porno ist Sünde. Sein persönliches Schicksal macht diese Sichtweise nachvollziehbar. In einer pluralistischen Gesellschaft ist es allerdings nur eine Einstellung unter anderen. Auch wenn Ehe und Familie unter dem Schutz des Grundgesetzes stehen.

Wer die Debatte um die *Sexuelle Tragödie* verstehen will, der muss sich mit den Biografien jener Menschen befassen, die sie stellvertretend für alle anderen in Talkshows, Zeitungen, Magazinen und Radiosendungen führen. Sie erklären einiges.

Aus seiner christlichen Perspektive könnte Bernd Siggelkow selbst die Tatsache, dass die Zahl der Alleinerziehenden, gerade der jungen Mütter, in Marzahn-Hellersdorf überdurchschnittlich hoch ist, wie ein Resultat der Pornografisierung vorkommen. Pornos schließlich zerstören demnach Ehegemeinschaften. Siggelkow bietet einen Ersatz an. »Die Arche sieht sich auch als Familie«, sagt er. Ihr Vater kann also gar nicht anders, als Pornografie vehement abzulehnen – nicht nur bei Jugendlichen, aber bei denen ganz besonders.

Der Sexualwissenschaftler Gunter Schmidt ist **Es ist eine Frage der Perspektive** in den Fünfzigern groß geworden, als Onanieren etwas »Unzüchtiges« war. Die erotischsten Bilder, an die er sich erinnern kann, zeigte der *Stern*: Frauen im Bikini, die sich manchmal sogar nach vorne beugten. Dann habe es aber sofort Beschwerden gegeben. Der Forscher hat noch ein Jugendstilbild vor Augen von einer schemenhaften weiblichen Gestalt, die sich hinter einem Wasserfall abzeichnete. Das habe ihn damals »völlig außer Rand und Band« gebracht. Die Umwelt sei weitgehend sexfrei gewesen. Jeder leicht gelüpfte Rockzipfel wurde zum erregenden Erlebnis. Schmidt ist froh, dass sich das geändert hat. Siggelkow nennt er einen »fundamentalistischen Christen«. Schmidt hat die *Sexuelle Tragödie* gelesen. Es erschüttere ihn, sagt er, dass Siggelkow, der ansonsten vernünftige Arbeit mache, das alles derart undifferenziert sehe.

Der Blick auf die Pornografie ist immer eine Frage des Standpunkts. Bernhard Rabe-Rademacher sitzt vor den Zimmerpflanzen in seinem Büro, eine halbe Stunde Autofahrt von der Arche entfernt. Er regt sich auf. »Dieser Pseudo-Pfarrer aus Marzahn-Hellersdorf!«

An Rabe-Rademacher ist vieles sehr rund: sein Bauch, der Kopf, die Nase, nur die randlose Brille hat Ecken. Er ist 50 Jahre alt, Judokämpfer, ein kleiner, dicker Berliner mit aufmerksamen Augen und starken Meinungen. Vielleicht hätte der Sozialdemokrat mit dem, was er als Leiter eines Jugendzentrums mitten im Migrantenbezirk Wedding erlebt, ein ähnliches Skandalbuch schreiben können wie Siggelkow. Nur würde er das nie tun. Er sieht das alles viel gelassener. »Ich wage zu behaupten, dass es früher nicht anders war«, sagt Rabe-Rademacher. Wer zwölf, 13 oder 14 sei, interessiere sich eben für Sex.

Vor sechs Jahren ist er mit einer Jugendgruppe auf eine Kanu-
tour nach Schweden gefahren. Ein 14 Jahre altes Mädchen fragte
ihn und die anderen Betreuer, ob sie wüssten, was Gangbang sei.
Rabe-Rademacher hatte davon gelesen. Er sagte aber, er müsse sich
da erst mal informieren. Er wollte sich mit den anderen aus dem
Team besprechen. Die einfachste Antwort wäre gewesen: »Gangbang ist so etwas Ähnliches wie Gruppensex. Wir haben das früher
auch gemacht.« Man müsse in solchen Gesprächen aber vorsichtig
sein, sagt Rabe-Rademacher, gerade wenn es um die eigene Moral-
einschätzung gehe. »Das kann einem nachher übelst ausgelegt
werden.«

Die deutsche Gesellschaft gibt sich längst nicht so rotzig-direkt
und demonstrativ-entspannt wie Bernhard Rabe-Rademacher,
wenn sie sich mit dem Thema befasst. Auch mehr als 40 Jahre nach
der sexuellen Revolution und trotz der öffentlichen Omnipräsenz
von Porno und Sex. Man kann in der Jugendarbeit schnell einen
Aufschrei der Eltern provozieren, wenn man das nicht bedenkt. So
viel ist Rabe-Rademacher klar.

Seine Sexualmoral ist ganz entscheidend in einem schwedischen
Ferienlager der Falken geprägt worden, bei der Sozialistischen Jugend. 1972 haben ihn seine Eltern zum ersten Mal dorthin geschickt. Er hatte eine katholische Grundschule besucht und sei,
sagt er, in einer »spießbürgerlichen Familie« aufgewachsen. Die
Falken wurden in dieser Zeit gerade für ihre »Sexlager« berüchtigt,
von denen Zeitungen schrieben, dass es dort sehr »unzüchtig«
zugehe.

Pornografie war 1972 noch verboten. Der *Stern* stand gelegentlich
wegen nackter Brüste neben *Konkret* und der *Neuen Revue* auf dem
Index. Der Volkswartbund präsentierte 1969 eine Umfrage des Instituts Emnid, die beweisen sollte, dass »Schmutz und Schund« die
Jugend gefährden. Gemeint war Literatur. Henryk M. Broder

zeigte in seinem Buch *Wer hat Angst vor Pornographie?*, dass die Emnid-
Ergebnisse die Volkswartbund-These überhaupt nicht belegten.
Selbst das Institut schien seiner Meinung, obwohl es sich das nicht
so deutlich zu sagen traute. Im Interview mit Broder warnte der
Vorsitzende des Bundes trotzdem vor dänischen Zuständen und
dachte dabei »an die steigende Zahl von 12-, 13-, 14-jährigen Mädchen, die sich, sexuell verwahrlost, dem Problem einer ungewollten Schwangerschaft gegenübergestellt sehen«. Denn in Dänemark
waren Pornos legal. Die Bundespost kündigte im Sommer 1969 an,
verdächtige Pakete und Briefe aus Skandinavien besser zu prüfen.
»Porno-Flut rauscht über die Grenze«, titelte die *Rheinpfalz*. Solche
Zeilen erinnern an die »Porno-Flut«, die Zeitungen vierzig Jahre
später aus dem Internet quellen sehen.

Im liberalen, skandinavischen Schweden, im Zeltlager der Falken, gab es Wein, Bier und Joints. »Sex war total normal«, erinnert
sich Rabe-Rademacher. Barbusige Frauen liefen zwischen den
Zelten umher. Abends am Feuer diskutierten sie über freie Liebe,
über den Abtreibungsparagrafen 218 und darüber, was man unter
Männern und Frauen versteht. Es sei gefummelt und gevögelt
worden. Auch zu Rabe-Rademacher kam irgendwann eine Frau.
»Da sagste nicht Nein.« Er war 13.

Er habe sich, sagt Rabe-Rademacher, in dieser Zeit von seiner
katholischen Erziehung gelöst. Sex hat für ihn mit Befreiung zu
tun. Deshalb fällt es ihm schwer, sich Pornografie als eine Bedrohung vorzustellen.

Die sexuellen Sozialisationen von Bernhard Rabe-   **Siggelkows gegen**
Rademacher und Bernd Siggelkow verlaufen in ex-   **Rabe-Rademachers**
akt entgegengesetzte Richtungen. Siggelkow ist auf
St. Pauli groß geworden, in der Nähe der Reeperbahn, wo nackte
Frauen an die Schaufenster der Puffs gemalt waren. Mit 16 hat
man ihn oft gefragt, ob er schon Sex hatte. Er fühlte sich davon

unter Druck gesetzt. Er landete bei der Heilsarmee und lernte, dass Geschlechtsverkehr in eine Ehe gehört. Bei der Heilsarmee fand er auch seine Frau. Heute noch bedauert er es, dass sie nicht die Erste ist, mit der er geschlafen hat. Die Heilsarmee bot mit ihren Ehevorstellungen beruhigende Strukturen für einen, der bei seiner Großmutter aufgewachsen war, weil die Mutter abhaute, als er sechs war. In diesen stabilen Beziehungsverhältnissen lebt er seitdem, und er will sie anderen anbieten. Sex gibt es darin nur mit Liebe – oder als Sünde. Rabe-Rademacher hat solche Ansichten auch kennengelernt, aber bei den Falken hat er sich von ihnen abgewandt. »Seine Sexualität ausleben zu können, ohne sie in knallharte Beziehungen zu zwängen, haben wir als Freiheit empfunden«, sagt er. Es gab Seminare, da saßen 20 Leute im Kreis und alle schrien »Ficken!«.

Siggelkow und Rabe-Rademacher verkörpern die beiden Extreme der aktuellen Pornodiskussion. Die eine Seite spricht von gefährlichen Bildern, die sich in die Köpfe von Kindern und Jugendlichen brennen und sie gefühlloser werden lassen, beziehungsunfähig, kalt, lieblos. Manche vergleichen die Pornoclips mit Gift, das ins Bewusstsein der Teenager sickere und für eine Verschmutzung der sozialen Umwelt sorge. Die andere Seite lobt Pornos als Aufklärungsmaterial, das man sich früher selbst gewünscht hätte, und verweist auf die Popkultur und die gesamte Gesellschaft, die von Sex völlig durchsetzt sei. Sich wegen Pornos derart zu echauffieren greife viel zu kurz.

Die Rabe-Rademachers beschuldigen die Siggelkows, sie würden maßlos übertreiben. Die Siggelkows stellen die Rabe-Rademachers als Verharmloser dar.

Auf der Seite der Siggelkows formt sich so zeitweise ein Zweckbündnis aus Christen und Feministinnen wie Alice Schwarzer, die sich seit 1988 mit ihrer PorNo-Forderung immer wieder für einen veränderten Porno-Paragrafen eingesetzt hat. Pornografie müsse definiert werden als »erniedrigende sexuelle Darstellung in Text oder Bild von Kindern oder Frauen«. Sie verletze die Menschenwürde. Ende der Neunziger gewann Schwarzer führende Politikerinnen aller Parteien für ihr Vorhaben. Auch die ehemalige und derzeitige Justizministerin Sabine Leutheusser-Schnarrenberger. Schwarzers Zeitschrift Emma wettert wie Siggelkow gegen die Pornografisierung der Jugend.

Der Jugendzentrumsleiter Rabe-Rademacher findet, dass mit Jugendlichen heute zu wenig über Sexualität gesprochen wird. »Wir erklären die Sache technisch wunderbar, erwähnen die Verhütungsmittel und die Krankheiten«, sagt er. »Aber damit hat sich das auch.« Was ihm dabei völlig fehlt: »dieses Phänomen, dass man geil ist«. »Wir könnten, wenn wir ehrlicher und offener mit dem Thema umgehen würden, vielem Schund den Rang ablaufen«, vermutet er. Rabe-Rademacher glaubt an die Trennung von Liebe und Sex. »Natürlich gibt es die«, sagt er. »Es gibt ja auch die Trennung von Essen und Genuss.« Er ist verheiratet.

Manchmal, wenn er sich mit Jungs unterhält, deren Eltern aus der Türkei oder aus arabischen Ländern stammen, erinnert ihn das an seine eigene katholische Kindheit. Dieses Strenge daran und die Tatsache, dass Sex außerhalb der Ehe nicht stattfinden darf. Für die Geilheit, die Rabe-Rademacher aus den Ferienlagern kennt, ist da kein Platz. »Die Natürlichkeit des Bedürfnisses wird bei Muslimen ähnlich unterdrückt wie bei Katholiken.«

Die türkischstämmigen oder arabischstämmigen Jungs, beobachtet er, würden auch viel verschämter mit Pornografie umgehen. Als der Bezirk ihnen noch Ferienfahrten finanziert hat, saß Rabe-Rademacher einmal mit Ahmet am Strand einer Nordseeinsel. Ahmet war 15, und er schien viele Fragen zu haben. Er kannte Pornos, sagte aber nicht genau, welche. Er erzählte von seinem ersten Mal und wie er mit der ganzen Situation nicht zurechtgekommen war. »Er hat ihn da nicht reingekriegt«, sagt Rabe-Rademacher. Er lacht. Er ist für Offenheit. Es scheint ihm manchmal richtig Spaß zu machen, den sexuell Befreiten zu geben. Sie haben über Oralsex geredet und über Analerfahrungen. Rabe-Rademacher denkt, dass jeder die Dinge für sich selbst herausfinden muss. Er hat Ahmet nicht nur erzählt, wie ihm mal eine Frau ihre Brüste ins Gesicht gehalten hat und dass er das nicht toll fand, sondern hat ihm auch die Risiken beim Analverkehr genannt: 1. Hepatitis und HIV, 2. der Darm kann perforieren, 3. kann es sein, dass der Schließmuskel danach nicht mehr richtig zugeht, »dass es da halt raussuppt«. Er habe einige schwule Freunde, daher wisse er das. Er kann erschreckend direkt sein. Vielleicht ist genau diese Direktheit nötig, in einer Gegend, in der einigen Analsex wie eine Alternative zur Entjungferung vorkommt, weil muslimische Mädchen glauben, keusch in die Ehe gehen zu müssen.

Ahmet wollte an dem Abend noch Mädchen treffen. »Sollte da mehr sein ...«, hat Rabe-Rademacher ihm gesagt. »Ich zeig dir, wo der Kondomautomat hängt.«

»Nicht einmal Lehrer reden über Sexualität!«   Man muss reden, denkt Rabe-Rademacher. Im Grunde sieht Bernd Siggelkow das genauso. Auch er gibt sich offen und direkt, wenn man mit ihm spricht. Bei der Buchvorstellung von *Deutschlands sexueller Tragödie* sitzt er im Herbst 2008 auf einem Sofa in der Bertelsmann-Repräsentanz in Berlin, ein Raum wie die Lobby eines noblen Hotels. Er beugt sich nach vorn, seine Augen sind leicht glasig, aber hellwach: »Vor elf Jahren habe ich einmal eine Klassenfahrt begleitet. Eine Lehrerin erzählte mir, dass in der Nacht einige aus der sechsten Klasse auf den Tisch onaniert hätten. Und, habe ich sie gefragt, haben Sie mit ihnen darüber gesprochen? Nein, antwortete sie. Wo führt das hin, wenn nicht einmal Lehrer mit

den Jugendlichen über Sexualität sprechen? Ich habe mich dann
mit den Jungen unterhalten, und sie waren überrascht, dass jemand das tut, ohne sie gleich dafür zu verurteilen. Anschließend
fing ich an, mich intensiver mit dem Thema zu beschäftigen. Ich
habe festgestellt, dass viele Einrichtungen das so sehen.« Es würden sich nur nicht alle trauen, das öffentlich zu machen. Einige
aus Angst, ihre Förderung zu verlieren.

Siggelkow gibt sich in solchen Momenten weniger radikal, als
sein Buch tatsächlich ist. Er sagt, dass gar nicht unbedingt die
Mehrheit der Arche-Kinder so aufwächst, wie das in *Deutschlands
sexueller Tragödie* beschrieben wird. Der Pfarrer sieht sich als Be-
schützer der Jüngsten. »Wenn sie früh in unsere Einrichtung kommen, bleiben sie sehr stark verschont davon, weil sie mit anderen
Wertmaßstäben aufwachsen, die wir ihnen vermitteln.« Seine
Familie soll das Vorbild sein. Deren Werte gegen die »sexuelle Verwahrlosung«.

Dem Mädchen, das ihn im Schwedenurlaub gefragt hatte, was
ein Gangbang ist, hat Bernhard Rabe-Rademacher versucht zu erklären, dass sich in jeder Zeit andere Normen bilden, dass sich die
Einstellungen zu Beziehungen und Sex ändern. Er hatte sich mit
einer Kollegin vorher darüber unterhalten, wie sie selbst ihre sexuellen Erfahrungen gesammelt hatten, wie sie so eine andere Vorstellung entwickelt hatten als der Rest der Bevölkerung. Sie hätten
es nicht in Ordnung gefunden, dem Mädchen zu sagen: »Das ist
besonders schlimm und verwerflich.« Selbst wenn es einfacher gewesen wäre.

Wahrscheinlich haben Bernhard Rabe-Rademachers Erlebnisse
in dieser Falkenzeit auch seine Meinung zu den Sexfilmen beeinflusst. Für Achtundsechziger, die die freie Liebe propagierten, war
es gar nicht unüblich, dass sie sich in den Siebzigern mit Pornofilmen verwirklichten. Manchmal führt eine direkte Linie aus den

Hippie-Sexlagern in den *Schulmädchenreport.* »Es geht ja bei Pornografie im Prinzip um Spaß«, sagt Rabe-Rademacher. »Bei allen
Horrorfilmen geht es ums Gegenteil.« Also fragt er sich: »Ist Pornografie wirklich so schlimm? Ist nicht das andere viel schlimmer?«

Wenn um Pornografie gestritten wird, argumentieren erstaunlich viele Liberale so. Ihnen fallen Gewaltdarstellungen ein, die sie
als schädlicher bewerten und trotzdem für deutlich präsenter halten, selbst im frei zu empfangenden Fernsehen. Die Frage, die dahintersteht, ist in beiden Fällen dieselbe: Wie wirken sich Medien-
darstellungen auf Jugendliche aus? Wie sehr muss man sie vor
bestimmten Bildern schützen? Auf manchen Schülerhandys sind
neben den Sexclips die Prügelvideos gespeichert. In neuen Formen
der Pornografie scheinen sich Gewalt und Sex miteinander zu ver-
mengen. Sind nicht auch Gangbangs Gewaltpornografie? Es
kommt darauf an, ob man sie aus dem Blickwinkel von Bernd
Siggelkow oder von Bernhard Rabe-Rademacher betrachtet. Dem
einen könnte wie eine Massenvergewaltigung vorkommen, was
der andere für harmlosen Gruppensex hält.

Eines eint den Freikirchenpastor und den Jugendzentrumsleiter
dann überraschenderweise doch: Sie sagen beide, dass sie noch nie
ein Gangbang-Video gesehen haben. Sie könnten es ganz einfach
tun. Selbst wenn sie noch nicht volljährig wären. Das ist der entscheidende Unterschied zu ihrer eigenen Jugend. Ein Pornoheft
konnte man weder downloaden noch streamen. Man musste es im
Laden kaufen.

Kapitel 2

Von VHS zu DSL: Wie die Technik Pornos ins Kinderzimmer gebracht hat

Als Carl die Pornos in sein Zimmer schmuggelt, ist er 13. Er braucht dafür nur einen WLAN-Stick aus dem Elektromarkt. Seine Eltern trickst er aus: Er sagt, dass er sich am Rechner seiner Mutter nicht mehr ins Internet einwählen kann, weil er aus Versehen etwas verstellt hat, und dass er deshalb die Zugangsdaten wissen muss. Jetzt kann er den Stick auf seinem eigenen PC installieren. So erschummelt er sich seinen eigenen Internetanschluss. Die Funkverbindung zu *Youpom* steht.

»Eine ziemlich geniale Lüge«, findet Carl im Nachhinein. Er lächelt. In Jeans und dunklem T-Shirt sitzt er auf dem blauen Sofa in seinem Zimmer, lang, kräftig und zugleich schlaksig. Vor ihm ein Ikea-Tischchen, auf der Heizung eine leicht verstaubte *Bravo*. Carl spielt mit einem quadratischen Nagelbett, kippt die Nägel in seine Hand und wieder zurück. Es rauscht metallisch. Zwischendurch gähnt er gelegentlich. Sonntagmittag. Eine Freundin hatte gestern sturmfrei. Sie haben ein bisschen was getrunken.

Erst nach einem halben Jahr merken seine Eltern, dass er oben im Dachgeschoss heimlich surft. Da kann er die Pornoclips längst selbstständig anschauen und muss nicht mehr abwarten, bis er wieder einen Abend allein zu Hause ist und ihn im Arbeitszimmer seiner Mutter nur ein dicker Mops beobachtet. Der glotzt von einem gerahmten Foto, neben ihm die Hauptdarstellerin der US-Serie *Sex and the City*. Nur unter ihren Blicken, vor dem breiten Mac-Bildschirm auf dem aufgeräumten Holzschreibtisch, hat Carl zu Hause angefangen, sich durch die Sexseiten zu klicken, die etwa die Suchmaschine *Google* liefert, wenn man sie nach »free porn« fragt. Ende 2009 listet sie zu den beiden Stichwörtern mehr als 73 Millionen Treffer auf. *Youporn* befindet sich zu dem Zeitpunkt unter Deutschlands meistbesuchten Internetseiten auf Platz 25, hinter den sozialen Netzwerken *Myspace* und *SchülerVZ*. Die Pornoplattform lag in der Rangliste des Online-Statistikdienstes vorher lange unter den Top 20. Die Konkurrenz von pornhub.com folgt auf Platz 53. Rang 41 verspricht »Live Sex«. »Es gibt Tausende von Seiten«, sagt Carl. Er kennt einige.

Fast alle kennen Pornos   Seinen ersten Porno hat er bei einem Freund gesehen. Es war dunkel wie immer in Max' Zimmer, auch eines mit Dachschräge, ganz oben, in sicherer Distanz zu den Eltern. Sie hatten die Rollläden heruntergelassen, weil sie zocken wollten. Irgendwie kamen sie dann auf die Idee, nach einem Porno zu gucken. Der Kumpel kannte *Youporn*. Sie klickten auf eines der Briefmarkenbildchen auf der Startseite. In einem Zelt lag eine Inderin. Bunte Tücher, Kopfschmuck. »Die wurde halt von 'nem Mann genagelt, ganz klassisch, billig«, erinnert sich Carl. Sie haben sehr gelacht und weitergezockt.

In Deutschland wäre es im Jahr 2008 für 40 Prozent der 12- oder 13-Jährigen vermutlich ähnlich einfach gewesen, den Clip mit der Inderin aufzurufen, wie für Carl und Max wenige Jahre zuvor. So viele von ihnen haben einen Internetzugang im eigenen Zimmer. Es wird immer selbstverständlicher: 2007 waren es bei den 12- oder 13-Jährigen noch 33 Prozent gewesen, stellt die Studie *Jugend, Information, (Multi-)Media (JIM)* des Medienpädagogischen Forschungs-

verbunds Nordwest fest. Je älter die Teenager werden, desto mehr
von ihnen surfen hinter verschlossenen Türen. In Carls Alters-
gruppe, 14 bis 15 Jahre, waren es der JIM-Umfrage zufolge im Jahr
2008 fast die Hälfte, 49 Prozent.

Es gibt demnach kaum jemanden, der zwischen zwölf und
19 Jahre alt ist und noch nie im Internet war. 97 Prozent der Jugendlichen geben an, dass sie das weltweite Netz zumindest ab
und zu einmal nutzen, egal ob im Wohnzimmer oder Kinderzimmer, in Jugendzentren, in der Schule, in Bibliotheken oder bei
Freunden. Laut der umfassenden Untersuchung *Heranwachsen mit
dem Social Web* der Landesanstalt für Medien Nordrhein-Westfalen
gehen die weitaus meisten zu Hause online. Etliche von ihnen stoßen dabei wie Carl und Max auf nackte Brüste, auf Vaginen und
erigierte Penisse. Die *Dr.-Sommer-Studie* der Jugendzeitschrift *Bravo*
meldet 2009, dass 79 Prozent der 14- bis 17-Jährigen schon Kontakt mit Pornografie hätten, bei den 11- bis 13-Jährigen seien es
42 Prozent.

Allerdings behaupten insgesamt nur acht Prozent **Wenige schauen**
der Jungen und gerade einmal ein Prozent der Mäd- **regelmäßig**
chen, solche Clips regelmäßig zu nutzen. Fast die
Hälfte schaut angeblich bei Freunden, 42 Prozent zu Hause und
immerhin 14 Prozent in der Schule. Man sollte diesen Zahlen nicht
allzu sehr vertrauen, so eine Erhebung birgt mehrere Schwierig-
keiten: Obwohl Pornos nicht nur wegen des Internets sehr präsent
sind, gelten sie für viele nach wie vor als verrucht. Es werden auch
in einer anonymen Umfrage nicht alle zugeben, was genau sie sehen, und schon gar nicht, wie oft. Was noch viel schwerer wiegt:
43 Prozent sagen laut *Bravo*-Studie, sie hätten die pornografischen
Bilder oder Filme im Fernsehen gesehen.

Hardcore-Pornografie, die steife Penisse und Penetration in
Großaufnahmen darstellt, ist aber im frei zu empfangenden deut-

schen TV gar nicht erlaubt. Es ist also keineswegs klar, was genau die befragten Jugendlichen mit dem Wort »Pornografie« verbinden. Die Bravo-Forscher wollten wissen, ob die Teenager »sexuelle Handlungen wie Geschlechtsverkehr sehen« konnten. Darunter könnte man sich eine kreischende Frau vorstellen, die penetriert wird. Ebenso gut ließe sich so aber Kate Winslet beschreiben, die in Der Vorleser mit einem Teenager die Badewanne und das Bett teilt. Auch die beiden sind beim Geschlechtsverkehr zu beobachten. Die Szenen sind so zurückhaltend gefilmt, dass die Altersbeschränkung bei zwölf Jahren liegt. Wie viele Pornokonsumenten der Bravo-Studie haben möglicherweise an so etwas gedacht?

Ein digitaler Graben von 30 Jahren Eine exakte Definition von Pornografie wird spätestens dann unverzichtbar, wenn es darum geht, die Auswirkungen auf Jugendliche wissenschaftlich zu analysieren. Aber auch Eltern dürfte es interessieren, dass Porno nicht immer gleich Porno ist und dass ihre Kinder nicht unbedingt Genitalien in Großaufnahme vor Augen haben, wenn sie von Pornografie sprechen.

Immerhin sind sie es, die zu Hause den Umgang mit dem Internet regeln müssen. Da herrscht einer Studie zufolge sämtlichen Pornoverlockungen zum Trotz noch eine gewisse Arglosigkeit. Fast 80 Prozent der Jugendlichen zwischen zwölf und 17 Jahren behaupten 2007, ihre Eltern würden »nie« oder »selten« kontrollieren, welche Seiten sie besuchen. Deutlich über die Hälfte von ihnen »kann alles anklicken«, notiert die Medienwissenschaftlerin Petra Grimm, die die Analyse zur Gewalt im Web 2.0 verfasst hat.

Bei Carls Mutter war das anders. Sie hat ihn zunächst nur an ihrem eigenen Rechner surfen lassen. Ab und zu hat sie den Verlauf durchgesehen, die Seiten also, die ihr Browser gespeichert hatte. Ihr fiel dabei nichts Bedenkliches auf. Was sie nicht wusste: Die Pornoadressen hatte Carl nach seinen Besuchen sorgfältig aus der

Liste gelöscht – einzeln. Seine Mutter weiß immer noch nicht, dass so etwas überhaupt möglich ist. Sie denkt, man könne den Verlauf nur komplett entfernen. Hätte er das getan, glaubt sie, wäre sie ihm schon auf die Schliche gekommen.

Es klafft eine Lücke zwischen der »Generation Porno« und ihren Eltern, im Englischen spricht man von einer »digital divide«, einem digitalen Trennungsgraben. Man muss sich nur für einen Moment in ein Teenagerzimmer aus dem Jahr 1979 versetzen, um besser zu begreifen, wie dieser Graben entstanden ist. Damals sind einige Väter, deren Söhne 2009 15 Jahre alt wurden, selbst 15 gewesen.

Stellen wir uns einen Jugendlichen im fränkischen Erlangen vor, der Vater Beamter, die Mutter Hausfrau. Nennen wir ihn Peter. In seinem Zimmer hängen Bravo-Poster von den Bay City Rollers und The Sweet an der Wand, Glam-Rocker in glitzernden Anzügen. Die ersten Frauenbrüste, die Peter gesehen hat – abgesehen von denen seiner Mutter –, waren auf den Aufklärungsseiten der Bravo abgebildet. Es gibt in der Stadt ein Kino, das Sexfilme zeigt. Vor vier Jahren, 1975, hat die sozialliberale Koalition den Pornoparagrafen gelockert. Wer über 18 Jahre alt ist, darf jetzt Liebesgrüße aus der Lederhose oder eine der zahlreichen US-Produktionen wie Girls & Girls & Girls völlig legal anschauen. In Tageszeitungen wird für Pretty Peaches geworben, den ersten »Pornofilm der Welt in 4-Kanal-Dolby-Stereo«, in der Hauptrolle: Desiree Cousteau, die Gewinnerin des Sex-Oscars. Unter dem Bild der Darstellerin, die offensichtlich mit weit geöffnetem Mund stöhnt, verspricht der Beate-Uhse-Filmverleih »Erotische Effekte in Space-Sound«. Zehn Millionen Tickets verkaufen die westdeutschen Pornokinos 1979 für diesen und andere Filme.

Schon die Zeitungsanzeigen dafür findet Peter aufregend, er würde sich wie manche der anderen Halbstarken allerdings nie trauen, zu versuchen, ohne Ausweiskontrolle ins Pornokino zu gelangen. Auch die anderen schaffen es nicht besonders oft. Sein Vater besitzt zwar Super-8-Filme. Die Plastikspulen werden aber nur ein oder zwei Mal im Jahr in den eckigen grauen Kasten gespannt. Dann laufen selbst gedrehte Urlaubsbilder, die ganze Familie sitzt im Wohnzimmer vor der ausgerollten Leinwand. Es wäre viel zu aufwendig für Peter, dieses Gerät selbst einmal aufzubauen, wenn seine Eltern weg sind. Und wenn sie dann plötzlich unerwartet hereinplatzen? Den Film gegen eines der unauffälligen Urlaubsvideos auszutauschen würde viel zu lange dauern. Wie sollte er überhaupt aufregendes Material auftreiben? Mit einem Videorekorder wäre alles einfacher. Aber die »Zeitmaschinen«, die es möglich machen, Fernsehfilme zu konservieren, setzen sich erst einige Jahre später richtig durch. Die Deutschen werden zu Videoweltmeistern, 1983 hat schon jeder Zehnte einen Rekorder. »Deutschlands Videotheken vermehren sich wie die Karnickel«, witzelt ein Fachmagazin.

Per Videokassette dringt der Sexfilm ins Private   Hinter den Stellwänden warten in den sogenannten Schmuddelecken Titel wie *Anal-Fucking Lovers* oder *Die Liebeskünste der Fanny Fick* in den Regalen. Von dort werden die Pornos in die Wohnzimmer getragen, wo kein Fremder mit auf dem Sofa sitzt wie zuvor auf den Plüschsesseln im Rotlichtkino des Bahnhofsviertels. Der Sexfilm dringt ins Private vor. Die Zuschauer können ihn jetzt steuern, langweilige Stellen überspulen, erregende wiederholen. Wie die Sexbilder in den *St. Pauli Nachrichten* können sie ein und dasselbe Video immer wieder nutzen, nur ist es viel bewegter, viel bewegender. Und mit Ton.

Die gesellschaftliche Gefahr, die einige sehen: Ein Wohnzimmer hat keine Kasse, keinen Einlasskontrolleur – vor allem, wenn die Eltern abends weg sind. Jetzt kann plötzlich auch der Sohnemann

Fanny Fick und ihre Liebeskünste kennenlernen. Ein verstörender Gedanke. »Politiker aller Fraktionen möchten die Bilderflut eindämmen und die Kassetten mit Porno und Gewalt von Jugendlichen fernhalten«, meldet das Nachrichtenmagazin *Der Spiegel* Anfang der Achtzigerjahre. Sind nun »videotisierte Analphabeten« zu befürchten, die dieses »Narrwahna« der Bilderwelt hervorbringe, ein Volk von »seelischen Krüppeln«? Es ist nicht das erste Mal, dass sich jemand Sorgen macht wegen der »Fluten« und »Wellen« von Sex und Gewalt, in denen Teenager ertrinken könnten. Es wird nicht das letzte Mal bleiben. Aber es ändert sich etwas. Die Fluten spülen Pornofilme näher an die Jugendlichen heran. Es wird schwieriger, sie in jugendschutzrechtlich geregelten Bahnen zu den Erwachsenen zu leiten, seit sie erst den illegalen Untergrund von 1969 und dann den abgeschirmten Raum der Sexfilmpaläste verlassen haben. Dafür sorgt VHS. Eine Videotechnik, die sich unter anderem deswegen gegen die Betamax-Konkurrenz durchsetzt, weil die VHS-Hersteller nichts dagegen haben, Pornos zu lizenzieren. Den nächsten Dammbruch wird rund zwanzig Jahre später DSL auslösen.

Von Peter halten die gesellschaftlichen Dämme die extremsten Stellungsdarstellungen im Jahr 1979 noch fern. Alles, was er nach einem Tischtennistraining im Verein ergattern kann, ist eine Ausgabe des Männerheftchens *Praline*. Satte 20 Mark knöpft ihm der ältere Gelegenheits-Sexdealer dafür ab. Die Busen- und Bettgeschichten scheinen es Peter wert. Die richtig harten Hefte werden in Kiosken oder Tankstellen nur unter der Ladentheke verkauft. Vieles ist unter Verschluss. Die einzigen Bewegtbilder, die etwas mit Sex zu tun haben, sieht Peter abends im Wohnzimmer. Ziemlich rote Wangen bekommt er, wenn sich in der Serie *Klimbim* eine der Schauspielerinnen auszieht. Er muss dann aufpassen, dass seine Eltern das nicht merken. Die sitzen ja neben ihm.

Der Filmkritiker Michael Althen, auch ein Pubertierender der Siebziger, beschreibt in seiner »Liebeserklärung ans Kino«, wie man, wenn Vater und Mutter nicht dabei waren, »auf nichts anderes als solche Szenen wartet, wo man unruhig hin und her schaltet und zu erahnen versucht, welche Sendung am ehesten sexuelle Befriedigung verspricht«. Er ist regelrecht geschockt, als er in dem Thriller *Fleisch* die »aufregend sommersprossige Jutta Speidel mit offenem Hemd und also gut sichtbaren Brüsten« beim Sex beobachten kann. Anders als in den Achtziger- oder Neunzigerjahren läuft in den Siebzigern Samstagnacht weder *Schulmädchenreport* noch *Emmanuelle*. »Wir waren läufige Hunde, und jene Zeiten zu Beginn des Privatfernsehens, als man dort noch auf deutsche Softpornos der Siebzigerjahre setzte, wären für uns damals wahrscheinlich das Paradies gewesen. Wie Pubertierende heutzutage mit der Dauerpräsenz sexuell aufgeladener Bilder – auf Plakatwänden, 0190-Werbungen oder im Internet – fertig werden, ist mir schleierhaft. Damals war Sex jedenfalls noch etwas, was den Bildschirm nahezu explodieren ließ«, stellt er in seinem Buch *Warte, bis es dunkel ist* etwas konsterniert fest.

Für jemanden, der damit aufwächst, dass virtueller Sex etwas ist, das sich irgendwo in einem 90-Minüter oder in Pornokinos versteckt, muss es ein Schock sein, wenn Jugendliche wie Carl nur wenige Buchstaben in eine weiße Zeile am oberen Bildschirmrand tippen – und alles explodiert. Seine Erregung bekommt niemand mit, die Zimmertür ist verschlossen. Für den Firefox-Browser hat er die Einstellungen so gewählt, dass er die Surfspuren erst gar nicht speichert. Man nennt so etwas im Jahr 2009 auch den »Porno-Modus«. Carl schmuggelt die Bilder noch viel unauffälliger in sein Zimmer als Peter damals das *Praline*-Heft. Wäre der Schüler in den Achtzigern oder Neunzigern groß geworden, hätte er mit 15 immerhin noch einen Volljährigen fragen müssen, ob der für ihn et-

was aus der Videothek ausleiht oder ihm eine überspielte Kassette
gibt. Er hätte vermutlich warten müssen, bis seine Eltern abends
ausgehen, um die Bilder im Wohnzimmer abzuspielen. Selbst als
Teenager um die Jahrtausendwende wäre die Versorgung mit un-
zensiertem Sex für ihn noch wesentlich weniger komfortabel gewesen.

Möglicherweise hätte er einen eigenen Rech-		**Youporn sprengt alles**
ner im Zimmer gehabt, sogar einen mit Internet-
zugang. Beim Einwählen hätte aber ein Modem geknörzt und ge-
klingelt, und selbst eine ISDN-Leitung hätte ihm bewegte Bilder
nur langsam, ruckelnd und in schlechter Auflösung gebracht. Bit
für Bit. Jede Minute Internetzeit hätte gekostet. Dazu wäre eine
unangenehme Begleiterscheinung gekommen: die »Mausfalle«.
Manche Pornoportale ließen immer neue Seiten aufschießen, sodass der Nutzer mit dem Schließen der aufpoppenden Fenster gar
nicht hinterherkam. In den Nullerjahren des 21. Jahrhunderts bekommen die Browser solche Attacken besser in den Griff. Stattdessen können sich jugendliche Pornosurfer nun in Tauschbörsen
Computerviren einfangen, wenn sie versuchen, die Werke von
Gina Wild herunterzuladen, die jemand von einer DVD geklaut
und digitalisiert ins Netz gestellt hatte. Aus Bits sind Kilobits sind
Megabits geworden. Einen Film auf den PC zu ziehen konnte per
ISDN Tage dauern. Mit DSL verkürzt sich die Ladezeit auf ein paar
Stunden. Die Pornoindustrie klagt gegen die Teilnehmer der On-
line-Tauschnetzwerke.

Carl kümmert das nicht, er hat Alternativen. Im Herbst 2006
fragt der Online-Ableger der Bild-Zeitung:»Warum zeigen immer
mehr Menschen ihre privaten Sexfilme im Internet?« In dem Text
wird das Portal Youporn erwähnt, das die erfolgreiche Videoplatt-
form Youtube kopiere. Jeder kann Clips hochladen – in diesem Fall:
Sexclips. Nach dem Bericht bricht bei Youporn unter dem Ansturm

der bild.de-Leser der Server zusammen. Seitdem hat sich das Wissen um solche Seiten bei Jugendlichen weiter verbreitet. Es gibt unendlich viele Kopien der pornografischen *Youtube*-Kopie. DSL-Kabel bringen Pornofilme in immer besserer Qualität in Teenagerzimmer. Es sind längst nicht mehr nur Minutenschnipsel. »Manche sind eine Dreiviertelstunde lang«, sagt Carl. »Gestochen scharf.« Die Kosten sind in den meisten Haushalten mit einer Flatrate für Telefon und Internet gedeckt. Alles gratis und absolut anonym. Die *Youporn*-Filme zeigen dabei keineswegs nur grobkörnige, schummrige Schlafzimmer, in denen Ehepaare oder Uni-Pärchen Porno spielen. Es gibt fast alles, was auf dem Erotikmarkt zu kaufen ist. Am häufigsten scheinen kalifornische Standardproduktionen aufzutauchen, in denen blonde, brünette oder schwarzhaarige junge Frauen Sex nach einem ganz bestimmten Muster haben: oral, vaginal, anal.

   Am Ende spritzen die Männer ihnen Sperma ins Gesicht, auf die Brust, den Bauch oder den Po. Es gibt Collegepartys, bei denen vermeintliche Studenten in Discos miteinander schlafen. Es gibt Filme mit »Shemales«, die Brüste haben und Penisse. Es gibt gefesselte Frauen, vollgepinkelte, angespuckte. Es wird gewürgt und mit erigierten Gliedern geschlagen. Es gibt Sex auf Parkplätzen, an Swimmingpools, neben einer befahrenen Straße. Was es im Gegensatz zu den Filmen, die Peter in den Erlanger Kinos 1979 nie sehen konnte, in der Regel nicht gibt: eine Handlung. Während die Regisseure von Pornoklassikern wie *Deep Throat* noch bemüht waren, sich eine Geschichte auszudenken, sind viele *Youporn*-Clips weitgehend frei von einem Plot. »Licht, Kamera, ganz viel Action. Vergesst das Drehbuch!«, so resümiert die *New York Times* im Sommer 2009. Der Anteil der Pornoproduktionen, die aus reinem Sex und sonst nichts bestünden, steige stetig, erfährt die Zeitung von den größten Studios. Die Quatschdialoge, die lange als ironisches

Vorspiel vor dem Sex standen, haben im Internet ihren festen Platz verloren. Oft fallen sie komplett weg. Stattdessen laden manche Nutzer »Compilations«, also zusammenkopierte Sammlungen, auf die Seite, beliebt sind dabei »Cumshots«. Zehn, 20, 30 Frauen zucken dann in solchen Sequenzen vor dem Sperma weg, das ihnen ins Gesicht tropft. Darunter legen Amateur-Cutter nicht selten Metalmusik mit schnellen Gitarren. Es sind Produkte des Web 2.0, des Mitmachnetzes. Schnell geschnitten wie Musikvideos auf MTV, trashig, hektisch. Wenige Minuten. Dann, klick, der nächste Clip. »Die Leute wollen gar nicht mehr 90 Minuten gucken, die gucken lieber 20 Mal vier Minuten an, um sich aufzugeilen, und wichsen ein bisschen auf die PC-Tastatur«, sagt Harry S. Morgan, Regisseur und Produzent bei einer der größten deutschen Pornofirmen.

Es ist eine Welt, die Peter unruhig und fremd vorkommen muss. Kein Wunder, dass er sich um seinen Sohn oder seine Tochter sorgt, wenn er Ausschnitte dieses Kosmos sieht. Seiner war damals eine ganz anderer. Es gab von allem sehr viel weniger. Das galt nicht nur für sichtbaren Sex. Der Telefonanbieter hieß Post, die Fernsehsender ARD, ZDF und Bayerischer Rundfunk, es standen im Großen und Ganzen zwei Bands zur Auswahl: The Sweet und die Bay City Rollers. Sie machten ein und dieselbe Art von Musik.

Carls Medienwelt ist unglaublich vielfältiger. Internetanschlüsse gibt es von Telekom, Arcor, 1&1, O2, Alice, Kabel Deutschland und etlichen anderen Anbietern. Die Namen aller erhältlichen Handytarife auswendig zu lernen würde Tage dauern. Es ist schwer zu sagen, wie viele Fernsehsender Carl insgesamt über Kabel, Satellit und Internet empfangen könnte. Zu seiner digitalen Musiksammlung bei iTunes zählen unter anderem Rammstein, Marilyn Manson, Peter Tosh und Bob Marley. Das ist nur ein kleiner Bruchteil.

Bei *Youtube* findet er alles, was ihn sonst musikalisch interessieren
könnte. Er muss nur ein Stichwort eingeben. Zuletzt hat er oft den
»Pfeffermühlen«-Song gehört, den der Porno-Rapper King Orgasmus One unter dem Namen Imbiss Bronko aufgenommen hat:
»Das ist Befriedigung. Essen ist wie Sex.«

Peters Welt war überschaubar und kam ihm oft zu eng vor. Carls
Welt ist eine der Überfülle. Das gilt für Dutzende von Geschmacks-
richtungen bei Alcopop-Drinks, für Hunderte Variationen von
Laptops, Handys, MP3-Playern genauso wie für Tausende Stel-
lungsvariationen bei *Youporn*. Es gibt von allem viel mehr, als einer
allein nutzen kann. Deshalb machen Teenager vieles parallel. Carl
lässt nebenbei Imbiss Bronko laufen, wenn er mit Freunden bei
SchülerVZ chattet, bei MSN oder ICQ oder wenn er als graue Militär-
figur mit einer MG durch eine Kriegslandschaft zieht. Filme sieht
er auf Gratisseiten manchmal, bevor sie im Kino laufen. Er mag die
Cartoon-Serie *Southpark*. Die deutschen Folgen ruft er gelegentlich
auf einer Seite ab. »Legal«, sagt Carl und lacht, »um das noch mal
zu erwähnen.«

Er ist ein typischer Teenager. Belege für diese Durcheinandernut-
zung findet auch die JIM-Studie: »Am häufigsten wird während
der Computer- und Internetnutzung telefoniert, vor allem Mädchen tauschen sich gerne mit Freundinnen und Freunden aus.
Daneben hören die Jugendlichen aber auch häufig Musik, lernen
während oder bei der Computernutzung bzw. machen Hausaufgaben oder sehen fern. Ein Fünftel nimmt auch Mahlzeiten vor
dem Bildschirm ein.«

45 Prozent geben an, dass sie *SchülerVZ* schon einmal genutzt haben, danach folgen *StudiVZ* (12 Prozent), *Myspace* (10 Prozent) und
die Chatplattform ICQ (7 Prozent). Eine Befragung der Landesanstalt für Medien Nordrhein-Westfalen beziffert den Anteil der 12-
bis 14-Jährigen, die *SchülerVZ* mindestens einmal in der Woche an-

wählen auf 58 Prozent. Die häufigsten Aktivitäten: Nachrichten schicken, Profile von anderen durchstöbern, Einträge in Gästebüchern und auf Pinnwänden hinterlassen. Clips auf *Youtube* schauen sich 76 Prozent an. Mehr als die Hälfte schlagen Begriffe in der Online-Enzyklopädie *Wikipedia* nach.

Sie schaffen sich ein Online-Ich und befassen sich so im Virtuellen mit den drängendsten Fragen der Pubertät: Wer will ich sein, und wie zeige ich anderen, wer ich bin? Solche Plattformen seien »prototypische Umgebungen für das Identitäts- und Beziehungsmanagement«, stellt die Studie *Heranwachsen mit dem Social Web* fest. Das Motto des Blogging-Dienstes *Twitter* mit seinen SMS-langen Botschaften haben die Teenager zu einer Leitfrage ihres Online-Lebens erhoben: »Was machst du gerade?« Regelmäßig berichten sie, wie es ihnen geht, meist in weniger als 140 Zeichen: »wochenende wird so supii«.

Die 15- bis 17-Jährigen melden sich am häufigsten in den Communitys an. Im Schnitt haben sie 146 virtuelle Freunde. Die Länge der Liste, so empfinden das viele, zeigt an, wie beliebt einer ist. In einigen Communitys lässt sich bestimmen, wer in den Freundeslisten ganz oben steht. *SchülerVZ* bietet auch den Button »Freundschaft beenden«.

Carl hat 74 Freunde. »Ich bin: faule Sau«, steht auf seinem *SchülerVZ*-Profil im rosa Seitendesign. Außerdem: »Ich bin Gamer und Bücherfan. Ich bin Raggie und Heavy Metalfan. Ich bin halt was besonderes.«

Dass Jugendliche, was sie beschäftigt, selten mit ihren Eltern besprechen, es aber öffentlich im Netz verhandeln, finden die Erziehungsberechtigten nicht immer großartig. Manche mögen sich daran erinnern, dass sie sich damals in den Hausflur stellen mussten und den schweren Hörer abheben, wenn sie Freunde sprechen wollten, ohne sie persönlich zu treffen. Nur wenn sie

Glück hatten, reichte das Telefonkabel bis ins Nebenzimmer, sodass die Eltern nicht jedes Wort verstanden. Spätestens nach einer
halben Stunde fingen sie an zu mahnen: die Kosten, die besetzte
Leitung!

Handy als Teil des   Im Jahr 2008 hatten laut JIM-Erhebung 95 Prozent
Körpers   der 12- bis 19-Jährigen ein Handy. Manche Eltern
würden ihre Kinder damit gern kontrollieren und
wissen, wo sie sich gerade aufhalten. Gleichzeitig entfernt sich der
Nachwuchs mit den Geräten aber von ihnen. Jugendliche, sagt die
Medienwissenschaftlerin Petra Grimm, würden das Mobiltelefon
fast als Teil ihres Körpers betrachten. Viele nehmen es sogar mit
ins Bett. Sie empfinden es als ungeheuer wertvoll: All ihre Kontakte sind darin auf der winzigen Karte mit den goldenen Streifen
gespeichert, sie bildet so etwas wie ein ausgelagertes Gedächtnis.
»SMS bekommen« ist der JIM-Studie zufolge die wichtigste Funktion. Dann: »angerufen werden«.

Das tragbare Telefon ermöglicht eine ständige Verbindung zu
Freundinnen und Freunden – nicht so sehr zu den Eltern. Manche
Mutter klagt, dass sie von plärrender Klingeltonmusik und den
lautstarken Gesprächen ihrer elf Jahre alten Tochter geweckt wird,
mit denen die den Tag beginnt, während sie noch im Bett liegt.
»Aliens im Kinderzimmer«, titelte der *Spiegel* 2007. Neue Technik
kann Distanz, Ratlosigkeit und Besorgnis hervorrufen.

»Unsere Kinder wachsen nicht mehr in Familien auf, sondern
vor Bildschirmen«, sagt Laszlo Pota. Er ist Vizepräsident des Bun-
desverbands der Psychologinnen und Psychologen und arbeitet in
Hamburg in einer Klinik für suchtkranke Kinder und Jugendliche.
Kürzlich ist er in Urlaub gefahren. Im Zug saßen zwei Jungs, die
sich unterhielten, indem sie Sätze in einen Laptop tippten. »Wir
sind nicht mehr in der Lage, miteinander zu reden«, sagt Pota. Eltern würden ihre Kinder vor den Fernseher setzen – vor deren ei-

genen. Die klassische U-Form des Wohnzimmers, wo man früher
gemeinsam Rudi Carrell gesehen habe, vervielfältige sich und löse
sich damit auf. »Wir haben in jedem Kinderzimmer einen Fernseher, einen DVD-Player, einen Computer, eine Stereoanlage und
eine Ledercouchgarnitur«, sagt er. Damit geht das Gemeinschafts-
gefühl beim Gucken verloren, findet Pota. Er ist Achtundsechziger, sein Abstand zur »Generation Porno« noch größer als der
von Peter.

Die Portale im Internet, sagt Pota, führten **Irreale Irre oder die**
zwar weit in die Welt hinaus, lieferten aber **Schlauesten überhaupt?**
kein persönliches Erlebnis. Es erkunde keiner
mehr die Umwelt, Wälder, Schrottplätze. »Der Mensch ist mit Ins-
tinkten geboren, die werden ihm spätestens im Kindergarten ab-
erzogen.« Der Freiburger Soziologe Baldo Blinkert monierte schon
vor Jahren »Wirklichkeitsverlust« und »Erlebnismangel«.

Deutlich weniger skeptisch betrachtet der Wissenschaftler und
Bestsellerautor Don Tapscott die Entwicklung. Er hat in umfassenden Studien den Umgang der »Generation Internet« mit dem Medium untersucht, mit dem sie aufgewachsen ist. Tapscott hat mit
Tausenden Jugendlichen und jungen Erwachsenen gesprochen.
Sein Fazit: Die »Generation Internet« ist fitter, kritischer, kreativer
und engagierter, als es jemals eine vor ihr war. Vielleicht, vermutet
der Online-Euphoriker, sei es die schlaueste Generation überhaupt.
Ihre Vertreter hält er für stark visuell orientiert. Am leichtesten
würden sie über Bilder lernen. Spielerisch eigneten sie sich vieles
an, was Ältere sich mühsam erarbeiten müssten. Auch die immer
neuen Funktionen von Mobiltelefonen. Sie sind längst zu kleinen
Taschencomputern geworden. iPhone und andere Smartphones
verbinden ihre Nutzer überall mit dem Internet. Theoretisch auch
mit *Youporn*. Die Pornoclips rücken noch näher an die Konsumenten heran. Sie sind permanent abrufbar. Eine US-Journalistin be-

richtet, wie sie andere immer wieder in der Bahn beim Pornogucken beobachtet.

Sie hätte die merkwürdigen Szenen sicher filmen können. Die
meisten Handys sind Aufnahmegeräte. Schon jetzt verfügen neun
von zehn Mobiltelefonen deutscher Jugendlicher über eine Digi-
talkamera, so wie mittlerweile viele Computer mit einer Webcam
ausgestattet sind. Das ist auch ein ganz entscheidender Unterschied zwischen Peter aus dem Jahre 1979 und Carl im Jahr 2009.

Carl ist Produzent. Die »Generation Fernsehen« saß auf dem Sofa
und wartete, was das Programm brachte. Die »Generation Porno«
gestaltet das Programm selbst. Mischt Fotos, Töne, Clips, verlinkt,
versendet, verreißt, kommentiert, kopiert und pastet. Für *Youtube*
nehmen sie eigene Sendungen auf und machen vor der Kamera
ihrer Notebooks Witze übers Weltgeschehen.

Ja, sie werden so auch zu potenziellen Pornoproduzenten. In
den USA sind Teenager wegen der Verbreitung von Kinderpornografie verurteilt worden, weil sie sich gegenseitig nackt aufgenommen und sich die Bilder per Handy zugeschickt haben. Auch in
Deutschland passiert das immer wieder, nur scheint es bisher
kaum Gerichte zu beschäftigen. Mit den Kameras von Mobiltelefonen werden Schlägereien aufgenommen, »Happy Slapping« ist ein
Begriff, der in Medien neben »Gangbang« und »Cyber-Mobbing«
auftaucht. Bis zu 1,9 Millionen Schüler könnten Opfer von Läste-
reien, Beleidigungen und übler Nachrede im Netz sein, schätzt das
Zentrum für empirische pädagogische Forschung der Universität
Koblenz-Landau aufgrund einer Online-Umfrage. Ein anderes Extrem: In sozialen Netzwerken können sich Pädophile Mädchen und
Jungen nähern, oft ohne dass sie fürchten müssen, dass in einer
Ecke dieser digitalen Spielplätze eine entsetzte Mutter auftaucht.

Gerade Teenagermädchen präsentieren sich in den Communitys
nicht selten in sexy Posen und mit Kussschnuten, wie weibliche

Pornostars sie vormachen. Forscherin Grimm nimmt eine stark
»sexualisierte Selbstdarstellung« wahr. Das virtuelle Schaulaufen
und die Online-Aufmerksamkeit stärken offenbar das Selbstwertgefühl. Die Kinder von Peter und seinen Altersgenossen sind im
Web 2.0 zu Hause. Im Schnitt, weisen verschiedene Erhebungen
nach, sind sie unter der Woche gut zwei Stunden täglich »on«.

84 Prozent von ihnen gaben in der JIM-Umfrage an, Blogs zu
schreiben, Fotos oder Videos hochzuladen, Musik oder Sounds
online zu stellen oder in Communitys herumzuhängen. Als »digitale Eingeborene« trennen sie nicht so strikt zwischen einer realen
und einer virtuellen Wirklichkeit wie Ältere. Das Internet ist ein
selbstverständlicher Teil ihres Lebens. Es ist einfach da, wenn sie
den Rechner gestartet haben. Da knörzt und fiept kein Modem
mehr, das den Beginn einer Surfsitzung verkündet. Der Router
leuchtet still, meist permanent. Genauso selbstverständlich wie
der ständige Internetzugang ist *Youporn* für Carl.

Die Pornoplattform und all ihre Pendants wirken **Digitale Diebe und**
wie ein schrilles Bild für das Online-Leben im Web **Produzenten**
2.0. Sie vereinigen alle Eigenschaften, die auch sonst
für dieses Universum charakteristisch sind. Es wird digital getauscht, geworben, getratscht, gebalzt, geklaut und gezeigt. So,
wie Peter 30 Jahre zuvor mühsam erste Kassetten überspielte,
Songs aus dem Radio mitschnitt und zu Mix-Tapes kombinierte;
so, wie die Teens und Twens der Achtziger VHS-Kassetten kopier-
ten und die der Neunziger CDs, so können die Cyber-Jugend-
lichen des 21. Jahrhunderts mit einigen Mausklicks nicht nur Rap-
Tracks, sondern auch Pornosequenzen zusammenschneiden und
mit anderen teilen.

Sie können *Youporn*-Clips mit Sternchen bewerten, darüber führen die Netzwerkbetreiber Buch und erstellen eine Rangliste. Die
am häufigsten genutzten Filmchen stehen in einer anderen Tabelle.

Ein Link führt zu einem kostenlosen Sex-Chat. Wer sich einbildet, dass die Online-Öffentlichkeit ihm unbedingt beim Sex zusehen muss, der produziert selbst und veröffentlicht unter Titeln wie »ich und meine freundin«, »girlfriend fucked in a youth hostel« oder »Ex-Freundin auf den Arsch gewichst ›geil‹«. Dafür allerdings sollte man deutlich sichtbar über 18 sein, sonst werden die Clips – zumindest bei *Youporn* – in der Regel recht zügig gelöscht. Viel zahlreicher als die Einblicke in Studentenbuden oder Jugendherbergen sind kommerzielle Produktionen. Nutzer klauen Ausschnitte von DVDs und laden sie hoch. So gelangte wohl auch die deutsche Darstellerin Gina Wild in die *Youporn*-Galerie – unter anderem unter der Überschrift »Gina Wild 30 Mann Gang Bang«.

Wie die Musikindustrie kämpfen die Pornoproduzenten gegen die Gratiskultur im Netz. Harry S. Morgan steht an der Spitze der Gina-Wild-Firma Videorama, eines der beiden größten Pornounternehmen in Deutschland. Wegen der neuen Online-Konkurrenz veranschlagt er bei den DVDs einen Umsatzrückgang von 40 Prozent: »Die Möglichkeit, etwas in guter Qualität zu zeigen, gibt es ja erst, seit wir schnelle Datenleitungen haben. Wenn ich mich an die Filme vor einigen Jahren erinnere: Das war Däumchenkino. Heute können wir Fernsehen übers Internet sehen. Das hat bewirkt, dass dadurch die DVD abgelöst wurde. Parallel dazu lief das Sterben der Videotheken. Wir hatten vor einigen Jahren mal 4000 Videotheken in Deutschland, heute haben wir noch ungefähr 1500.« Mit ihren Schmuddelecken machten die DVD-Verleiher 2006 noch ein Viertel ihres Umsatzes. 2009 ist der Anteil unter zehn Prozent gesunken, vermeldet der Interessenverband des Video- und Medienfachhandels. »Das Sterben hat etwa im Jahr 2006 angefangen«, sagt Harry S. Morgan. Es ist das Jahr, in dem *Bild* über *Youporn* berichtete.

Die US-Sexindustriellen stellen sich auf den Web-Wandel ein. Sie beliefern *Youporn*, *Pornhub* oder *Porntube* mit Teasern, die auf ihre

eigenen Homepages verweisen, und blenden die Adressen als
Bauchbinde über Orgien oder Oralverkehr ein. Auch neben den
Clips blinken Banner voller Penisse und Brüste, außerdem Werbung für Sexdating-Seiten:»Find hot girls tonight near Berlin.«
Wie sehr Kommerz Teil dieser Kommunikationskultur ist, zeigt
sich nirgendwo deutlicher als in den Pornoportalen. Kritiker
könnten sie als Argument für die Verdorbenheit des Mitmachnetzes verwenden, als einen düsteren Online-Ort, der all dessen
Schwachpunkte verdeutlicht: das Ignorieren von Urheberrechten,
den Verlust von Intimität, die Übersexualisierung. Und aus Sicht
der Eltern das Schlimmste: Ihre Teenagerkinder machen viel zu
vieles, was sie gar nicht dürften. Es scheint kaum möglich, sie daran zu hindern. Der Pornotausch per Klick und ganz ohne Kassette
gehört zum Online-Alltag:»Wenn man ein besonders tolles Video
gesehen hat, wird das schon mal weitergegeben, als Link. Oder jemand schreibt: Gib mal auf der und der Seite den und den Namen
ein«, erzählt Carl.

So dringt die Pornokultur auch in Communitys, deren Internet-
Adressen völlig»porn«-frei sind. In dem Netzwerk Myspace, das
laut JIM-Studie immerhin zehn Prozent der deutschen Jugendlichen schon besucht haben, sind nicht nur Porno-Rapper wie
Frauenarzt zu hören, sondern auch Pornostars wie die Amerikanerin Jenna Jameson zu sehen. Sie verhüllen Brustwarzen und Intimzone gerade so, dass sie nicht gegen die Myspace-Regeln verstoßen,
die Nacktheit, Gewalt oder Links zu Pornoseiten untersagen.

In Communitys wie Myspace oder Jappy tauchen immer wieder
Busenbilder auf, die sich Jugendliche in ihre Gästebücher posten.
Wie digitale Trash-Poesiealben sehen diese Pixel-Pinnwände aus.
Eine Mischung aus »Ich hab dich lieb«-Schriftzügen, Lolli-Mäd-
chen, Cola-Werbung als»spritziger Gruß«, Männern mit von Ge-
schwüren zugewucherten Gesichtern und schwarz-weiß zurecht-

romantisierten Sonnenuntergangspärchen. Gelegentlich blitzen dazwischen Genitalien auf. Bis es dann jemand merkt, der sie löschen lässt – oder nicht. »Ich habe meinen Kindern verboten, bei Jappy zu chatten, weil ich denke, dass das eine Sexaustauschbörse ist«, sagt der Hellersdorfer Pastor Siggelkow.

Fragen zu Youporn? »ok gern«, schreibt kleenafeigling

Selbst liberalere Eltern dürfte es beunruhigen, wenn sie feststellen, wie häufig das Wort »Porno« im Netzwerk *SchülerVZ* in Gruppen und Profilen auftaucht und wie viele Mädchen sich dort »Pussy« nennen. Welches Verhältnis zur Sexualität entwickeln Jugendliche in diesem Porno-geprägten Online-Universum? Was denkt jemand, der noch nie Sex hatte, aber ständig welchen sieht? War für Peter 1979 alles leichter, weil das Telefonkabel maximal ein Stöhnen in den Flur seines Elternhauses hätte übertragen können und weil seine 20 Mark teure *Praline* so viel dezenter war, als es *Pornhub* dreißig Jahre später ist?

Der Vorteil am Web 2.0 mit seinen Communitys und Quasselplattformen: Man kann dort einfach mal nachfragen. Da, wo Teenager täglich im Schnitt zwei Stunden verbringen – bei *Jappy* oder *SchülerVZ*. So erfährt man auch etwas darüber, wie viel sie tatsächlich von sich preisgeben in diesem Cyber-Umfeld, wie schnell sie Fremde an sich heranlassen. Was erzählen sie dem Typen mit dem beigefarbenen Cap, »m 29«, der sich »genprojekt« nennt, behauptet, in Berlin-Wilmersdorf zu wohnen und gerade für ein Buch über sie zu recherchieren – über die »Generation Porno«? Hat jemand Lust, ein paar Fragen zu beantworten? »ok gern« schreibt »kleenafeigling« am 7. Juli 2009 um 21 Uhr 24. Vom Profilfoto schaut ein Junge mit verstrubbelten Haaren. Dazu blinken bunte Banner, die für Mobilfunkanbieter und Dating-Portale werben. Ein paar Minuten später öffnen wir einen Chatraum, ein schlichtes Fenster, in dem sich unsere Textzeilen jetzt untereinanderreihen. kleenafeigling tippt, er sei 14, Gymnasiast, aus Berlin. Er könnte theoretisch auch 35 sein oder 69, eine freiberufliche Landschaftsarchitektin aus Bottrop oder ein Rentner aus Garmisch-Partenkirchen. So liest es sich allerdings nicht, was er schreibt. Er mag Manga-Filme, die japanischen Comics, und hat etwas gegen »dummen assi rap« von Sido oder Frauenarzt. Über Musik zu reden kommt ihm »sterbens langweilig« vor. Wie er *Youporn* erlebt, erzählt er dagegen gern.

Die Seite schaut er sich immer wieder an, seit er »inet« hat, seit einem Jahr etwa, da haben seine Eltern den Anschluss eingerichtet. Sie wissen nicht, dass er Sexseiten ansurft, er macht dabei den Ton aus. Wie er zuerst auf *Youporn* gekommen ist, erinnert er sich nicht mehr, vielleicht über Freunde. Er sucht oft nach »Blowjobs«, nach Oralsex. »ich stell mir das schön vor«, schreibt er, »wenn lippen und zunge an meinem ding sind.« Am besten gefallen ihm selbst gemachte Clips, »richtige pornos sind so doof gespielt«. Bei den Profis wirkt es für ihn, als könnte das ziemlich schmerzhaft sein – für die Männer. Wegen der Frauen: »beim blasen sehen die aus, als würden die gleich abbeißen.« Im Unterricht denkt er über die Blowjobs nach. Meistens, tippt er, schaue er dreimal am Tag solche Clips an, oft nur fünf Minuten, »dann komm ich auch schnell.« Manchmal onaniert er auf der Schultoilette.

Die Größe von Penissen beschäftigt ihn. Der von einem Schulkameraden, den sie Panzer nennen, ist 20 Zentimeter lang. Er hat ihnen in der Umkleide gezeigt, wie groß er steif wird. »der hat damit angegeben.« Sie haben da auch schon »Gruppenwichsen« veranstaltet.

kleenafeigling hatte selbst noch nie eine Freundin, aber er malt sich aus, wie ein Blowjob mit den Mädchen an der Schule sein könnte. Er sagt, er sei nicht verliebt und in seiner Klasse gebe es nur wenige Pärchen. Was ihn am meisten an Sex interessiert: »wenn mich jemand anderes befriedigt als ich«.

Es ist mittlerweile nach 23 Uhr. Alle paar Sekunden fügt eine neue Zeile einen weiteren Strich zu dem Bild von seinem Leben hinzu, das er hier gerade zeichnet: ein schüchterner Teenager, der kaum Kontakt zu Mädchen hat, aber viel über Frauen nachdenkt. Während des Chatgesprächs hat er außerdem immer wieder von einem Kumpel erzählt, den er bei *Jappy* kennengelernt hat, etwas älter, einer, der sich auch für Mangas interessiert. Er erwähnt sowieso viel von sich aus, vor allem die intimeren Dinge beschreibt er meist ungefragt. Über den Kumpel scheint er etwas loswerden zu wollen. An der Stelle beginnt die Sache ein wenig seltsam zu werden.

Sehr seltsam, das alles. Polizei rufen? Der Bekannte ist 21 Jahre alt. Er hatte sich die Seite von kleenafeigling angesehen und stand deswegen in der Liste der »letzten Profilbesucher«. Sie waren beide Manga-Fans, also hat er den Älteren angeschrieben. Sie haben sich bei dem 21-Jährigen getroffen, erst Manga-Filme angeschaut, dann *Youporn*-Clips. Er hat davon erzählt, wie das ist, Sex zu haben, und hatte ein Video auf dem Handy, das er selbst aufgenommen hatte. Eine junge Frau bläst ihm darin einen und setzt sich dann auf ihn drauf. Der Jüngere bekam eine Erektion, »einen steifen«. Es war ihm peinlich, »aber dass ich mich nicht schämen brauch, hat er auch einen bekommen und raus geholt«. Er hat den Penis des anderen dann beim gemeinsamen Masturbieren auch kurz angefasst. Im Nachhinein findet er das immer noch »voll cool«. Der habe »son großen, war mal cool wie das so ist.« Er kennt diese Großen von *Youporn*. Dann hätte er selbst mal eine Frage: »ist deiner auch so groß?«

23 Uhr 23 und 56 Sekunden. Die Informationen laufen zügig ins Chatfenster ein. Es bleibt nicht allzu viel Zeit, darüber nachzuden-

ken. Die Geschichte, die kleenafeigling gerade erzählt hat, könnte
man so zusammenfassen: Ein 14 Jahre alter Junge trifft einen 21
Jahre alten Mann, um Pornos zu gucken und gemeinsam zu masturbieren. Eine Art Älterer-Bruder-Kumpel, der bei harmlos-pu-
bertären Begegnungen als der Erfahrenere in die Sexualität ein-
führt? Oder doch: ein Pädophiler? Sollten nicht mindestens die
Eltern von diesen Treffen erfahren? Sogar die Polizei? kleenafeigling scheint zu wissen, dass das nicht ganz in Ordnung ist, was sie
da machen. Er will den Namen des anderen nicht verraten. Und
jetzt? Selbst wenn sich der User genprojekt in diesem Moment
entschließt, dass dringend etwas unternommen werden muss:
Was soll er tun? Zunächst mit kleenafeigling darüber sprechen?
Aber dafür ist es jetzt zu spät. 23 Uhr 46 und 25 Sekunden: kleenafeigling hat den Chat verlassen. Er muss morgen in die Schule,
hat er noch geschrieben.

Es ist das allererste Online-Gespräch auf der Suche nach den
Auswirkungen der Online-Pornografie. Ein kleiner Schock, selbst
für einen kinderlosen, liberalen Endzwanziger, der harte Sexfilme
sehr kritisch sieht, aber nicht grundsätzlich verteufelt. Wie soll das
bloß weitergehen?

Vielleicht ganz praktisch mit dem Versuch, den **kleenafeigling gibt es**
14 Jahre alten Jungen namens kleenafeigling in **nicht mehr**
den nächsten Tagen noch einmal auf seinen
Freund anzusprechen. Daraus wird allerdings nichts: Er hat sein
Profil gelöscht. Relativ schnell stellt sich dann auch heraus, dass
kleenafeigling offensichtlich wesentlich aufgeschlossener ist als
die meisten anderen Jappy-Nutzer. Vor allem die Mädchen reagieren oft wie die »DiiVa«, »w 14«, die blond, blass und ernst in die
Kamera schaut: »sry keiine iinteresse«. Viel mehr als eine »Lea«,
»w 15«, die auf ihrem Bild eine rote Plastiksonnenbrille trägt, erzählt keine von ihnen über Pornoseiten: »Ich find das schrecklich.

Wenn das Erwachsene machen.st ihr Ding aber Kinder sollten so-
was nicht zu sehen bekommen.«

Die Jungs sind offener. Die meisten kennen *Youporn* ebenso wie
»stahleichel«, »na klar, und redtube usw.«. Er wohnt in Branden-
burg, ist laut *Jappy* 16 Jahre alt, tatsächlich dagegen, »wenn du
mich nicht meldest: 14«. Er möchte Rapper oder Grafikdesigner
werden, besucht ein Gymnasium, zurzeit ohne Freundin, »aber ich
habe oft welche«. Er rasiert sich die Schamhaare und mag Pornos:
»ich weiß das dass meiste nur gespielt ist aber trotzdem geil«. Von
jemandem, der sich mit dem Handy beim Sex filmt, hat er noch
nicht gehört.

Bei *Jappy* sind die Haare der jungen Frauen oft blondiert, die Gesichter häufig stark geschminkt, viele Jungs tragen Caps. *Jappy* ist
nicht nur ein Jugendnetzwerk, auch Ältere können sich dort anmelden. Jede Community zieht eine etwas andere soziale Klientel
an. In den USA gehen zu *Facebook* eher die Gebildeten, zu *Myspace*
die, die weniger gute Schulen besuchen oder besucht haben. Das
hat eine Studie dort vor einigen Jahren festgestellt. Auf *SchülerVZ*
tauschen sich mehr Gymnasiasten als Hauptschüler aus. Man
muss sich von einem Teenager einladen lassen. Schwierig ist das
nicht. Aus genprojekt wird »Anton Pänke«, kein Foto, nur das
Standard-Comicgesicht, 19 Jahre alt. Hier müsste man 45 Prozent
der 12- bis 19-Jährigen treffen. Was erzählen sie über Pornografie?
Was sagen die, die sich ein »porno« in den Namen geschrieben haben oder eine »pussy«? Warum haben sie das überhaupt gemacht?

Aus Perserkätzchen wurde Pornokätzchen »Pornokaetz'chen«, die ein Berufskolleg in
Castrop-Rauxel besucht, ist auf ihrem Foto
weißblond und hat sich vor einem Fenster
fotografiert. Sie erklärt es so: »also x) bei mir
hat es nix mit pornos zu tun sondern einfach das mein ex freund
mich frueher immer persakaetz'chen genannt hat, weil nach seiner

meinung ich die Anmutigkeit & das aussehen einer Persakatze hab. So dies is nu 3 jahre her und irgentwann wurde aus persa-kaetz'chen ▸ Pornokaetz'chen .. ich hab den spitzname angenom-men weil er mir recht gut gefaellt & ich hatte den namen schon bevor ich iwi sexuellen kontakt hatte..«

Auch zur Pornodebatte hat sie eine Meinung: »& ich find echt krank das nu scho 12 jaehrige maedchen sex haben und dann rum-heulen wenn sie schwanger sind.. man soll schon wissn was man tut« Ihre Grundeinstellung: »& ehrLich gesagt ich hasze pornos ich find sie wiederwertig .. frauen werdn immer nur als objekt zum sex missbraucht .. es is so unwirklich.. & ich finds nich erre-gent :P«

Bei einer »Pornofreundin« ist das mit dem Namen ganz ähnlich: »Nein. Mit Pornos hat das eigentlich nichts zutun. Ich war mit meiner Klasse und unserer Parallelklasse auf Abschlussfahrt und auf der Rückfahrt von England zurück nach Deutschland hat ein Junger, ein Freund von mir so einen Spruch am Mikrofon im Bus losgelassen eine halbe Stunde vor Dortmund (unser Ziel) und zwar ›So meine lieben Pornofreunde, in einer halben Stunde sind wir in Dortmund‹. Und seit dem heiße ich so, weil ich das ganz gut fand.«

Sie hat nichts gegen Pornoseiten: »Ich denke, die meisten Nutzer sind männlichen Geschlechts und vllt. können solche Seiten die Fantasie der Männer befriedigen so das sie evtl. nicht den Drang dazu haben sich an Mädchen, Frauen etc. zu vergreifen. Vielleicht helfen solche Seiten die Zahl der Vergewaltigungen zu reduzie-ren.«

Eine »Pussy« schreibt: »isn spitzname vonner freundin, hat kein weiteren hintergrund, is nur n gag« Eine andere »rote Pussy« sieht auf ihrem Bild eher nach Antifa-Ortsgruppe als nach Porno aus und gibt sich aufgeklärt: »rot wegen politischer einstellung und pussy weil ich dem alternativen linksklischee mainstream nich folgen will und das leben eines ganz normalen mädchens führe, ja also is nichts sexistisches dabei«.

Die *SchülerVZ*-Jungs reagieren verschlossener als ihre Jappy-Kollegen. Warum nennt sich einer »Pornodude«? »None of your business«, blafft es per Mail zurück. Im Grunde hat er ja recht. Nach dem Auftaktschock mit kleenafeigling wirkt die Reserviertheit auf *SchülerVZ* beruhigend. »Fabi mit der Pornolocke« antwortet nach einigem Zögern und nachdem er sich ausführlich über das Buchprojekt informiert hat. Sein Name habe mit Pornos nichts zu tun: »nein nicht wirklich, porno ist ein begriff für krass usw. und da ich eine locke habe mit der ich förmlich bekannt wurde ... nannte ich sie pornolocke xd mfg fabi«.

Einige Tage später ist die »Pornolocke« aus dem Usernamen verschwunden. Wie auch das »Pornokaetz'chen« und mehrere »Pussys«. Mag sein, dass Namen in einer flüchtigen Online-Welt ohnehin schnell geändert werden. Vielleicht haben sie wegen Anton Pänkes Mails aber auch kurz darüber nachgedacht, wie viel mit diesem Wort, das sie anfangs so witzig fanden, verbunden ist. Und wollten doch lieber nichts mehr damit zu tun haben. Das spräche gegen eine umfassende Pornografisierung deutscher Schüler-Communitys. Haben die Ficksprüche aus Porno-Rap-Songs und die Busenbildchen in manchen Profilen ähnlich wenig mit Pornos gemein?

Von eigenen Bildern ein Schulleben lang verfolgt

Man kann sich schließlich die Meinung des blonden Mädchens aus dem Postfach des Nachrichtendienstes von *SchülerVZ* holen, jenes Mädchens, das mittlerweile nicht mehr »Pornokaetz'chen« heißt. Sie hat seit drei Jahren einen Freund, glaubt, dass jeder Jugendliche »mie. 1 porno« gesehen hat, und klingt bisweilen wie ihre eigene Mutter: »Ja wenn ich mir die kleinen schwestern von kollegen ansehe .. tiefer ausschnitt, fett geschminkt & meinen mit 12 jahren sich durch die welt geschichte zu poppen find ich das uebel..«. Dann gefallen ihr aber wieder Songs des Porno-Rappers Frauenarzt: »manche lieder sind gut .. aber halt gewaltverherlichend«.

Nur eines lässt sich nach dieser kurzen Online-Erkundung sicher sagen: Es ist alles ganz schön kompliziert. »Porno« kann bedeuten: Blowjobs, die einen 14-Jährigen im Unterricht über Sex nachdenken lassen und zu fragwürdigen ersten Sex-Erfahrungen führen. Gespielte Szenen, die »trotzdem geil« sind. Für einige Mädchen hingegen: etwas Schreckliches, gar nicht erregend, das Vergewaltigungen verhindert. Oder einfach nur ein scherzhafter Namenszusatz. Ein beiläufiges Statement, ironisch, ohne tieferen Sinn.

Porno kann, das erzählt das ehemalige »Pornokaetz'chen«, einen kalten Schatten auf das Leben eines Teenagers werfen. Sie hat in ihrer Stadt von so einem Fall gehört: »also das warn selfmade porno von einem 15 jaehrigen maedchen die das fuer ihren freund gemacht hat .. der davon aber ueberhaupt nich begeistert war .. & schluss gemacht hat.. mit dem video zu ihren eltern gegangen is denen das gezeigt hat & es danach an alle geschickt die er kennt ..«.

Diese Geschichten erzählen einige bei *Jappy*, *SchülerVZ* oder in der *Youtube*-Community. »tightbunny«, der ein Gymnasium in Hannover besucht und denkt, dass bei Pornos »alles nur fürs Geld« ist, hat gleich von zweien gehört: »die hat mit ihrem freund halt ein video beim pimpern gemacht ... und da hat man echt ALLES gesehen.. und ihr freund hats dann rumgeschickt.. und ganz schnell hattes dann die ganze schule die war so fertig ich glaub die war so gar in behandlung deswegen«. Auch an seiner eigenen Schule, schreibt er im ICQ-Chat, habe es so einen Fall gegeben: »das war erst vor nem halben jahr.. da haben zwei jungs sich gegenseitig

einen runtergeholt und der eine hat dem andern einen geblasen
naja und so dumm wie die waren haben die das noch mitm handy
gefilmt ... der eine hats dann nem kumpel geschickt und der hats
auch wieder rumgeschickt..« Die Folgen kann sich tightbunny, der
in die zehnte Klasse geht, schon vorstellen:»naja der wird bestimmt sein ganzes schulleben damit irgentwann nochmal auf-
gezogen«.

Welche Schule er genau besucht, will tightbunny nicht sagen.
Und auch nicht, wo die Sache mit dem Mädchen passiert ist. Es
lässt sich also nicht herausfinden, ob stimmt, was er schildert.

Sobald genprojekt oder Anton Pänke nach der Realität außerhalb des Cyber-Universums fragen, werden viele misstrauischer
und einsilbig. Sie achten darauf, einen gewissen Abstand zu der
neuen Web-Bekanntschaft zu halten.

Man bekommt hier einen allerersten flüchtigen Einblick. Mehr
nicht. Es ist an der Zeit, Anton Pänke fürs Erste bei *SchülerVZ* aus-
zuloggen, den Computer herunterzufahren und einige Leute in
realen Räumen zu treffen. Menschen, die regelmäßig mit Mitglie-
dern der»Generation Porno« zu tun haben – und mit ihnen über
Sex sprechen oder dazu forschen.

Kapitel 3

Sexuelle Verunsicherung: Was Forscher über eine Jugend mit Youporn wissen

An der Wand hängt ein Kondom in Großaufnahme, gerahmt. Durch die weite Fensterfront kriechen bleiche Sonnenstrahlen. Die Rollläden sind heruntergelassen. Es ist schwül, Mitte August. Der Ventilator brummt. Almut Weise und Cosmo Martin Dittmar-Dahnke haben sich auf die schwarz-grauen Sessel gesetzt. Die Sofas an den Wänden sind rot, die Kissen orange. Warme Farben. Im Raum ist es angenehm still. Es ist gerade keine Schulklasse da, sonst wäre es um einiges lauter. Weise und Dittmar-Dahnke arbeiten als Sexualpädagogen in der Berliner Beratungsstelle von Pro Familia. Sie reden mit Jugendlichen über Sex, mehrmals in der Woche. Es geht um die Pille davor und danach, um Kondome, Schwangerschaften, um HIV und Aids. Das ist der Teil, den Almut Weise »gefahrenbetont« nennt. Sie klären auf über das, was beim Sex passieren kann. Weise ist Ende 20, sie hat rotblonde Haare, ein sehr freundliches Gesicht, an ihren Ohren hängen runde Ringe. »Wir wollen, dass hier viel gelacht wird«, sagt sie. Sie lacht. Bei Pro Familia informieren sie über Risiken, das gehört dazu. Sich aber nur auf die Gefahren zu konzentrieren, erschiene Weise unangemessen. »Wir haben hier ausdrücklich eine lustbetonte Sexualpädagogik. Es geht auch um Verhütung und Geschlechtskrankheiten, das ist ein

Thema, aber nicht das Thema«, sagt sie. Sex ist so viel mehr als ein
Kondom, das sich gerade nicht abrollen lässt.

Weise war schon in der zehnte Klasse als Schülerpraktikantin bei
Pro Familia, später hat sie Sexualpädagogik an einer Fachhoch-
schule im Weserbergland studiert. Dittmar-Dahnke, die ange-
grauten Haare kurz, ist 39 Jahre alt, er feiert noch in Techno-Clubs
und kommt von der Uni. Dort hat er sich wissenschaftlich mit
Alten beschäftigt, Geschlechterforschung in der Gerontologie. Bei
Pro Familia kümmert er sich mit einem Kollegen um die Jungen.
Almut Weise ist für die Mädchen zuständig. Seit einem knappen
Jahr achtet sie etwas genauer darauf, was die Gruppen über Pornos
erzählen, wenn sie den Einführungsfilm gesehen haben, der kurz
erklärt, wo die Kinder herkommen. Pornografie habe in der Beratungsstelle seitdem einen »Riesenstellenwert« bekommen, sagt sie.
Das hat mit dem Pastor Bernd Siggelkow zu tun und mit seiner
Sexuellen Tragödie. Irgendwann waren die Boulevardzeitungen voll
mit den pornografisierten Arche-Kindern, und die Journalisten
kamen auch zu Pro Familia, zu Almut Weise. Sie hat sich das Buch
daraufhin besorgt. »Uns hat total schockiert, was da drinstand«,
erinnert sie sich. »Weil wir das aus unserer Arbeit überhaupt nicht
kennen.« Sie hat ein anderes Bild. Es sieht differenzierter aus.

Mädchen ekeln sich   Vor ihr sitzen Schulklassen aus ganz Berlin,
sechste bis 13. Klasse, aus sämtlichen Bezirken,
auch aus Brennpunkten. Während Weise mit den
Teenagern spricht, müssen die Lehrer draußen bleiben. Die Gespräche können dann schnell sehr offen werden. Meist bittet die
Sexualpädagogin die Mädchen ganz am Anfang, ihr Begriffe zuzu-
rufen, die ihnen zu Sexualität einfallen. »Wir wollen wissen: Was
ist deren Thema?«, sagt sie. »Wenn die einfach sagen können, was
ihnen einfällt, merkt man schnell, wie die Klasse drauf ist. Wenn
dann in der siebten oder achten Klasse Wörter kommen wie

›Arschfick‹, fragt man schon mal zurück: Was ist denn das? Ich
würde so was nie in die Klasse reingeben. Aber wenn ich merke, es
ist da, frage ich. Habt ihr schon mal Pornos gesehen, was haltet ihr
davon?«

Manche sagen, dass sie bei *Youporn* waren. Andere haben welche
über Bluetooth aufs Handy geschickt bekommen. Die Reaktion
scheint Weise bei den Mädchen oft ähnlich: »Die gucken sich das
an, ekeln sich und das war's dann. Wenige Fälle gibt es, wo man
merkt, die sind auf einer Seite oder bei einem Film gelandet, mit
dessen Inhalt sie nicht umgehen konnten. Da fällt auf, dass es wenig Menschen gibt, mit denen sie darüber reden können. Das ist
ein Problem, das wir hier aufarbeiten können. Über Pornos redet
man eigentlich nicht mit seinen Eltern. Und über Pornos redet
man nicht unbedingt mit seinen Freunden. Schon gar nicht über
das, was man nicht cool fand.«

Es sind ganz unterschiedliche Dinge, die Mädchen verstören,
stellt Weise fest, Szenen mit Gewalt oder Filme, in denen Frauen
erniedrigt werden. Aber auch ganz einfach: »Geschlechtspraktiken,
die sich Jugendliche so nicht vorgestellt haben. In der sechsten
oder siebten Klasse kann das der normale Sexualakt sein, wenn der
in seiner Deutlichkeit gezeigt wird.« Dieser Porno-Sex erschreckt
manche 11- oder 12-Jährigen. Er kommt ihnen brutal vor. Auch
wenn sie sich nicht dafür interessieren, werden einigen Clips von
Jungs aufs Handy geschickt. Die Halbstarken sagen Sachen wie:
»Du Bitch, wir machen heute einen Gangbang.«

Da ist es wieder, das Wort.

Es dient den Jungs vor allem dazu, die **Jungs ärgern die Mädchen**
Mädchen zu ärgern, sagt Weise. Man kann **mit »Gangbang«**
damit auf dem Pausenhof angeben. Man
kann den anderen zeigen: »Schaut mal, ich weiß was! Ich traue
mich, etwas zu sagen, worüber sich Erwachsene garantiert aufregen

werden.« Der Sexualwissenschaftler Gunter Schmidt spricht von
»Erprobungshandeln«. Jungs versuchen herauszufinden, was
männlich ist, wie Männer sind. Wie sie Männer sein können. »Dass
sich 11- oder 12-Jährige zum Teil widerlichste sexuelle Videos auf
dem Handy austauschen, das hat ja auch weniger mit Sexualität zu
tun«, denkt Schmidt. Er interpretiert es eher als Pose: »Guck mal,
das sehe ich mir ganz cool an, das habe ich aus dem Internet ge-
fischt.« Jugendschützer nennen das »virtuelle Mutprobe«.

Neulich hat bei Pro Familia einer der Jungen das Wort »T-Bag-
ging« in die Runde geplärrt. »Das mussten wir dann auch lernen«,
sagt Almut Weise. Porno-Vokabeln. Sie lacht. Es bedeutet: Eine
Frau nimmt die Hoden des Mannes in den Mund. Er hängt sie in
ihr Gesicht wie einen Teebeutel in die Tasse, deshalb: »T-Bag-
ging«.

Cosmo Martin Dittmar-Dahnke muss sich manchmal fühlen
wie der Ringrichter in einem Schreiwettkampf. Wenn er die Jungen anfangs Begriffe sagen lässt, brüllen sie los. Es gehe ihnen
»ganz stark darum, zu sagen, was sie wissen.« Sie wollen sich gegenseitig übertrumpfen. Traut sich einer »Fotze« zu sagen? Sie
lauern darauf, dass Dittmar-Dahnke eine Grenze setzt. So, Schluss
jetzt, das geht zu weit. »Aber das machen wir nicht«, sagt er. »Die
sollen ja erst mal ...«

Er ist kein Lehrer. Das müssen sie merken. Wenn es gut läuft,
haben sie irgendwann genug angegeben. Dann geht Dittmar-
Dahnke die einzelnen Begriffe mit ihnen durch. Er fragt, woher sie
sie kennen, ob sie das schon mal ausprobiert haben. Haben sie es
bei *Youporn* gesehen? »Dann gucken sie sich an und kichern, so von
wegen: Der Alte weiß das auch«, erzählt er. Es stelle sich meist
ganz schnell heraus, dass sie viel von dem, was sie genannt haben,
gar nicht selbst mit Inhalt füllen können. »Dildo« beispielsweise.
»Ein ganz großes Faszinosum. Die wollen immer wissen, ob die

Mädels in der Parallelgruppe Dildos kriegen und ausprobieren.«
Allerdings: ›Gangbang‹ wissen sie alle.«

Woher kennen sie das? Sie müssen nicht unbedingt eine Szene
aus einem Sexfilm gesehen haben. Der Berliner Rapper Bushido
hat für sein Album Electro Ghetto ein Telefonat mit seinem damali-
gen Kumpel Bass Sultan Hengzt aufgenommen:

Bushido: Saad is gleich bei mir.
Hengzt: Ja, und dann was machnwa?
Bushido: Ja, was machen wirn dann?
Hengzt: Gangbang?
Bushido: Gangbang, Alter.
Hengzt: Haste am Start?
Bushido: Heute is Gangbang.
Hengzt: Ich komm vorbei, wo biste?
Bushido: Jetzt wird gefickt, ich bin zu Hause.
Hengzt: Jetzt wird gefickt?
Bushido: Jetzt wird gefickt.
Hengzt: Jetzt wird gefickt!

Der Refrain des Songs geht so: »Ein Schwanz in den Arsch, ein
Schwanz in den Mund, ein Schwanz in die Fotze, jetzt wird richtig
gebumst. Es ist ganggaganggagaganggangbang.« Wegen dieses
Songs hat die Bundesprüfstelle für jugendgefährdende Medien
Bushidos zweites Album Electro Ghetto auf den Index gesetzt. Es
würdige Frauen herab.

Das war im Dezember 2005 – mehr als ein Jahr nachdem Electro
Ghetto erschienen ist. 2006 bekam Bushido dafür eine Goldene
Schallplatte, so gut hatte es sich verkauft. Trotz der Indizierung
kann man sich »Gangbang« auf Youtube anhören, es gibt dort diverse Versionen.

Wenn Mädchen bei Pro Familia erzählen, dass Jungs zu ihnen sagen: »Wir machen heute Gangbang«, klingt das nach diesem Lied. »Heute is Gangbang.«

Dittmar-Dahnke hat den Eindruck, es gebe in dieser Pornokultur klare Hierarchien. Gangbang steht ganz oben. Viele Männer gegen eine Frau, er bezeichnet es als »quasi vergewaltigen«. Ein Mann, der eine Frau oral befriedigt, sei deutlich weiter unten angesiedelt. »Zärtlichkeit hat einen Coolness-Faktor von minus eins«, beobachtet der Pädagoge. »Zärtlichkeit spielt ja in diesem ganzen Ding überhaupt keine Rolle.«

Viele Jungs kennen die Grundwerte dieser Pornowelt: »Es geht schon darum, als Mann so ein Kerl zu sein, dass du möglichst viele Frauen kriegst und es denen besorgst, und zwar anständig. ›Anständig‹ heißt: Du musst einen möglichst großen Schwanz haben, der immer einsatzbereit ist. Du bist der, der es bringt, der die Sache in der Hand hat.« Die Eindrücke sind ein Identifikationsangebot auf dem »Marktplatz der Identitäten«. So bezeichnet eine Soziologin die Rollenvorlagen, die Väter, Onkels, Freunde, Fernsehhelden, Buchprotagonisten, Comedians oder Figuren aus Internetclips Teenagern vorführen. Es kann gut sein, dass die Jungs den Wertekanon, den *Youporn* ihnen vermittelt, ähnlich abstoßend finden wie die Mädchen. In der Gruppe, sagt Dittmar-Dahnke, geben sie sich aber so cool wie möglich: »Die kommunizieren keinen Ekel und auch keine Verunsicherung.«

Das ist bei Pornografie immer die Frage: Was sagen sie, und was tun sie? Und wie passt beides zusammen?

Hartes stößt fast jeden ab

Christine Altstötter-Gleich hat für Pro Familia 2006 eine Studie über *Pornographie und neue Medien* veröffentlicht. Sie hatte mehr als 1300 Schüler in Rheinland-Pfalz befragt und wollte vor allem wissen: Wie reagieren Jugendliche auf Pornos? Dafür unterschied die Forscherin zwischen softer und harter Pornografie. Mit »soft« war Striptease, Petting oder Geschlechtsverkehr gemeint, mit »hart« Verbotenes, sexuelle Gewalt etwa. Bei den harten Inhalten empfanden Jungen und Mädchen Ekel, Angst, Scham und Wut fast gleichermaßen. 94 Prozent bei den männlichen Befragten, 99 Prozent bei den weiblichen nannten solche Emotionen.

Vom softeren Sex hingegen fühlten sich 57 Prozent der Jungen angemacht, aber nur 21 Prozent der Mädchen. Behaupteten sie. Altstötter-Gleich hat auch bemerkt: Nicht immer konnten die jungen Studienteilnehmer ein Beispiel nennen, wenn sie sich besonders gut oder schlecht gefühlt hatten, als sie Pornos sahen. Gerade wenn es um positive Emotionen ging, nahm die Wissenschaftlerin eine gewisse Unsicherheit wahr, »ob diese auch angemessen sind«. Es könnte sein, dass Jugendliche etwas gern sehen, aber glauben, dass das nicht in Ordnung ist, und es deshalb lieber verschweigen.

Eine Gruppe von US-Forschern hat Teenager 2005 danach gefragt, ob sie absichtlich oder zufällig auf Pornoseiten gestoßen waren. Insgesamt gaben 42 Prozent zu, solche Seiten zu kennen. Zwei Drittel von ihnen sagten, sie seien unabsichtlich ins Online-Rotlichtmilieu geraten – über Spam-Mails, Buchstabendreher beim Tippen der Adresse oder Werbebanner, etwa in Tauschbörsen. Unter dem Punkt »Einschränkungen« schreiben die Wissenschaftler: Mag sein, einige Jugendliche haben die Antwort »unabsichtlich« nur ausgewählt, weil es ihnen peinlich war, dass sie bewusst danach gesucht hatten.

In Dittmar-Dahnkes Pro-Familia-Gruppen wird es leiser, wenn er sich zu den Wissenslücken durchfragt. Was ist denn nun ein Dildo? Sie lehnen sich zurück, flüstern sich gegenseitig etwas ins Ohr, murmeln und tuscheln. Warum findet ihr es so wichtig, dass ein Penis groß ist? Damit bekommt man viele Frauen, sagen sie.

Damit kann man viel und lange Sex haben. Damit kann man Mädchen beeindrucken. In der ruhigeren Atmosphäre formulieren sie auch eigene Fragen: Kann ein Penis abbrechen? Wie groß muss er sein?

In dieser Heftigkeit real nicht möglich In solchen Momenten baut Dittmar-Dahnke die Holzpenisse auf. Es sind genau sechs. »Das ist meiner«, rufen die Jungs und zeigen auf den größten. »Und das ist deiner«, der kleinste. Der nordrhein-westfälische Landesverband von Pro Familia hat in einer Erhebung die »Penismaße junger Erwachsener« ermittelt, im Universitätsklinikum Essen wurden dafür 111 Männer zwischen 18 und 19 Jahren vermessen. Das Längenspektrum reichte von 10 bis 19 Zentimetern. Der Durchschnitt: 14,48 Zentimeter. Erigiert.

Die Studie stammt aus dem Jahr 2001, aus einer Zeit lange vor *Youporn*. Die Penisfrage ist mindestens so alt wie die Dr.-Sommer-Rubrik der *Bravo*. Martin Goldstein, der erste Dr. Sommer, erinnert sich an das Grundmuster, das den meisten Briefen zugrunde lag, die ihm ab 1969 säckeweise ins Büro gebracht wurden: »Bei mir ist das so, und ich hab den Eindruck, das ist falsch.« Ist meine Brust zu klein? Oder eben der Penis? Mit *Youporn* ist die Frage drängender geworden. Wer, anders als kleenafeigling aus dem Jappy-Netzwerk, noch kein Gruppenwichsen veranstaltet hat, kennt womöglich nur die Porno-Penisse. Deren Durchschnitt dürfte über 14,48 Zentimetern liegen.

Wenn Cosmo Martin Dittmar-Dahnke auf den mittleren Holzpenis zeigt, den durchschnittlichen, merkt er, wie sich die Jungs entspannen. Sie sind elf, zwölf, manche 13. »Ein Penis kann noch wachsen«, sagt Dittmar-Dahnke. »Das ist für die dann: Oh, Gott sei Dank!«

Sie würden sich wahrscheinlich vollends entspannen, wenn sie hören könnten, was die Mädchen von großen Penissen halten.

»Die haben total Angst davor«, sagt Almut Weise. Wenn die Sexualpädagogin die Holzpenisse aufreiht, schlagen sie die Hände vor den Mund:»O Gott, o Gott. Die werden ja immer größer.« Um Kondome auszuprobieren, wählen sie die kleineren aus. Die, die nicht schnell genug sind, bekommen den größten. Pornos schüchtern sie auch deswegen ein.»Muss ich überhaupt einen Penis in den Mund nehmen?«, fragen manche. Für die Jüngsten aus den sechsten und siebten Klassen ist das eine furchtbare Vorstellung. »Ihr müsst nur machen, wozu ihr Lust habt, das ist kein Muss und so funktioniert nicht Standardsex«, antwortet Weise.»Allein das erst mal aufzulösen bringt schon ganz viel Erleichterung. Ah, okay, ich muss nicht ...«

Pornos machen nicht nur Erwachsenen Sorgen. Die Beunruhigung verändert sich, je mehr eigene Erfahrungen die Jugendlichen haben. Mit zunehmendem Alter, das belegen verschiedene internationale Studien, wächst auch der Pornokonsum. Selbst der laut Umfrage »gewollte«.

In den zehnten oder elften Klassen werfen Pornos andere Fragen auf, erzählt Almut Weise.»Wie ist Analverkehr überhaupt in dieser Heftigkeit möglich? Die haben teilweise versucht, was nachzustellen, und merken: Das funktioniert bei mir gar nicht. Was ist denn da los?« Die Mädchen sind meist schon 17 oder 18, wenn sie sich damit befassen. In jüngeren Klassen, sagt Weise, komme so etwas gar nicht vor. Für Mädchen, die erwähnen, dass das in ihrer Beziehung gefordert wird, versucht sie, hinter die Kulissen dieser »Glitzerwelt« zu schauen:»Wie funktioniert so ein Porno?« Und im Privaten:»Wie kann sie das für sich angenehm gestalten, wenn sie das möchte? Die Jungs wissen genauso wenig, wie das richtig geht. Die sehen das auch nur im Porno und wollen es dann haben.«

Man sollte durchaus klären, findet Weise:»Was für Sicherheitsmaßnahmen sind zu ergreifen?« Manchmal informiert auch sie

»gefahrenbetont«. Die übersteigerte Pornolust stellt die Risiken in den Schatten. Es tauchen keine Warnhinweise auf: »Für diese Szene musste der Anus vorher langsam und vorsichtig gedehnt werden, um Verletzungen zu vermeiden. Das sollten Sie wissen, wenn sie versuchen, es zu Hause auszuprobieren. Besonders wenn Sie auf der Startseite wahrheitswidrig behauptet haben, schon volljährig zu sein.« Stattdessen verweisen Werbebanner auf andere Sexseiten, die Frauen stöhnen ihr quietschiges Pornostöhnen, »Fuck me, fuck me«, und in seltenen Fällen sind dazu sogar Songs von Sido zu hören, dem »Arschfickmann«.

Es ist nicht so, dass Almut Weise mit jeder Mädchengruppe über Pornos spricht. Einige hätten allergrößte Hemmungen, selbst Worte wie »Penis« oder »Scheide« zu sagen. »Die haben noch keinen Porno gesehen in ihrem Leben.« Von denen, sagt Weise, gebe es auch ganz viele. Unter den Jungs, beobachtet ihr Kollege Dittmar-Dahnke, scheinen Pornos gängiger zu sein.

Eine Porno-Leitkultur?
Zwei Sex-Professoren streiten

Beim Medienprojekt Wuppertal drehen Jugendliche Filme über Themen, die sie umtreiben. Einer ist 2008 entstanden und heißt *Geiler Scheiß*. Er handelt von jungen Menschen und Pornografie. Die meisten jungen Männer darin bekennen sich dazu, dass sie regelmäßig Sexfilme gucken, mal mehr, mal weniger, und das völlig okay finden. Manche bilden sich ein, dass sie daraus gelernt haben: »Porno ist Aufklärung pur.« Besser als Biologieunterricht, darin sind sich alle einig: »Das erste Mal, wo du mal so richtig in eine Vagina reinschaust, ist halt, wenn du einen Porno siehst.« Der virtuelle Sex nehme auch die Angst vor dem echten.

Ein junger Mann im gestreiften Poloshirt und mit Kurzhaarfrisur schaut ganz ernsthaft, als er sagt: »Pornos haben meine Sexualität insofern verändert, dass ich ein guter Ficker geworden bin.« Ihm fällt allerdings auch auf, dass er Frauen ab und an abschätziger behandelt, als er es tun würde, wenn er nie Pornos gesehen hätte. Laura Sciabica, die den Film gedreht hat, sagt, dass sie dadurch lockerer und liberaler geworden sei. Aber auch ihre Hemmschwelle sei gesunken. Man stumpfe ein wenig ab. Für ein Buchprojekt hat das Archiv der Jugendkulturen in Berlin um die Jahrtausendwende Teenager befragt. John ist da 17, besucht eine Realschule und erzählt:»Irgendwie bin ich ungeduldiger geworden, und es muss auch mehr passieren. Also, meinen Vorlieben bin ich treu geblieben. Aber wenn es früher so ein richtig schöner großer Busen war, dann bin ich jetzt vielleicht eher schon beim XXL-Format gelandet. So ist halt alles 'n bißle krasser geworden.« Nach einer Weile kann ein gewisser Gewöhnungseffekt einsetzen. Habitualisierung, sagen Wissenschaftler.

Im Film Geiler Scheiß bemerkt ein junger Mann:»Unsere Generation ist mit Pornografie aufgeklärt worden. Deshalb ist Pornografie für uns was ganz Normales.« Ist das die Habitualisierung einer ganzen Alterskohorte?

Der Sexualwissenschaftler Jakob Pastötter geht noch weiter und spricht von»einer Art Leitkultur«. Er ist Vorsitzender der Deutschen Gesellschaft für Sozialwissenschaftliche Sexualforschung, ein kleiner Mann mit geradem Kreuz, der durch runde Brillengläser schaut und gern Sakkos in gedeckten Farben trägt. Pastötter lebt und arbeitet in Bayern, manchmal fliegt er in den Norden der Republik, um in Fernsehstudios über die»Generation Porno« zu diskutieren. Im September 2008 steht er an einem runden Tisch vor dem Speisesaal eines Berliner Hotels. Er hat für den Fernsehsender ProSieben eine Sexstudie gemacht, die er gleich vorstellen wird. Knapp 56000 Menschen haben im Internet seinen Fragebogen beantwortet. Er hat darin auch nach Pornos gefragt, um herauszufinden, wie ernst sie die nehmen.»Die Leute sind über-

zeugt davon, dass das echte Sexualität ist«, sagt er. Viele würden als
Wunschtraum angeben, selbst Pornos zu drehen. »Die wissen
nicht, dass das harte Arbeit ist.«

Pastötter hat versucht, um die Ecke zu fragen, damit er ehrliche
Antworten bekommt. Er wollte wissen, ob die Menschen gern Genitalien hätten wie Pornostars. Also hat er sich erkundigt, ob sie
denken, dass ihre eigenen Partner sich wünschen würden, dass sie
solche hätten.

Erstaunlich viele tun das. Pastötter schließt daraus, dass sie sich
von den Pornos unter Druck gesetzt fühlen, dass die Bilder in die
Beziehungen eindringen. Der Sex wäre besser, wenn diese Bilder
nicht nachgeturnt würden, sagt er. Auch die Frauen haben den
Leistungsgedanken verinnerlicht. Sie sind zufriedener, je mehr
Orgasmen sie bei einem Mann bekommen. »Der Mensch ist offen-
bar quantitativer angelegt, als man wahrhaben will«, folgert der
Forscher und seufzt.

Bei Jugendlichen sieht er besonders schwarz, was die Folgen des
Pornokonsums anbelangt. Man brauche einen festen Wertekanon,
wenn man ständig mit der »Sexualität auf Speed« aus den Pornos
konfrontiert werde. »Aber was ist, wenn mir der Wertekanon
fehlt?« Er denkt besonders an die sozial Schwachen, an die Brenn-
punkte. Auch Pastötter erzählt von 14-Jährigen, die 11-Jährige ent-
jungfern. Das Problem, glaubt er, wird in Deutschland nicht ernst
genug genommen. »Die Meinungsführerschaft haben die Verharmloser.« Er meint damit seinen Kollegen Gunter Schmidt.

Die Pornodiskussion verläuft an klaren Fronten entlang. Das ist
auch in der Sexualwissenschaft nicht anders. Pastötter, Jahrgang
1965, gegen Schmidt, Jahrgang 1938.

**Panik wie einst bei der
Masturbation**
                                         Gunter Schmidt verfolgt fast seit einem hal-
                                         ben Jahrhundert, wie sich die Sexualität von
                                         deutschen Jugendlichen verändert. Es hängt

immer auch von der gesellschaftlichen Umwelt ab, in der sie aufwachsen und in der sie ihre ersten Eindrücke von Sex, von Liebe
wahrnehmen. Mit am deutlichsten hat sich das in den Siebzigern
gezeigt, in den Nachwehen der Achtundsechziger »Sexwelle«, die
die Magazine beobachteten. Das Alter des ersten Geschlechts-
verkehrs habe sich damals um ganze vier Jahre nach vorn verlegt –
in nur einem Jahrzehnt. Zu der Zeit, sagt Schmidt, sei die Aufregung groß gewesen, auch wegen der Pille für Mädchen. »Solche
Paniken gibt es immer wieder.« Die größte von allen sei die Mas-
turbationspanik gewesen. Sie habe fast 150 Jahre gedauert.

Schmidt hat über einen seiner Essays ein Bild von einem irrsab-
bernden jungen Mann drucken lassen. Titel: »Der Onanist«. So stellte
man sich 1853 die Auswirkungen des Onanierens vor. So sah ein Mas-
turband aus. Krank. Im Sommer 2009 sind im Ersten Deutschen
Fernsehen junge Menschen zu sehen, von denen manche einen seltsam stumpfen Blick haben. Sie erzählen vom vielen Sex, den sie haben, von Missbrauch, von Vergewaltigungen – und von Pornos. Dazu
wiederholt ein Rapper aus dem Off immer wieder die Zeile: »Wir sind
krank.« Über die Gefahren von Masturbation oder die Anti-Baby-
Pille diskutiert heute niemand mehr, höchstens über die Pille danach. Die Panik des 21. Jahrhunderts ist eine Pornopanik.

Man brauche zwei Eigenschaften, um die Dinge wissenschaftlich genau zu untersuchen, sagt Schmidt: Disziplin und Gelassenheit. Mit dieser Haltung müsse man dann fragen: »Welchen Einfluss hat es? Wie kompetent gehen Jugendliche damit um?« Darin
sieht er die Chance, dieser Panik rational zu begegnen, hinter der
ein viel zu simpler Schluss stecke: »Hier das böse Internet mit dem
bösen Sex. Und hier die armen Opfer, die nun in ihrer Sexualität
völlig verzerrt werden.«

Die Befürchtungen sind vor allem die: Jugendliche betrachten
Pornos und kopieren die Muster, die sie dort entdecken. In Pornos

küsse man sich nicht, also würden sich auch die Teenager nicht
mehr küssen. In Pornos gibt es Gangbangs, also machen die Jugendlichen Gangbangs. Das sind die Sorgen, die Bernd Siggelkow
und einige Kollegen in die Medienwelt hinausgetragen haben.
In Pornos wird auch selten geheiratet, könnte man noch hinzufügen. Heiraten Teenager deshalb künftig nicht mehr? Die Frage
klingt schon etwas abwegiger, was Siggelkows Pressesprecher
nicht davon abhält, sie in der *taz* genau so zu stellen. Es soll ein
Argument gegen die Pornografie sein. Man sieht auf *Youporn* fast
keinen Mann, der einsam onaniert. Haben die Jugendlichen auch
mit dem Masturbieren aufgehört?

Die amerikanische Autorin Judith Roof widmet sich mit ihrem
Essay »Panda Porn, Children, Google, and other Fantasies« genau
diesen Spekulationen über Ursachen und Wirkungen. Wenn Pandas, die im Zoo leben, nicht paarungsbereit sind, schreibt sie, zeigt
man ihnen andere Bären, die kopulieren, »Panda-Pornos«. Die Er-
wartung: Die Zootiere werden das früher oder später schon nach-
ahmen. Die Pornopanik speist sich aus dieser Panda-Logik. Wissenschaftler nennen es »Monkey see, monkey do«, Affen sehen
etwas und machen es nach. Teenager sehen, Teenager machen.
Aber schon die Panda-Porno-Vorführer in den Zoos ignorieren,
dass es nicht nur eine Frage des Stellungswissens ist, dass die Bären
die Fortpflanzung verweigern. Sie lassen in ihrer Überlegung den
Instinkt weitgehend beiseite und das Lebensumfeld, das im Zoo
nun mal ein völlig anderes ist als draußen in der Wildbahn. Ver-
gleichbare Scheuklappen setzen sich Erwachsene auf, die sich ihre
Kinder so simpel vorstellen, wie es nicht einmal Pandas sind.

Die wissenschaftlich-seriöse Variante der Panda-Logik ist die
Theorie des sozialen Lernens. Menschen orientieren sich demnach
an Beispielen aus ihrer Umwelt, auch aus der medialen, und imitieren sie. Tatsächlich haben US-Experimente in den Achtzigern

und Neunzigern nachgewiesen, dass sich bei Menschen, die Pornos gesehen hatten, die Einstellungen zu Frauen verschoben hat. Vergewaltigungen schienen den Probanden eines Versuchs weniger schlimm. Sie hatten weniger Mitleid mit den Opfern. Meist wurde allerdings nur unmittelbar nach dem Konsum gemessen. Wie lange die geänderte Einstellung hielt, lässt sich damit nicht sagen. Auch nicht, inwieweit Probanden sich deswegen anders verhalten.

Man könne es Jugendlichen grundsätzlich erst einmal zutrauen, zwischen ihrer Sexualität und dem Porno-Sex zu unterscheiden, glaubt der Sexualpädagoge Michael Hummert:»Der Höhepunkt eines Porno-Plots ist das Abspritzen ins Gesicht einer Frau. Das wissen natürlich alle Jungs – und ich arbeite ebenso mit geistig Behinderten wie mit Elite-Gymnasiasten –, dass man das nicht macht. Ein normaler Hauptschüler weiß, dass die Beziehung vorbei ist, wenn er seiner Freundin ins Gesicht spritzt.« Nicht alle Erwachsenen sind so zuversichtlich wie Hummert. Roof liefert in ihrem Essay dafür eine Erklärung: Eltern sehen ihre Kinder gern als reine Engelchen. Diese Reinheit wollen sie bewahren. Der Kolumnist Maxim Leo schildert in der *Berliner Zeitung*, wie es ihn verstört, dass die Brüste seiner neun Jahre alte Tochter zu wachsen beginnen:»Für mich ist ein Kind ein unschuldiges Wesen. Und unschuldige Wesen haben nun mal keine Brüste, außer sie sind vom Teufel besessen.« Ironisch lamentiert er, dass mit den Brüsten bald die Jungs kämen, der Sex, die ungewollten Schwangerschaften, die Drogen, die Tränen. Der heitere Ton kaschiert sein Unbehagen ein wenig, aber er verdeckt es nicht. Die Aussicht ist unangenehm für ihn.

Wenn Eltern davon ausgingen, dass ihre Söhne und Töchter so auf Pornos reagieren wie sie selbst, nämlich mit Neugier, Interesse, Vergnügen oder auch Abneigung, dann wäre das Bild vom reinen Kind beschädigt. Deshalb nehmen sie an, dass Porno-

konsum zu einem psychischen Schaden führen muss. Sie retten so
ihre beruhigend einfache Vorstellung von den Jüngsten.

                    Die Forschung könnte diesen Fantasien etwas ent-
Was ist überhaupt   gegensetzen. Sie müsste mit Studien zwischen der
Pornografie?   Panik eines Siggelkow und der Duldsamkeit seines
                    Gegenparts Rabe-Rademacher nach den tatsäch-
lichen, belegbaren Auswirkungen des Pornoguckens suchen. Bisher gibt es allerdings wenige deutsche Sexualwissenschaftler, die
sich mit dem Pornokonsum von Jugendlichen und seinen mög-
lichen Folgen beschäftigt haben. Die Sexualwissenschaft klagt seit
Jahren über fehlende finanzielle Mittel.

    Das größte Hindernis ist aber gar nicht der Mangel an Geld, son-
dern die wissenschaftliche Ethik. Pornoversuche mit Kindern sind
überhaupt nicht möglich. Der Konsum könnte ihnen ja schaden.
Also darf man ihnen keine Pornos zeigen, auch nicht zu wissenschaftlichen Zwecken. Selbst wenn sich damit erst herausfinden
ließe, wie schädlich die Sexfilme wirklich sind. Da Experimente somit ausscheiden, weichen die Forscher auf Befragungen aus. Die
kranken nur an der bereits erwähnten Schwierigkeit, dass sich gerade bei umstrittenen Themen nicht ausschließen lässt, dass die
Interviewten nicht sagen, was sie denken, sondern das sagen, wovon
sie denken, dass es okay ist, wenn sie es denken. So wird es schon zu
einer Herausforderung, festzustellen, wie viele Jugendliche Pornos
kennen oder sogar bewusst und regelmäßig welche anschauen. Für
Teenager, die in irgendeiner Form einmal darauf gestoßen sind,
schwanken internationale Studien zwischen knapp 40 und 70 Prozent. Im Vergleich der Forschungsarbeiten kristallisiert sich ein
Muster heraus: Jungs sind deutlich interessierter als Mädchen. Im
Alter von elf, zwölf oder 13 Jahren setzt das Pornogucken langsam
ein. Je älter Teenager dann werden, desto wahrscheinlicher ist es,
dass sie schon expliziten Sex gesehen haben. Der Höhepunkt des

Pornokonsums dürfte irgendwo bei 16 oder 17 Jahren liegen. Anschließend scheint das Interesse wieder etwas nachzulassen. Was auch verschiedene Wissenschaftler unabhängig voneinander herausgefunden haben: Je älter Jugendliche werden, desto weniger empfinden sie das, was sie da sehen, grundsätzlich als abstoßend.

Bleibt die Frage: Was bewirken Pornos? Lockerheit und Abstumpfung wie bei den jungen Leuten aus dem *Geiler Scheiß*-Film? Um die Sache noch komplizierter zu machen, als sie ohnehin schon ist, kann man an dieser Stelle zunächst einmal mit einer Gegenfrage antworten: Was ist überhaupt Pornografie?

Der amerikanische Supreme-Court-Richter Potter Stewart wusste in den Sechzigern auch keine rechte Antwort darauf. Er wolle den Begriff der Pornografie nicht näher definieren, vielleicht sei das auch gar nicht möglich. Aber so viel stehe fest: »Ich erkenne sie, wenn ich sie sehe.« Stewarts Zitat ist eines der bekanntesten zu diesem Thema. Es zeigt vor allem eines: Jeder Mensch verbindet mit dem Wort seine eigenen Vorstellungen. Das macht die Arbeit für Forscher so vertrackt. Sie wollen wissen, was Jugendliche über die Clips auf *Youporn* oder den anderen Plattformen denken.

Aber wie sollen sie danach fragen? Das Wort *Youporn* zu erwähnen wäre ethisch bedenklich. Am Ende gibt man unbedarften Teenagern noch Pornotipps. Die Verfasser der *Bravo*-Studie etwa erkundigen sich bei den Jugendlichen nach »pornografischen Bildern oder Filmen«, bei denen man sexuelle Handlungen wie Geschlechtsverkehr sehen kann. Dass ein Großteil der Teenager so etwas im Fernsehen wahrgenommen haben will, wo erigierte Penisse verboten sind, verdeutlicht, wie komplex allein die scheinbar simple Frage nach dem Pornokonsum ist.

Gemeinsam mit Kollegen hat Gunter Schmidt eine Befragung unter kroatischen Studenten ausgewertet. Die Definition von Pornografie lautete dabei so: »Materialien, die darauf zielen, sexuelle

Erregung, sexuelle Gefühle, Gedanken und Fantasien auszulösen
oder zu steigern, und die explizit auch die Genitalien bei unterschiedlichen, zumeist penetrativen, sexuellen Aktivitäten zeigen.
Materialen, die Aktbilder von Männern und Frauen zeigen – wie
sie zum Beispiel im *Playboy/Playgirl* zu sehen sind –, sollten beim
Ausfüllen dieses Fragebogens nicht berücksichtigt werden.« Das
ist deutlich näher an *Youporn* als die *Bravo*-Formulierung, aber es
braucht dafür auch ein paar mehr Zeilen. Für die *Bravo*-Telefon-
befragung wären solche Bandwurmsätze viel zu kompliziert gewesen. Die Definition, an der sich deutsche Richter orientieren, stellt
genauso die sexuelle Stimulation ins Zentrum. Jugendschutzricht-
linien für Medien ergänzen den Begriff um die »apersonale Sexualität« und die »Degradierung der Menschen zum bloßen auswech-
selbaren Objekt«.

Skripte lenken die Liebe   Schmidt wollte mit seiner neutraleren Um-
und steuern den Sex   schreibung herausfinden, wie sich der Porno-
                                  konsum der Kroaten, als sie noch Jugendliche
waren, auf ihr späteres Sexualleben ausgewirkt hat. Er geht davon
aus, dass sogenannte Skripte steuern, wie Menschen Sex haben
und lieben. Die Sichtweise gelte in der Sparte der Sexualwissenschaft, die sich mit der Entwicklung von Sexualität bei Kindern
und Jugendlichen befasse, als Konsens. Einige bezeichnen diese
Skripte als »Love Maps«, als Liebeslandkarten, die eine Orientierung verschaffen. Es ist wie mit den Drehbüchern für einen Film:
Sie legen fest, welchen Verlauf die Handlung nimmt, wie sich die
Protagonisten in bestimmten Situationen verhalten werden, auch
wie sie flirten, wie sie lieben. Menschen haben der Skript-Theorie
zufolge solche Drehbücher im Kopf. Ohne dass sie es merken, regeln die Vorlagen Alltagsabläufe. Wenn im Restaurant ein Kellner
kommt, bestellt man. Wenn im Zug der Schaffner auftaucht,
kramt man die Fahrkarte hervor. Und: Wenn bei der Verabschie-

dung nach einem Date die Lippen des Mädchens oder des Jungen immer näher kommen, küsst man sie. In der Regel. Auch das ist wie mit den Drehbüchern und den Filmen. Nicht alles muss eins zu eins umgesetzt werden. Am Set ist Raum für Improvisation – genauso wie beim Date oder im Bett. Man kann auch zurückschrecken, wenn die Lippen sich zu schnell nähern.

Die Krux bei alledem ist nun die: Solche Skripte bilden sich nicht erst in der Pubertät, während Jugendliche den ersten Porno oder die erste Nacktszene im Fernsehen erleben. Dass Küssen schön sein kann, haben sie vielleicht schon mit drei Jahren entdeckt, als ihre Eltern das getan haben. Dass Frauen lächeln und ein wenig rot werden, wenn man ihnen schöne Dinge ins Ohr flüstert, mag ihnen auch schon aufgefallen sein, als sie eine Vorabendserie geguckt haben. Sie haben bemerkt, dass die wenigsten Männer, die eine Frau toll finden, ihr einfach an die Brust oder an den Hintern fassen, um zu signalisieren, dass sie gern Sex mit ihr hätten. Dabei wurde ihnen auch klar, dass die wenigen, die das doch tun, dafür meist Ohrfeigen bekommen oder Anzeigen. So werden die Skripte im Laufe der Kindheit und Jugend immer vollständiger.

Es kann gut sein, dass ab dem Alter von elf oder zwölf Jahren auch Porno-Elemente zu einem Abschnitt dieser Drehbücher werden. Je nachdem, wie fest sich die anderen Teile schon gefügt haben, und je nachdem, wie gut die Pornoabschnitte zu den anderen passen, ist ihr Einfluss dann größer oder kleiner. Wenn besorgte Pornogegner mutmaßen, die Bilder würden sich in Gehirne brennen, spielen sie damit auf DVDs an. Um Rohlinge zu bespielen, müssen sie unbeschrieben sein. Dass das bei Jugendlichen selten so sein dürfte, veranschaulicht Sexualforscher Schmidt: »Der Teenager, der sich Pornografie ansieht, gleicht nicht einer leeren Tafel, in die nun pornotypische Skripte eingraviert werden. Vielmehr treffen die pornografischen Stimuli auf eine schon vorhandene Struktur des Begehrens.«

Ein Teenager, der nie beobachtet hat, wie sich seine Eltern liebevoll berühren, geschweige denn küssen, stattdessen aber oft mit ansehen musste, wie der Vater die Mutter anbrüllt, in dessen Skripte fügt sich der Glaube, dass Frauen auch beim Sex die Untergebenen seien, womöglich einfacher ein. Schmidt hat mit den Wissenschaftlern aus Zagreb abgeglichen, welche Rolle Vorstellungen vom liebevollen Sex oder vom eher pornotypischen Sex bei Studenten spielen, die in ihrer Jugend mehr oder weniger Pornografie konsumiert haben. »Gefühl und Liebe« stand dabei in den Bewertungsskalen beispielsweise »immer geil sein« gegenüber. Das Ergebnis: Selbst wer früh anfängt, viel Pornografie zu konsumieren, dessen Skript verschiebt sich nicht nachweisbar in die pornotypische Richtung. Wenn sich Jugendliche nicht küssen, würde das demnach eher andere Gründe haben.

Porno ist nicht gleich Porno ist nicht gleich Porno Das mit dem Küssen ist wieder so eine Sache: Es ist ja nicht so, dass sich die Darsteller in Pornos nie küssen würden. In den Amateuraufnahmen tun sie das manchmal sehr ausführlich. Auch bei den blonden Profis mit den Silikonbusen berühren sich aufgespritzte Lippen, wenn auch seltener. Darsteller strecken die Zungen dabei so weit aus dem Mund, dass man sie so deutlich sieht wie die Penisse und Scheiden in den vielen Nahaufnahmen. So gehen Pornoküsse. In der Panda-Logik müssten Porno-Teenager wohl eher mit Zungen küssen, die sich außerhalb ihrer Münder treffen. Dass es wenig bringt, derart zu simplifizieren, hat schon ein erster flüchtiger Blick auf die spärliche Pornoforschung demonstriert. Die krude Kussthese lenkt das Augenmerk dennoch auf eine wichtige Frage: Was genau ist überhaupt in den Pornos zu sehen? Wer einmal die langen, alphabetischen Listen auf den Pornoseiten überfliegt, merkt schnell: Man sollte besser von Pornografien sprechen, im Plural, nicht von der Pornografie. Es ist eine vielfältige Cliplandschaft mit saubereren und schmutzigeren Ecken. Schon A wie »anal« unterscheidet sich oft klar von A wie »Amateur«. Um sorgfältig Theorien zur Wirkung von Pornos auf Jugendliche zu entwickeln, müsste zuallererst ein systematischer Überblick über das Material her.

Wenn Jugendliche so reagieren würden, wie sich Tierpfleger das bei Pandas wünschen: Wie sähen ihre Drehbuchvorlagen aus, was wären die wesentlichen Elemente? Was genau würden sie da nachmachen? Ist es wirklich so, wie die amerikanische Anti-Prostitutions-Kämpferin Donna Hughes behauptet: dass das Internet wegen des scharfen Wettbewerbs zwischen den Pornoanbietern das Material noch gewalttätiger, degradierender und frauenverachtender hat werden lassen?

Der französische Journalist Frédéric Joignot hat sich die besonders dunklen Seiten der Pornoindustrie angesehen. In seinem Buch *Gang bang* schildert er die Praktiken, die dort vorherrschen. Fäuste werden in den Anus gerammt. Handys oder Pizzen werden in Scheiden eingeführt. Frauen liegen oder knien auf dem Boden, während sie von drei, vier, zehn, 20 oder 30 Männern angespritzt oder angepinkelt werden. Darsteller stecken ihre Penisse so tief in den Hals ihrer Kolleginnen, dass sie Hustenanfälle bekommen und sich fast übergeben müssen. Joignot beschreibt das Genre, das solche Produktionen hervorbringt. Es heißt Gonzo. Als Erfinder gilt John Stagliano aus Los Angeles. Statt auf einen Plot und Hochglanzoptik setzte er auf Unmittelbarkeit. Die Filme sollten wirken wie Reportagen, als ginge er einfach raus auf die Straße, um Sex zu haben. Stagliano besuchte Prostituierte und nahm die Kamera mit. Bei solchen Clips haben die männlichen Darsteller oft eine in der Hand. Der Zuschauer soll sich fühlen, als habe er selbst Sex.

Die inszenierte Authentizität hat sich durchgesetzt. In den USA ist der *Bangbus* zu einer Pornoinstitution geworden. Männer fahren durch die Stadt und geben vor, sie würden Frauen auf der Straße spontan Geld anbieten, um in ihrem Van mit ihnen Sex zu haben. Hunderte Nachahmer machen ihre Dollars oder Euros auf ähnliche Weise.

Sämtliche Grausamkeiten binnen Minuten Es scheint bei den Zuschauern ein Bedürfnis für solche Inszenierungen des vermeintlich Uninszenierten zu geben. Ein ganzer Industriezweig hat sich der Herstellung von Amateurpornos verschrieben. Bezahlte Darstellerinnen tun so, als wären sie Lieschen Müller von nebenan. Dennoch, meint Joignot, erscheine die Bildschirmwirklichkeit entrückt. Nahaufnahmen von Genitalien, sogenannte »Meat Shots«, und das sichtbare Sperma des »Cumshot« genügen nicht mehr als Beweis der Authentizität, einer ohnehin gestellten Situation. Um die Echtheit zu verdeutlichen, setzten die Produzenten zunehmend auf Brutalität. »Die Gegenwart der Darstellerin? Sie wird bewiesen durch die Gewalt, die man ihr antut.« Auch Stagliano hatte in einem Interview gesagt, beim Vaginalsex könne jede Frau vor sich hin zwitschern, der Zuschauer aber frage sich: Ist das echt? Analsex klinge anders, authentischer. Das liegt am Schmerz. Joignot findet auf einer Seite eine »Natacha«, die angeblich 18 Jahre alt ist. Er beschreibt, wie ein Mann ihr seinen Penis immer wieder in den Rachen steckt, bis sie nur noch sabbert und keucht. Der Typ beschimpft sie und verbietet ihr, aufzuhören. Er habe sich in dem Moment wie ein Mittäter gefühlt, sagt Joignot. Die Produzenten verdienten an der Erniedrigung. »Es ist eine barbarische Realityshow«, schließt der Journalist. »Das Genre erlebt gerade einen Boom.«

Auch Stephen Maddison geht in seinem Essay »Choke on it, Bitch!« (»Erstick dran, Schlampe!«) davon aus, dass solche Filme den Hardcore-Markt in den USA zusehends dominieren. Frauen würden zu einer Ansammlung aufgerissener Körperöffnungen degradiert, in die der männliche Penis abwechselnd eindringe. Schnelle Wechsel beim Penetrieren von Mund, Vagina und After erhöhten dabei nicht nur den Eindruck, es handle sich bei den Darstellerinnen um »Rohmaterial«, das allein der männlichen Befriedigung diene. Die Drehs steigerten auch das Risiko für HIV-Infektionen. Als besonders übles Beispiel nennt er Forced Entry von Robert Zicari alias Rob Black. In dem Film werden Vergewaltigungen vorgetäuscht, Frauen werden Hunderte Male geschlagen. Es fließt Kunstblut, und Morde werden simuliert. Dabei wird immer wieder der Serienmörder Richard Ramirez erwähnt, der zu der Zeit in einem kalifornischen Todestrakt sitzt. Robert Zicari musste sich wegen Forced Entry jahrelang vor Gericht verantworten, wurde mehrmals freigesprochen, zuletzt aber im Juli 2009 zu einem Jahr und einem Tag Gefängnis verurteilt. Anfangs hatte die Industrie die Freisprüche noch als Sieg für die Meinungsfreiheit gefeiert. Zicari verwies auf den fiktionalen Charakter der blutigen Gewaltorgien. Am Ende erklärte sein Anwalt, die Prozesse hätten seinen Mandanten finanziell ruiniert.

Wenig später stand in München der deutsche Produzent John Thompson vor Gericht. Die Richter mussten entscheiden, ob es sich bei seinen Filmen um Gewaltpornografie handelt. Auch da werden Frauen angepinkelt, angespuckt, und es sieht oft so aus, als wollten sie das nicht. Thompson sei in Deutschland eine Ausnahme, heißt es in der Branche.

Auf den meistbesuchten Pornoplattformen scheinen solche Titel noch einen kleinen Teil auszumachen. Eine Google-Suche nach bestimmten Begriffen liefert allerdings sofort diverse Erniedrigungsseiten, auch sogenannte »Rape-Sites« mit simulierten Vergewaltigungen. Und auf der Startseite von Youporn könnte Carl durchaus

auf »throat gagging« stoßen. So wird es bezeichnet, wenn ein
Mann einer Frau seinen Penis in den Rachen zwingt. Sobald der
Gymnasiast im Netz danach suchen würde, fände er sämtliche
Grausamkeiten binnen weniger Minuten.

Fundiert lässt sich wenig dazu sagen, wie hoch der Anteil dieser
»barbarischen Realityshows« am Internetpornomarkt ist. Bei ju-
gendschutz.net in Mainz gehen in der Abteilung »Sex und Gewalt«
Beschwerden über unzulässige Seiten ein. Die Zahl der Rape-Sites,
auf denen Vergewaltigungen simuliert werden, habe in den vergangenen Jahren nicht merklich zugenommen, heißt es da. Jahr
für Jahr würden etwa 100 neue erfasst. Das wäre ein kleines Indiz
gegen die These von der zunehmenden Brutalisierung. Auch die
ehemalige Darstellerin Sharon Mitchell, die die Sexarbeiter der
US-Branche im San Fernando Valley mit ihrem Institut auf HIV
testet, sagt im November 2009 in einem Interview mit dem Magazin Neon: »Es geht gerade wieder zurück. Vor ein paar Jahren sagte
ich mir: ›Abgesehen davon, einer Frau einen Güterzug in den Hintern rasen zu lassen, haben sie jetzt wirklich alles gemacht.‹ Inzwischen wollen die Konsumenten wieder mehr Erotik und Sex – weniger Würgemale und Frauen, denen Tränen über das Gesicht
laufen.«

Es werde an Universitäten zwar viel über »gute« und »böse« Pornografie gestritten, resümiert Doris Allhutter in ihrem Buch Dispo-
sitive digitaler Pornografie. Oft mit identischen Argumenten. Eine
inhaltliche Auseinandersetzung mit »qualitativen Merkmalen unterschiedlicher Pornografien« finde dagegen kaum statt. Eine der
wenigen empirischen Analysen, die versucht, ein Bild vom Porno-
Universum zu zeichnen, wertet Produktionen aus den Jahren zwischen 1979 und 1993 aus. Das wichtigste Ergebnis: »Für Sex
braucht man keinen besonderen Anlass, jede bzw. jeder ist bereit.«
Zuneigung oder Liebe seien selten ein Grund, sich sexuell zu nä-

hern. Männer sind eher die, die Anweisungen erteilen. Frauen knien fast standardmäßig vor Männern und befriedigen sie oral. Die Erhebung liegt lange zurück, in 16 Jahren kann sich vieles ändern. Vertreter der Pornoindustrie sagen im Herbst 2009, dass besonders Amateurpornografie sich gut verkaufe, Szenen an öffentlichen Orten, etwa in Bussen, S-Bahnen oder neben Autobahnen. Gangbang werde stark nachgefragt. Und immer: »Facials«. Der Samenerguss am Ende einer Szene. Eine Frau hockt am Boden, während ein Mann in ihr Gesicht kommt. Er tut das aber nur, »wenn er sich höchstpersönlich einen abwedelt«, wie die ehemalige Pornodarstellerin und Regisseurin Renee Pornero in der österreichischen Zeitung *Die Presse* schreibt. Eine der maßgeblichen Pornofantasien bildet einen Mann ab, der sich selbst befriedigt, oft krampfhaft und eine ganze Weile, während eine Frau darauf wartet, dass er ejakuliert. Auf dem filmischen Höhepunkt ihrer sexuellen Begegnung berühren sich beide kaum. Ein einsamer Anblick. Das gängigste Skript?

Statistisch-wissenschaftlich lässt sich über die Inhalte der Cyber-Pornos noch weniger sagen als über deren Wirkung auf Jugendliche. Das hat Jochen Peter festgestellt, als er 2004 anfing, sich für Jugendliche und ihren Pornografie-Konsum zu interessieren. Es schien ihm ein wichtiger Teil ihrer Lebenswelt. Peter wollte nur ein paar Hinweise zu wissenschaftlichen Arbeiten über das Thema in einen Essay einbauen. Da merkt er, dass es diese Arbeiten gar nicht gab. Also hat er beschlossen, sie selbst zu liefern.

Peter hat sein Büro in der Stadt mit einem der bekanntesten Rotlichtviertel Europas. Sein Schreibtisch steht im zweiten Stock des Ostindischen Hauses in Amsterdam. Er forscht und lehrt am »Center for Research on Children, Adolescents and Media« der Amsterdam School of Communication, an einem der renommier-

testen Institute dieser Fachrichtung. Sein Blick ist gewitzt-freund-
lich, seine Haare wissenschaftlich wirr, die Liste seiner Veröffent-
lichungen und Auszeichnungen lang. In den Titeln der Aufsätze
steht oft »sexual explicit material« und »Internet« oder »online«. Er
ist kein Sexualforscher, sondern Kommunikationswissenschaftler.
In Europa dürfte bislang niemand das Phänomen der Pornografisierung von Jugendlichen so gründlich untersucht haben wie er
und seine Kollegin Patti Valkenburg.

Von einem Institut ließen sie mehrere repräsentative Umfragen
unter Jugendlichen machen. Sie haben alle Faktoren einbezogen,
die ihnen relevant vorkamen. In welchem Umfeld waren die Teenager aufgewachsen? Was hatten sie selbst schon für sexuelle Erfahrungen gemacht? Wie zufrieden waren sie mit ihrem Leben? Welche Medien nutzten sie sonst? In welcher Peergroup bewegten sie
sich?

Während Peter an seinem Computer die Daten durch Statistik-
programme jagte, wurde ihm immer klarer, wie wichtig es war,
sich in dieser Sache zu positionieren, wie stark die eigene sexuelle
Biografie auch Forscher beeinflussen kann: »Wenn jemand in den
Sechzigerjahren Jugendlicher war, ist Sexualität eher etwas Politi-
sches, Befreiendes, ein Lebensstil, mit dem man sich gegen Erwachsene richtet. Ganz anders war das in den Achtzigern, als ich
meine sexuelle Sozialisation erlebt habe. Wir sind voll mit Aids
konfrontiert worden, mit ganz vielen ungeklärten Fragen. Dürfen
wir küssen oder nicht?« Peter las sich durch die amerikanischen
Studien zur Pornografie. Manchmal hatte er den Eindruck, schon
vorher sagen zu können, was am Ende rauskommen würde. Die
Meinung der Forscher wirkte so unverrückbar klar.

»Sex spielt eine unglaublich aktivierende Rolle im Wertesystem
von Liberalen und Konservativen.« Man berührt diesen Punkt,
und schon sind viele auf 180. Mit seiner Kollegin Valkenburg

wollte er einen Mittelweg einschlagen, nicht in Panik verfallen, aber auch nicht bagatellisieren. Sie arbeiteten mit den fortschrittlichsten Statistikprogrammen, die es auf dem Markt gibt. Die Zahlenreihen, die sie am Ende erhielten, legen durchaus einige Auswirkungen von Pornokonsum nahe. Die allermeisten Befragten lehnen es zwar eher ab, Frauen als Sexobjekt zu betrachten. Aber: Bei denen, die viele Pornos sehen, ist die Ablehnung weniger stark als bei den anderen.

Die Studie einer amerikanischen Forscherin geht in dieser Hinsicht noch weiter: Jungen, die früh Pornografie konsumiert hatten, verfügten über weniger fortschrittliche Geschlechterbilder, hatten lockerere Vorstellungen von sexuellen Normen und neigten eher dazu, gegenüber Klassenkameradinnen anzügliche Sprüche zu machen, sich sexuell herablassend zu äußern oder sie sogar anzutatschen. Mädchen zeigten ebenfalls wenig fortschrittliche Geschlechterbilder, wenn sie früh Pornos gesehen hatten. Zudem hatten sowohl weibliche als auch männliche Teenager, die bereits in jüngeren Jahren mit Pornos in Kontakt gekommen waren, früher Sex oder Oralsex.

Auch die Amsterdamer können klar nachweisen: Wer mehr Pornografie guckt, denkt, dass man früher Sex haben muss.

Eher sexuelle Verunsicherung als Verwahrlosung

Generell stellt Peter bei denen, die viele Sexfilme gucken, eine »permissivere Haltung« fest. Sex ist für sie eher etwas, das man in der Freizeit macht, um zu entspannen. Je realer ihnen das beobachtete Geschehen vorkommt, desto mehr empfinden sie es so.

Er will das zunächst gar nicht bewerten. Soziokulturelle Veränderungen gebe es immer. Man müsse vorsichtig einschätzen, ob sie Schaden verursachen. »Es ist wie mit einem Fluss«, so erklärt er es seinen Studenten. »Er ist ständig in Bewegung, aber manchmal entdeckt man Stromschnellen und hat den Eindruck, dass er ge-

rade schneller fließt. Diese historische Perspektive darf man nicht
aus den Augen verlieren. Früher nannte man es sexuelle Verrohung, wenn jemand zugegeben hat, Sex vor der Ehe zu haben.
Heute wird es halt so bezeichnet, wenn Jugendliche sagen: Ich
muss keine Liebe fühlen, um mit jemandem Sex zu haben. Wenn
man es historisch betrachtet, merkt man, dass Begriffe wie ›Verwahrlosung‹ sehr, sehr relativ sind.«

Mit seinen akribischen Analysen weist Peter keine spektakulären
Knalleffekte, sondern subtile Verschiebungen nach. Jugendliche,
für die Sex und Liebe nicht zwangsläufig aneinander gekoppelt
sind, schauen eher Pornos. Das kann die Einstellung weiter festigen. Verstärkung, sagt Peter. Ein Medieneffekt.

Für die meisten Jugendlichen, das sehe man an den Antworten
in den Fragebögen, gehörten Sex und Liebe weiterhin zusammen.
»Ganz viele wollen die große Liebe treffen, sie wollen heiraten, sie
wollen ein Haus im Grünen haben, sie wollen einen Hund haben
und zwei Kinder. Diese romantische Vorstellung ist in der breiten
Masse, die wir hier erleben, vorrangig«, stellt auch Almut Weise in
der Pro-Familia-Beratungsstelle fest.

Das kann prinzipiell genauso für diejenigen gelten, die oft Pornos gucken. Dennoch scheinen sie sich ein wenig an dem gespiel-
ten Sex zu orientieren. Menschen neigen dazu, sich mit anderen
zu vergleichen. Auch mit Figuren, die sie in Medien wahrnehmen.
Mädchen prüfen, wie der eigene Busen wirken würde, wenn sie
neben einem Model auf einem Hochglanzfoto stünden. Jungs
denken über die Größe ihres eigenen Penisses nach, wenn sie die
Porno-Penisse sehen. Peter hat die Forschung zu dem Thema ge-
sichtet. Ein zentrales Ergebnis: Je unrealistischer die perfekten
Modelkörper, desto unzufriedener sind die Menschen, die sich damit vergleichen. Dass ähnliche Effekte bei den wenig wirklich-
keitsnahen Pornos auftreten, schien ihm naheliegend. Was er dann

herausfand, stimmte ihn nachdenklich: »Die, die mehr Pornografie gucken, fühlen sich weniger zufrieden als andere. Vor allem Jugendliche, die noch keine sexuellen Erfahrungen haben, kriegen so ein bisschen das Gefühl: Es fehlt noch etwas in meinem Leben.« Es ist keine sexuelle Verwahrlosung, die Peter beobachtet. Eher eine sexuelle Verunsicherung.

Was alle Forscher feststellen, egal ob liberal oder konservativ: Pornografie wird wesentlich stärker von Jungs genutzt als von Mädchen. Von Carl, dem Lüneburger Gymnasiasten, beispielsweise. Aber auch von Ric, dem Hauptschüler aus Berlin. Beide tun das ganz unterschiedlich.

Kapitel 4

Was Jungs mit Pornos machen: Carl, Ric, die Aggro-Rapper und die Sucht

Das Gute, sagt Ric, ist, dass man so eine große Auswahl hat. Diese ganzen Kategorien. Alles, was du willst, sagt Ric. Er ruft die Website mit den vielen x in der Adresse auf. »Pass uff hier«, sagt er. Der Hintergrund ist tiefblau. Darauf stehen reihenweise Wörter, alphabetisch geordnet. »Asian, Ass, Assfingering, Assgape«. »Ass« heißt Arsch, »to gape«: aufklaffen. »Softpornos sind scheiße, Alter«, sagt Ric. »Ich steh nur auf eens. HC. Hardcore.« Er sagt es nicht so sehr, er schreit es eher. Dabei klickt er sich durch die Seiten. »Ich bin schon bei 136«, ruft er. Irgendwann lässt er es sein. Es sind so viele Kategorien. Es scheint nie aufzuhören.

Ric lehnt auf einem Barhocker vor einem Röhrenbildschirm. Am Rechner daneben surft sein Kumpel Holger. Ric hat einen leichten Bartflaum über der Oberlippe, kurze Haare, graue Bodybuilderhosen. Holger ist noch bronzebraun vom Sardinienurlaub, GI-Frisur, die Seiten ganz kurz, oben ein bisschen länger. Sie haben beide breite Oberarme und kräftige Kreuze. Auf ihren Monitoren sind viele Mädchen zu sehen, oft blondiert, Fotos wie Passbilder.

Die beiden klicken sich gerade durchs soziale Netzwerk *Jappy*. Aus einer Box läuft Rapmusik, »Doping Schlussverkauf« von *Seyfu* und *Brutos Brutaloz*. Der *Youtube*-Clip zeigt Männer, die noch di-

ckere Oberarme haben als Ric und Holger und im nächtlichen
Berlin neben Mercedes-Limousinen heimlich Sporttaschen aus-
tauschen. Seyfu rappt von Anabolika und »Testo«, Testosteron.
Verbotenes Doping für Muskelmänner.

Rics Profil auf *Jappy* heißt »Tödliche Liebe«. Für die Gang, sagt er.
Als »m 18« hat er sich zwei Jahre älter gemacht. Den Namen ändert
er öfter, er will nicht, dass ihn da jemand findet. Ric und Holger
sind 16, man könnte sie auch für 18 halten. Manchmal, sagt Ric,
wählt er auf der Seite mit den vielen x Lesben aus. »Das sind meistens geile Blondinenschlampen mit dicken Titten und geilen
Ärschen. Die sind ja wohl übertrieben geil.« Er mag die härteren
Sachen. »Nicht so Kindergarten-Blümchensex, halt richtig mit
Arschficken und alles Mögliche, was dazugehört. Richtig gang-
bangmäßig.«

Holger sagt, dass er Fesseln geil findet. »Da gibt's auch schöne
Fetischpornos.« Sie sind die ganze Zeit seltsam aufgedreht. Viel zu
viel Energie für den kleinen Raum in dem Berliner Jugendzentrum. Ric ist jetzt aufgestanden, packt Holger von hinten an den
Schultern und macht Bewegungen wie beim Sex. Dazu stöhnt er
übertrieben. Am Ende klingt es wie Affenlaute. »Oh, geil, angekackte Schuhsohlen!«, brüllt Ric. »Angekackte Kniekehlen, so was
gibt es da auch«, sagt Holger. »Schau ich mir nicht an.«

Nutten unterdrücken, sagt er, gefällt
ihm. »Die geilsten Pornos sind die, wo die
Ollen alle richtig schön abgehen, wo sie
rumstöhnen, dass die Boxen fast platzen.«
**Ric würde eine »Schlampe«
richtig »wegmördern«**
Es kommt ihm gar nicht so brutal vor. »Das zeugt ja nur von Erregung, wenn die Olle schreit.« Ric sieht das genauso: »Die Ollen
wollen doch richtig hart rangenommen werden.«

Es gibt Hinweise, dass sich die Wahrnehmung von Sexualität bei
Menschen, die extrem viel Pornografie konsumieren, verzerrt. Sie

halten Analsex, Gruppensex und Sadomasochismus für gängigere Praktiken. Aber sehnen sich Jugendliche, die so etwas häufig sehen, auch selbst danach?»Die Frage, ob es einen kausalen Zusammenhang zwischen dem Konsum von Gewaltpornos oder SM-Pornos und der Entwicklung eigener Wünsche in dieser Richtung gibt, halte ich für unbeantwortet«, sagt Silja Matthiesen, die am Hamburger Uniklinikum seit Herbst 2009 160 Jugendliche zu Liebe, Sex und ihrer Internetnutzung interviewt.

Ric überlegt, dass er auch mal Pornos drehen könnte,»undercover rinstecken«. Bald fängt seine Lehre als Mechatroniker an, nebenher vielleicht. In zwei Jahren ist er ja 18.»Wenn 'ne richtige Schlampe dabei ist. So 'ne richtige Schlampe, die so richtig Schläge verträgt, die so richtig weggemördert werden kann. Da würd ich schon ma 'n Dreier machen.«

Raul, der die ganze Zeit danebenstand, schwingt seine Hüften rhythmisch von hinten nach vorn.»Sveni!«, ruft er.»One Minute Man.« Sven, sagt Ric, sei ein Kumpel, den sie neulich beim Sex mit seiner Freundin gefilmt hätten. Na ja,»eigentlich is keen Kumpel, is 'n Opfer.« Der sei schon Anfang 20, wohne mit einem Freund von ihnen zusammen, und der Freund hat ein Handy im Wäschekorb versteckt und auf Aufnahme gestellt.»Denn ham die jebumst, ham's nich mitjekricht, und wir ham's jeholt und uns een abjelacht.«

Dieser Sven habe auch noch angegeben:»Ich hab's meiner Ollen jestern richtig besorgt.« Er hat ihnen das an dem Park erzählt, wo sie mit anderen aus der Gegend rumlungern und darauf warten, dass es dunkel genug ist, um nach Hause zu gehen oder anderswohin. Darauf, dass irgendwann mal irgendwas passiert. Sie kiffen, saufen, rauchen, knutschen, blödeln herum, gehen klauen, sprayen, schlägern, lassen Handymusik laufen, Clips. Und posen.»Er wusste ja nich, dass wir ihn jefilmt ham«, sagt Ric.»Hähä!«,

ruft Raul ganz schrill und schwingt wieder seine Hüften. Nach einer Minute war alles vorbei. »Der hat so eine hässliche, fette Alte«,
sagt Ric. Sie haben die Szene jetzt auf ihren Handys. Irgendwo zwischen dem Video, in dem einem Schwein der Kopf mit einer Motor-
säge abgetrennt wird, und dem, das Anna zeigt, 14 Jahre alt, wie sie
völlig besoffen auf dem Billardtisch im Jugendzentrum tanzt und
kurz ihre Brüste aus dem Top holt. Außerdem wäre da noch die
eine, der in der U-Bahn eine Flasche eingeführt wird. Die Sekt-
schlampe. Und nun auch Sveni, der »One Minute Man«.

Auf Carls Handy ist nur ein Clip, den er beim **Beide suchen**
Paragliding im Bayernurlaub aufgenommen hat. **wunderschöne Frauen**
Seine Mutter hat sich kürzlich zeigen lassen, was
er da alles draufhat. Man liest ja so einiges über Gewaltvideos und
»Happy Slapping«. Gegen fiktive Gewalt hat Carl, der Gymnasiast,
nicht unbedingt etwas. Er läuft mit Pixelmaschinengewehren
durch virtuelle Spielewelten, die sie manchmal mit Softpornobil-
dern verzieren. Man kann da welche als Hintergrund hochladen.
Es macht ihm Spaß, die Gegner »umzubratzen«. Bei LAN-Partys
tun sie das nächtelang.

Aber wenn es in Pornos zu hart wird, findet er es »abartig«. »Ich
mag mehr so ein bisschen softer«, sagt Carl auf seinem blauen Sofa
in der Lüneburger Vorstadtsiedlung. Er hat mit Lesben angefangen, jetzt ist er bei Strips gelandet. Danach sucht er. »Ich möchte
schon was sehen. Aber es muss halt nichts mit Gewalt reingeprü-
gelt werden. Gangbangs finde ich abartig. Ich habe zwei, drei gesehen. Ab und zu mal reingeschaut. Da habe ich mir jedes Mal
gedacht: Das ist es nicht. Wenn zig Männer eine Frau ... Weiß
nicht. Finde ich eklig.« Ein Mal ist er auf eine Gangbang-Szene gestoßen, die ihn geschockt hat. »Sehr hart, ziemlich brutal. Stichwort: vergewaltigen.« Er hat das Fenster einfach geschlossen.
»Dann hatte ich das vergessen.«

Ein Viertel aller Jugendlichen zwischen zwölf und 19 Jahren haben laut der Studie *Gewalt im Web 2.0* schon Internetseiten mit gewalthaltigen Inhalten gesehen. Bei 11,9 Prozent von ihnen kam Gewalt in Verbindung mit Sex vor. 9,4 stießen auf Vergewaltigungen. Eigentlich gehe es ihm nicht um Gangbang, sondern um etwas anderes, sagt Carl. Um »wunderschöne Frauen«, die man da finde.

Auch Ric sagt: »Ich hab da so 'ne geile Olle, leicht rothaarig mit Sommersprossen in der Fresse, auf die hab ich mir schon 100 Mal einen runtergeholt. Ich hab die Olle Kevin geschickt. Der sagt auch: Die ist der Hammer. Bei ›Teen-Pornos‹. Die ist übergeil, die Schlampe, Alter. Die könnte man nur ankieken.«

Carl ist 15, Ric ist 16. Sie sind in einem Alter, in dem Pornos von Jugendlichen am stärksten genutzt werden. Das zeigen die Studien. Pornos sind Teil ihrer Medienwelt wie die Serie *Southpark*, wie Hollywood-Filme, Statusmeldungen und Gästebucheinträge auf *SchülerVZ* oder *Jappy*, wie Rap-Videos auf *Youtube*, wie Klingeltöne und Clips auf Handys, wie abendliche SMS, Spiele auf der Playstation, auf dem Rechner. Sie sagen beide »chillen«, wenn sie abhängen meinen. Sie finden den Porno-Rapper King Orgasmus One lustig, der neuerdings als Imbiss Bronko auftritt und seine Lieder über Fleisch singt. Sie interessieren sich für Waffen, für Ballerspiele. Sie trainieren beide ihre Muskeln. Carl mit den Hanteln zu Hause, Ric bei McFit im Studio. Sie haben sich schon unter den Achseln rasiert, wobei Carl wieder damit aufgehört hat, zu stressig. Sie versenden die schönen Frauen aus den Pornoclips im Freundeskreis als Links.

Der Sexualpädagoge Antonius Geers, 46 Jahre alt, sagt, dass ihm an Schulen aufgefallen sei, dass es Jungen manchmal schwerfalle, sich zu outen – wenn sie noch keine Erfahrung mit Pornos hätten. Würde man ihn vor seiner versammelten Klasse fragen, ob er Pornos guckt, er würde sich, ohne zu zögern, melden, sagt Carl. »Bei den

Leuten, die ich kenne, ist das gang und gäbe.« Rics Finger würde
vermutlich noch schneller hochgehen. Pornos anzuschauen ist für
sie selbstverständlich. Beide gehen aber völlig unterschiedlich damit um. Carl mag die Clips, wenn sie soft sind. Ric gefallen die
härteren besser.

Die Frage ist eben nicht nur: Was machen **Warum macht Carl damit**
Pornos mit Jugendlichen? Sondern auch: Was **andere Dinge als Ric?**
machen Jugendliche mit Pornos? Warum
macht Carl damit ganz andere Dinge als Ric?

In seinem Amsterdamer Büro hat der Forscher Jochen Peter eine
sehr banale Antwort darauf: »Sexualität ist unheimlich divers. Warum sollten wir diese Diversität bei Jugendlichen nicht finden?« In
seine Rechenmodelle hat er Faktoren einbezogen, die die Unterschiede erklären können. Die Peergroup, also Freunde, Bekannte,
Mitschüler. Die Persönlichkeitsstruktur. Und die Herkunft, das
unmittelbare Umfeld, die Familie. Man kann sich die Faktoren als
Pfeile vorstellen, genauso wie den Pornokonsum. Sie zielen alle auf
die Einstellungen zu Sex und Liebe, auf das Verhalten dabei. Pornofilme sind nur ein Faktor unter vielen. Und auch diese Faktoren
können sich untereinander beeinflussen.

An einem Sonntagmittag im August trägt Carl Marmelade und
Frischkäse auf die Terrasse und stellt alles auf den runden Tisch.
Seine Mutter hat Brötchen und Croissants geholt. Es riecht nach
Kaffee und Blumenblüten. Carl zieht den Plastikdeckel vom Frisch-
käsebehälter und kleckert sich weißen Rahm auf die Hose. Seine
Kumpels würden das wahrscheinlich einen Wichsfleck nennen.
Die Mutter lacht. »Passt ja zum Thema«, sagt sie. Am Tisch sitzt
auch der Autor, der gleich mit Carl über Pornos sprechen will.

Sie haben ein entspanntes Verhältnis. Corinna Rückert ist für
Offenheit, da, wo sie das für sinnvoll hält. Über wichtige Dinge will
sie mit ihm reden. Auch über Pornos. Es fällt ihr leichter als ande-

ren Müttern, weil sie darüber an der Uni Lüneburg ihre Doktor-
arbeit geschrieben hat. Frauenpornografie. Bevor sie mit ihrem
jetzigen Lebensgefährten in das Haus mit Garten gezogen ist, hat
sie auf dem Land in einer großen Wohngemeinschaft gelebt. Carls
Vater ist früh gestorben. Er hat auch deshalb eine enge Beziehung
zu seiner Mutter. Als Corinna Rückert in einem Magazin von der
»Generation Porno« las, hat sie ihren Sohn gefragt, ob er sich welche anschaut. Er war ehrlich. Das Gespräch, erzählt Carl, sei schon
»einen Tick« peinlich gewesen. Aber er fand es gut. Sie hat ihm gesagt, dass dieses übertriebene Stöhnen nicht zwangsläufig zum Sex
gehört. Dass die Porno-Pärchen dort Showstellungen vorführen,
für die man geübt sein muss. Dass er sich nicht wundern soll, wenn
seine Freundin einmal nicht so laut stöhnt. »Das fand ich interessant«, sagt Carl. Er brummelt es vor sich hin, sehr gelassen. »Nachgedacht hatte ich darüber nicht, deshalb war es aufschlussreich.«

Am Nachmittag stehen sie in der Küche. Sie müssen gleich zur
Oma, zum Geburtstag. Carl will abends wieder woanders schlafen.
Er hat gerade Bierflaschen von der Nacht zuvor aus seinem Zimmer heruntergetragen. »Aber ihr trinkt nicht schon wieder so viel
wie gestern?«, erkundigt sich seine Mutter. Er roch nach Wodka,
als sie ihn am Abend abgeholt hat. Seine Augen schienen ihr sehr
glasig. »Nö«, sagt Carl. »Nur Bier diesmal. Nur so ein bisschen.« Im
Auto, auf der Fahrt zur Großmutter, unterhalten sie sich darüber,
wie das wäre, wenn er eine Freundin hätte. »Dann müsste man ja
vielleicht auch mit den Eltern sprechen«, überlegt Corinna Rückert. Darf sie bei ihm schlafen, er bei ihr? »Ich mach das dann
schon«, sagt Carl.

Sie sind eine stabile kleine Familie, die bisher mit solchen Dingen gut umgehen kann. Sex, Pornos, Alkohol, Ballerspiele. Der
Mops sitzt auf dem Beifahrersitz, bei Corinna Rückerts Freund auf
dem Schoß. Bei der Oma gibt es gleich Kuchen.

Über Rics Vater sagen seine Freunde, dass der ihn »ganz schön fickt«. Es ist nicht sexuell gemeint. Er sei ein Diktator. Die Pornosammlung in der Schrankwand hat Ric entdeckt, als er acht Jahre alt war. Es ist ein Alter, von dem einige sagen, dass sie da ihre ersten Porno-Erkundungen gemacht haben. Die Zeit der Doktorspiele in der früheren Kindheit ist vorbei. 8-Jährige findet man auf Spielplätzen in der Regel nicht mehr mit Stöcken im Po, weil sie gerade gegenseitig ihre Anatomie geprüft haben. Die Frühpubertät, mit zehn oder elf, mit dem wachsenden sexuellen Interesse, hat noch nicht eingesetzt. Mit sechs, sieben, acht oder neun erleben Kinder eine Zwischenphase, in der es ihnen schon leichter fällt, Fantasie und Realität zu entwirren. Einige, die da auf dem Dachboden in einer Kiste oder in der Wohnzimmervitrine Pornos aufgestöbert haben, sprechen von Angstlust. Die Bilder ziehen sie an und schrecken sie ab. Ein verstörendes und gleichzeitig wohliges Gruseln. Es ist ein Blick in die Welt der Erwachsenen, wie durch einen Türspalt ins Schlafzimmer. Mit acht flüchten Kinder nicht mehr heulend, wenn sie die Eltern oder ihre Geschwister zufällig beim Sex erwischen.

Reichlich komisch erscheint ihnen das trotzdem. Es kann brutal wirken. Auch wenn ihnen schon jemand erklärt hat, wie Kinder entstehen. Was Liebe machen ist. Das Geschrei, die klaffenden Körperöffnungen. Das passt nicht zu den vorsichtigen Erklärungen. Es kann dennoch faszinieren.

In den Modellen des Forschers Jochen Peter gibt es eine Variable, die »sensation seeking« heißt. Menschen, die Pornos schauen, sind eher auf der Suche nach Spannung als andere.

Ric hat nach und nach fast die ganze Sammlung durchgesehen. Jedes Mal, wenn er abends allein war. Die Kassetten hat er danach sorgfältig zurückgespult und wieder in die Schrankwand gestellt. Er erinnert sich noch, dass die Frauen »Afrolook« hatten

um die Vagina. Sie waren nicht rasiert, wie das heute in Pornos
üblich ist.

Eine andere Variable in Jochen Peters Modellen heißt »parental
control«. Wie sehr passen die Eltern auf? Carls Mutter tut es, bei
Ric scheint kaum jemand zu überprüfen, was er sich ansieht. Seit
ein oder zwei Jahren guckt er regelmäßig Pornos. Er spielt sie auf
den Pornoplattformen ab, lädt sie aus Tauschbörsen herunter oder
lässt sie sich von Freunden auf DVDs brennen.

Die Frau als »Mittel   Dass Geile an Gangbang, sagt Ric, sei, »dass die
zum Zweck«   Frau einfach nur Mittel zum Zweck ist«. Das ist
für ihn okay? »Joa«, macht Ric. Wie ist das bei ihm
selbst, bei den Mädchen die er trifft? Genauso? »Joa«, sagt er. »Die
sind ja sowieso alles nur Schlampen, die meisten.«

Er hat ein Beispiel, das erzählt er jetzt, als würde es alles beweisen und rechtfertigen. Er hat auf einem Festival ein Mädchen getroffen, die kannte er noch aus der Schule. Sie war ziemlich betrun-
ken. »Denn hat sie mir ein' gelutscht, und ich wollte sie eigentlich
draußen bumsen, so im Freien. Aber denn hat's grad so massiv angefangen zu regnen, dann hab ich sie einfach mit nach Hause genommen.« Er hat kein Kondom benutzt, er benutzt nie Kondome.
Da könne er sich auch gleich eine Plastiktüte drüberziehen, sagt
er. Zwei, drei Tage später setzten beim Pinkeln die Schmerzen ein.
Er sei fast gestorben, so sehr habe das wehgetan. Außerdem war da
dieser Ausfluss. Ric hatte eine Ahnung, er hat seine Symptome in
die Suchmaske von *Google* eingetragen, und da stand es dann, immer wieder: Tripper.

Das Internet liefert nicht nur Pornos, es liefert auch eine Fülle
von Informationen zur Sexualität. Pubertierende müssen nicht
mehr den langwierigen Umweg über die Dr.-Sommer-Rubrik der
Bravo gehen, sie können sich mit ihren Fragen direkt an Sexualpädagogen und Gesundheitsexperten wenden: auf sextra.de etwa

oder bei loveline.de, den Seiten der Bundeszentrale für gesundheitliche Aufklärung. Sie erhalten besonders in Notfällen sofort
erste Antworten.

Ric hat gleich weitergegoogelt: Urologe. Zu dem ist er gefahren,
ein, zwei S-Bahn-Stationen, ein Bürogebäude, dritter Stock. Der
Arzt hat ihm Pillen verschrieben und ihm gesagt, er soll beim
nächsten Mal ein Kondom verwenden. Ja, ja, Ric hat genickt. Er
wird es nicht machen, sagt er.

Und schuld an allem sei die Schlampe. Sie habe es dann sogar
noch geleugnet.

Es gebe zu viele Schlampen da draußen, sagt er. Man hört es,
man liest es auf Jappy, auf den Profilseiten. »Es ist überschlimm mit
den Weibern. Ich hatte eine in meiner Klasse, die hieß Vera, die
hatte bestimmt alle drei Wochen 'nen andern Typen. Da stand
dann immer dasselbe auf ihrem Profil: ›Ich liebe dich über alles,
du bist mein Mann.‹ Blabla. ›Ich will dich nie wieder verliern.‹ ›Du
und kein andrer.‹ Denn: Schluss. Und sie: ›Ey, dit is voll der Penner
jewesen.‹ Und denn genau dit gleiche noch ma.« Manchmal sei das
»Verschwendung bei manchen Weibern, wenn da irgendwelche
Krepel-Jungs druff warn. Denn kannste die Weiber voll in die
Tonne kloppen.«

Der Wert der Frau. Darüber macht sich auch Lars Rutschmann
Gedanken. Er ist 30 Jahre alt, trägt Turnschuhe zu Jackett und
Jeans, eine Sonnenbrille am T-Shirt-Kragen. Eines seiner Augen-
lider hängt fast so tief wie das des TV-Komikers Karl Dall. Rutschmann ist der Sprecher des größten Pornokonglomerats im deutsch-
sprachigen Raum, zu dem die Firma Magma gehört.

Als Produzent, Darsteller und Regisseur in Personalunion führt
er selbst die Kamera, wenn er zweimal im Monat im Freien oder in
Viersternehotels für seine Clips mit Frauen schläft. Rutschmann
ist Schweizer, sein halbes Leben lang guckt er Pornos. Früher, sagt

Rutschmann, habe man zu Pornodarstellerinnen aufgeschaut. Sie seien Stars gewesen. Unerreichbar. Sibylle Rauch, Dolly Buster und Gina Wild, die Letzte dieser Art. Heute würden sehr viele gleichzeitig als Prostituierte arbeiten. Von den niedrigen Honoraren allein könnten sie nicht leben. 200 Euro pro Dreh. Das Internet hat das Geschäft hart gemacht und in gewisser Weise wieder näher an seine etymologischen Ursprünge gerückt: Pornografie stammt aus dem Griechischen und lässt sich mit »über Huren schreiben« übersetzen. Im kalifornischen San Fernando Valley verlaufen klassische Pornokarrieren nach einem Muster. Eine Frau dreht erst Lesbenszenen, dann kommt vaginaler Sex, später anal, am Ende lässt sie so ziemlich alles mit sich machen. Sollte sie es nicht zum Star geschafft haben, ist ihre Laufbahn nach ein, zwei Jahren zu Ende. Sie ist nichts mehr wert. Jeder hatte sie einmal. Neue Gesichter rücken nach. »In Deutschland«, sagt Rutschmann, »macht man von Anfang an alles, auch wenn man es nicht mag, auch anal.« Es geht viel schneller.

Die Wertschätzung der Frau. Sie leide in der Ehe, warnt der Psychologe Dolf Zillmann, wenn der Mann vor lauter sexgeilen Pornoflittchen die eigene Partnerin übersehe.

Das Genre, das den Werteverfall in der Pornoindustrie verstärke, sagt Produzent Rutschmann, heiße: Gangbang. Diverse Seiten im Internet laden Männer zu Gangbang-Drehs ein. »Das ist ziemlich groß im Moment, weil da der Freier von der Straße mit den Pornosternchen ficken darf«, sagt Rutschmann. In den vergangenen Monaten sei der Markt extrem gewachsen. Nicht selten würden die Darstellerinnen als »AO-Nutten« angekündigt. AO steht für »Alles ohne«. Kein Kondom. Manchmal genüge ein HIV-Schnelltest, der vor Ort gemacht wird, um teilzunehmen. Obwohl auch auf den Covern von Magma-Produkten »Schlampen« oder »Fickspalten« angekündigt würden, halte er es für hochproblematisch, wenn schon vor der Produktion von »Nutten« die Rede sei. Die Freier, die in dem Augenblick zu Darstellern werden, bekämen so den Eindruck, sie könnten alles mit den Frauen machen. Er betrachtet das als geschäftsschädigend. »Für uns als Produktionsfirma ist diese Frau nichts mehr wert, wenn jeder mit ihr ficken kann«, sagt Rutschmann. »Das ist scheiße.« Je mehr Männer, desto geringer der Wert der Frau. So sieht das auch Ric. Eigentlich, sagt er, sollten die Frauen, mit denen er schläft, am besten »nicht so viele Kerle schon druff gehabt haben«. Am Morgen erst hat er einer geschrieben. »Die ist jetzt och wieder Single, die kann ich jetzt och bumsen.« Sie hatten vor einiger Zeit schon mal darüber gesprochen, da hatte sie noch einen Freund.

»Wenn de keinen mehr hast«, hat er ihr gesagt, »denn machen wir ma 'n bisschen Action-Maction.« Er denkt ernsthaft darüber nach, der »Schlampe« mit dem Tripper noch mal zu schreiben. Sie hatten überlegt, zusammen einen Porno anzuschauen und etwas nachzustellen. Vielleicht, sagt Ric, würde er dann sogar ein Kondom nehmen.

Dass viele Jugendliche nicht über Verhütung nachdenken, hat auch der Pastor Bernd Siggelkow in Hellersdorf festgestellt. Manche würden an Cola-Spülungen als Schwangerschaftsverhütung glauben. Bei Ric ist es keine Frage des Wissens. Ihm ist klar, was er sich einfangen kann, spätestens seit dem Tripper. Die Info-Broschüren lägen außerdem alle vorne im Eingangsbereich des Jugendzentrums. Es interessiert ihn kaum.

Das Verhalten ist nicht typisch. Jugendliche hätten noch nie so gut verhütet wie heute, sagt die Pro-Familia-Beraterin Almut Weise, wahrscheinlich in der gesamten Menschheitsgeschichte nicht. Eine Studie der Bundeszentrale für gesundheitliche Aufklärung bestä-

tigt das. Bei den Jungen ist der Anteil derer, die »immer sehr genau« auf Verhütung achten, zwischen 1998 und 2005 um fast zehn
Prozent gestiegen, von 53 auf 62 Prozent. Bei den Mädchen lag er
sogar bei 77 Prozent. Von denen, die ungeschützt Sex hatten, sagen die meisten, es sei zu spontan gewesen. Nur jeweils ein Viertel
meinen grundsätzlich: Es wird schon nichts passieren.

Und wenn das Mädchen HIV-positiv gewesen wäre? Ric schweigt
für einen sehr kurzen Moment, dann lacht er. »Die Suppe wird
heißer gegessen als gekocht. Nur den Mutigen jehört die Welt.«
Sein Kumpel Holger sagt: »Wenn man's hat, dann kann man's
schwer ändern.« Er klickt mit der Maus auf eine Frau im knappen
Rock. Holger ist in einem Online-Spiel gerade ein Zuhälter und
Dealer: The Pimps, das »Online Gangster Game« des Musiksenders
MTV. Er kriegt die Nutte nicht in den Puff. Er klickt und klickt.
Versucht sie reinzuziehen. Es geht nicht. Dabei soll sie Geld ran-
schaffen, damit er Koks vom Kolumbianer holen kann und Gras
und Waffen.

Er würde, überlegt Ric, wenn er HIV hätte, einfach »alle anste-
cken, die man kann. Alle ins Verderben reißen.«

Der Sozialarbeiter, der im Computerraum mit seinem breiten
Trucker-Cap auf einem der Hocker lehnt und die ganze Zeit still
zugehört hat, sagt: »Wenn ihr erfahrt, dass ihr HIV habt, möcht
ich euch mal sehen, wie ihr zu Boden geht und erst mal heult.«

»Ick heul nich«, sagt Ric.

Sie kennen niemanden, der HIV hat oder Aids. Niemanden, von
dem sie es wüssten.

Dann gehen sie raus, zu Rewe. Was zu trinken holen. Rauchen.
Vielleicht ein paar Tags an eine Wand malen, Graffiti-Zeichen.

Das ist Rics Peergroup: ein paar Jungs, mit denen er auf der
Hauptschule war. Sie wissen alle nicht so genau, was sie den ganzen
Tag machen sollen, also klicken sie sich durch Jappy, durch Anabo-

lika-Clips auf *Youtube*, durch Pornos, morgens und abends. Schlafen mit Mädchen, wenn es sich ergibt. Warten. Auf irgendwas.

Zurzeit denken sie darüber nach, in die NPD einzutreten. Wohl eher aus Langeweile. Holger sagt, dass er stolz ist auf das Land. Es ist nicht ganz klar, wie ernst sie das meinen. Neulich haben sie im Hof vor dem Jugendzentrum ein Hakenkreuz vorgeturnt. Sie hören ein Album, das »Sexismus gegen Rechts« heißt, von einer Band namens K.I.Z. Sie chillen. Bei der NPD chillt niemand.

Carl sagt auch »chillen«, aber er meint etwas anderes. Er hängt nicht auf der Straße rum, eher bei Freunden. Er nennt Kumpels genauso »Hurensohn«, »Pussy« und ganz selten »Fotze«, es klingt nur ironischer. Sie unterhalten sich darüber, dass es langsam an der Zeit sein könnte, eine Freundin zu finden. Ein paar haben auch schon eine. Lukas beispielsweise. Er hat sie beim Chatten kennengelernt. Sie kam aus der Umgebung. So konnten sie sich einfach treffen. Sie sind immer noch zusammen. Lukas schreibt seitdem ständig SMS. Das würde Carl nerven, glaubt er. Seine beiden besten Freunde sind auch noch Teenager-Singles.

Nach der Sache mit Lukas hat sich Carl die *SchülerVZ*-Seiten einiger Mädchen etwas genauer angesehen. Er hat sich durch die Freundeslisten von Freunden geklickt. Drei, vier Mädchen hat er angeschrieben.

Ein klassischer Online-Dialog ging dann etwa so, sagt er: »Hey, ich hab dein Pic gesehen. Cooles Foto, was geht? – Ja, nix. – Und bei dir? – Auch nix. – Was machste heut so? – Nix.« Es war ihm schnell zu doof. Eine fand er ganz nett. Die wollte sich mit ihm treffen, aber sie kam aus Bayern. Carl hat dann bald aufgegeben: »Irgendwie habe ich gedacht, das ist doch arm, wenn man sich hier stundenlang durch irgendwelche Seiten klicken muss, um 'ne Freundin zu finden. Dann hab ich gesagt, hey, egal, lerne ich lieber jemanden auf 'ner Party kennen.«

Die Bundeszentrale für gesundheitliche Aufklärung (BZgA) hat
ermittelt, dass 2005 nur 20 Prozent der 15-jährigen Jungen schon
Sex hatten. Bei Hauptschülern wie Ric ist das wesentlich wahrscheinlicher als bei Gymnasiasten wie Carl. Tatsächlich erzählen
Rics Freunde, dass viele mit 14 schon mit Mädchen geschlafen haben. Insgesamt hat sich um die Jahrtausendwende bei den 14-Jäh-
rigen wenig geändert. Zehn Prozent hatten ihr erstes Mal in dem
Alter schon hinter sich, 1998 genauso wie 2005.

Ein Sprung fand vor allem Mitte der Neunziger statt. Der »Ein-
stieg ins Geschlechtsleben« erfolge heute früher als noch vor
20 Jahren, stellt die BZgA fest. Es könnte die Folge einer biologi-
schen Entwicklung sein. Die erste Menstruation und der erste
Samenerguss haben sich deutlich nach vorn verschoben. Am häufigsten erlebten Teenager ihr erstes Mal zwischen 16 und 17 Jahren, registriert die *Bravo* in ihrer Jugendstudie.

Sie wissen schon, Carl fühlt sich nicht unter Druck gesetzt. Er stellt
was ein Fake ist sich im Unterricht manchmal vor, wie das mit einer
Freundin wäre. Das erste Mal. Es müsste auf jeden
Fall in einer festen Beziehung passieren. Verhütung wäre ihm
wichtig, sagt er. Er hat zum Geburtstag Kondome geschenkt bekommen. Das war allerdings mehr ein Spaß.

Er weiß von manchen Freundinnen, dass sie schon Sex hatten.
Sie reden ab und zu über so was. In seiner Klasse findet er kein
Mädchen toll. Die Schönen, »die sind halt immer so hihihihi, so
unecht. Das kann ich dann nicht leiden.« Mit den Frauen aus den
Stripvideos, die er so für ihre Schönheit bewundert, vergleicht er
Mitschülerinnen nie, sagt er. Er tagträumt beiden hinterher, eher
getrennt voneinander.

Ihm sei vollkommen bewusst, was Fiktion ist und was Realität.
Sidos »Arschficksong« nennt er »lustig«. »Ich glaube, den Typen
darf man nicht so ernst nehmen.« Dass das Pornogestöhne Teil

einer verfilmten Fantasie ist, hat ihm seine Mutter ja erklärt. Er
fürchtet nicht, dass das seine Sexualität beeinflusst. Die virtuellen
Kriegsspiele würden ihn ja auch nicht zum Amokläufer machen.
Dass die Leute nur in seinen Fantasy-Büchern abgeschlachtet werden, aber noch lange nicht in der Wirklichkeit, sei ihm klar. Überhaupt hätten sie neulich erst im Deutschunterricht das lyrische
Ich besprochen. Man darf den Autor nicht mit den Helden ver-
wechseln, die er schafft. So ähnlich kommt ihm das auch mit den
Pornos vor.

Die Darsteller sind Darsteller. Es ist Sex für die Kamera, den es so
gar nicht gäbe, wenn er nicht aufgenommen würde. Carl bezieht
die Szene nicht auf Szenen seines künftigen Lebens, zumindest
nicht bewusst. »Ich mach mir da gar keine Erwartungen. Ich lass es
auf mich zukommen, dann werden wir mal sehen.«

»Beim Porno«, sagt Ric im Computerraum des Berliner Jugendzentrums, »is dit einfach nur Gebumse. So ähnlich wie bei Tieren
fast. Ficken halt mehr so.« Sex mit einer, die man liebt, sei was
ganz anderes.

Der Sexualforscher Gunter Schmidt hat sich kürzlich wieder an
eine Szene aus dem *Abenteuerlichen Simplicissimus* erinnert, einem Roman aus dem 17. Jahrhundert, der von Simplicius erzählt, der bei
bäuerlichen Eltern aufwächst und dann in die Welt hinauszieht.
Dort blättert er zum ersten Mal in einem Buch. Er sieht ein Bild
von einem Ritter, der einem Hirten den Kopf abschlagen will.
Simplicius steht davor und ruft verzweifelt, der eine solle aufhören
oder der andere fliehen. »Das ist ein wunderschönes Beispiel dafür,
dass die Differenz zwischen dem Virtuellen und dem Realen gelernt werden muss«, sagt Gunter Schmidt. »Und wenn das nicht
geschieht, hat es erhebliche Konsequenzen.« Kinder müssten auch
lernen, dass das Blut im Spaghetti-Western nur aus Ketchup besteht, um die Filme genießen zu können. »Dass wir oft so tun, als

würden die Jugendlichen die Unterscheidung nicht machen, daraus entsteht ein Teil der Aufregung um Pornografie und Videospiele«, sag Schmidt.

Carl und Ric scheinen im Gegensatz zum Simplicius Realität und Fiktion voneinander zu trennen, wenn auch in unterschiedlichem Maße. In einer Welt aufzuwachsen, die große virtuelle Gebiete hat, heißt auch, früh herauszufinden, dass einiges nur Show ist. »Dass Jugendliche von Medien stärker manipulierbar sind als Erwachsene, ist ja ein Gerücht, das erst mal bewiesen werden muss«, sagt der Sexualpädagoge Michael Hummert. Er hält sie im Umgang mit Medien eher für kompetenter. »Die wissen ja, was im Internet alles gefaket wird, und können das oft stärker relativieren, weil sie schon viel mehr gesehen haben.« Man müsse das einfach mal mit Actionfilmen vergleichen: »Kein Jugendlicher glaubt, dass man aus dem Stand über einen Bus springen kann, bloß weil Jackie Chan das macht.«

Natürlich, sagt er, habe er auch schon mit Berufsschülern darüber gestritten, ob der Handyclip, bei dem ein Mann einer Frau seinen Kopf in die Vagina steckt, echt ist. Die wollten ihm nicht abnehmen, dass so etwas garantiert nicht geht. Auch nicht, als er ihnen erklärt hat, wie klar der Schnitt zu sehen ist und dass die Beine am Ende nicht mehr aussehen wie echte Beine. Aber das seien die Ausnahmen.

Grundsätzlich seien die Mitglieder der »Generation Internet« die »neuen Überprüfer«, stellt der Autor Don Tapscott nach Tausenden Befragungen fest. Angesichts der Überfülle von echten, halbgaren und völlig falschen Informationen könnten sie gar nicht anders, als die Dinge skeptisch auf ihren Wahrheitsgehalt zu checken.

Und doch: Obwohl Ric die Pornofiktion bewusst ist, sieht er Parallelen zwischen dem »Gebumse« und dem Sex, den er hat. »Bei

Schlampen«, sagt er, »kann man dit och so machen.« Er akzeptiert die Bilder als Vorlage, als Inspiration.

Er ist kein Typ, der allzu viel darüber nachdenkt, was stundenlanger Sex für eine Frau bedeutet, was das für körperliche Folgen haben kann. Es ist eine Frage, die vielleicht auch sensibleren jungen Männern nicht mehr so wichtig vorkommt, wenn sie häufiger im Porno gesehen haben, dass das schon zu funktionieren scheint. Womöglich verschiebt sich die Wahrnehmung ein wenig, so wie die Amsterdamer Forscher das bei den Einstellungen gegenüber Frauen festgestellt haben.

Ein Teenager, der noch nie Sex hatte, muss das sowieso ganz anders wahrnehmen. Das beschreibt auch der Rapper Bushido in seiner Biografie, als er von seinem ersten Mal berichtet: »Ich hatte damals ja auch nur Pornos als Wegweiser. Wie Sex wirklich abläuft, so in echt, wenn das Mädchen tatsächlich nackt vor dir liegt, davon hatte ich ja null Ahnung. In den Pornofilmen sah das alles immer so einfach aus. Die Realität war leider ziemlich ernüchternd.«

Selbst jemand, der wie Ric schon mit Mädchen schläft, könnte durch die Pornobilder, die alles so unkompliziert wirken lassen, manches für einfacher halten, als es tatsächlich ist. Dass ihm Geschlechtskrankheiten und Verhütung ziemlich egal sind, hat sicher nicht nur damit zu tun, dass er fast jeden Tag die Seite mit den vielen x ansurft. Fest steht aber: Kondome kommen in fast keinem Porno vor.

Der französische Journalist Joignot lässt in *Gang bang* Ärzte Pornos anschauen und die Gefahren erläutern. Wer Analverkehr nicht vorsichtig vorbereitet, riskiert, dass die Frau blutet, wie das Mädchen in Sidos »Arschficksong«. Ein wunder After transportiert Viren zügig in den Körper. Für Doppelpenetrationen in Vagina und Anus müssen Darstellerinnen präpariert werden. Nur sieht man das im Porno nicht.

»Auf einem kalten Steintresen mit mehreren Männern gleichzeitig zu schlafen, mit einem in der Vagina und einem im After, das ist etwas, was wehtut«, sagt der Psychologe Laszlo Pota. Die Frauen würden trotzdem ununterbrochen stöhnen. In der Realität sehe das doch völlig anders aus. »Nach mehreren Stunden sind sie so wund, dass da gar nichts mehr passiert.« Erwachsene produzierten diesen Mist, machten ihn unter anderem auch den Kindern zugänglich und vermittelten ihnen so ein verqueres Entwicklungsmodell. »Versuchen Sie doch mal auf der Bettkante im Stehen Sex zu haben. Auf die Couch klettern und von oben hinter jemanden zu kommen, das geht nur mit Gewalt, das ist mit Schmerzen verbunden.« Der Schmerz wird in einem Großteil der Pornos überspielt. Die Nebenwirkungen sind nicht sichtbar. Auch nicht die Drogen, mit denen sich einige Frauen vollpumpen. Das betäubende Gleitgel, die örtliche Betäubung, die Ärzte bei den allerbrutalsten Genres Darstellerinnen zufolge manchmal vornehmen. Es fließt in den *Youporn*-Pornos vieles, aber kein Blut. Alles sieht viel leichter aus, als es ist.

Jugendliche sprechen immer wieder davon, dass sie durchaus glauben, ein wenig abzustumpfen, weil sie Pornos sehen. Dass sie Dinge für normaler halten, die ihnen sonst seltsam vorgekommen wären. Das kann einen entspannteren Umgang mit Sexualität bewirken, mehr Offenheit, wenn es ums Ausprobieren geht. Die Gefahren rücken dagegen aus dem Blickfeld.

Die meisten Frauen, sagt Lars Rutschmann, der Schweizer Pornoproduzent, würden höchstens ein oder zwei Jahre vor der Kamera liegen oder knien. Der Verschleiß sei zu groß. »Psychisch und physisch.« Er sieht Darstellerinnen, in deren Internetprofilen steht, sie würden nur mit Volltest drehen: Chlamydien, Hepatitis C, Syphi-

lis, HIV. »Die schreiben das mit Ausrufezeichen, und am nächsten
Wochenende sind sie bei einem Gangbang, wo man sie mit
Schnelltest ohne Gummi ficken kann.« Er versucht, Frauen, die er
für Drehs bucht, mit kurzen Internetrecherchen vorher zu checken. Seiten, die »tabulose Huren« anpreisen und »Alles ohne«-Sex,
durchstöbert er nach ihnen. Er entdeckt dort immer wieder welche. »Da stockt mir manchmal schon der Atem.« Bisher hatte er
Glück. Vor fünf Jahren ein Tripper, sonst nichts.

Lars Rutschmann sagt, dass das Pornodrehen psychisch jeden
belaste. Er selbst sei zu einem Romantiker geworden. Er hätte das
vorher nie für möglich gehalten. Knutschen ist ihm in Beziehungen viel wichtiger als früher. Vor dem Fernseher sitzen, Arm in
Arm. Bei Rutschmann ist das Gegenteil von dem passiert, was
man bei Jugendlichen befürchtet: Pornos haben ihn zärtlicher gemacht.

Am Abend sitzt Ric auf dem Hof vor dem Ju-   **Und wenn doch eine**
gendtreff mit den anderen um einen Tisch. Mildes   **schwanger wird?**
Licht, graue Altbaufassaden. Nelli kommt und
gibt allen die Hand. Sie macht gerade ihr Abitur nach und will
Sozialpädagogik studieren. Wie ihr Freund, der Sozialarbeiter mit
dem Trucker-Cap, Anfang 20. Nelli sagt, dass sie Pornos schwach-
sinnig findet. »Wenn ich Bock auf Sex hab, warum mach ich's dann
nicht einfach, warum muss ich mir 'n Film angucken, um mich zu
befriedigen?«, fragt sie.

Ric: »Ja, wenn du aber grad keine Olle am Start hast, wenn du
grad Single bist?«

Nelli: »Es gibt immer genug Weiber, die wollen. Oder nicht?«

Ric: »Wenn du grad vorm Rechner sitzt und denkst: Jetzt hab ich
Bock, Alter, ich such mir jetzt 'ne geile Schlampe raus, 'n geilen
Porno, kiek den mir jetzt an. Denn guck ich doch nicht gleich bei
Jappy durch und gucke: Welche könnte ich bumsen, die jetzt zu

mir nach Hause kommt. Wenn ich jetzt Bock hab, denn geh ich doch nicht erst nächste Woche in die Disco und mach 'ne Olle klar. Denn ist mein Jetziges doch nicht befriedigt.«

Nelli: »Ich würd mir keinen Porno reinziehen und sofort Lust haben. Wenn ich das haben will, denn mach ich dit mit meinem Partner oder mit meinem One-Night-Stand-Typen.«

Ric: »Und denn haste Tripper.«

Nellis Handy klingelt, sie geht dran und wendet sich ab.

Sozialarbeiter: »Pornos sind halt vielleicht echt 'ne Männersache. Ich fand das Argument gut. Wenn ich aber jetzt Lust habe, denn befriedige ich mich halt selbst.«

Chris: »Und denn schlaf ich wie ein Baby.«

Nelli hat aufgehört zu telefonieren. Sie reden darüber, dass wenige so lange Beziehungen haben wie sie. »Alles Schlampen«, sagt Ric wieder.

Nelli: »Es gibt genauso männliche Schlampen wie weibliche Schlampen.«

Ric: »Aber nicht wirklich. Wann wirst du als männliche Schlampe abgestempelt? Da musste ja am Tag zehn Ollen bumsen. Dit dauert auf jeden Fall gut länger. Als Olle wirste gleich als Schlampe abjestempelt. Da reichen schon drei Typen im Monat oder vielleicht auch im Vierteljahr.«

Der Sozialarbeiter fragt Ric nach seinem Tripper und nach Verhütung.

Frauensache? Wenn er ihr »in die Fresse« spritze, könne da kaum was passieren, sagt Ric. Und wenn doch eine schwanger wird?

Ric: »Ich hab kein Bock, ein Kind am Arsch zu haben. Und denn sagt die (er macht eine heulige Stimme): ›Ey, ich will's behalten, denn brauch ich nich mehr zur Schule gehen.‹«

Sozialarbeiter: »Wenn die schwanger wird, ist sie selbst schuld dran?«

Ric:»Nö, ich bin schuld dran. Aber wenn sie so hängengeblieben ist und denn sagt: ›Ja, nö, ich will 'n Kind haben, denn brauch ich nicht mehr zur Schule gehen.‹ Denn kann ich mein Leben lang für die zahlen. Bin ich noch ganz sauber?«

Sozialarbeiter:»Meinst du, 'ne Frau wird freiwillig schwanger, damit sie nicht in die Schule gehen muss?«

Ric:»Da kenn ich genug. Genau wie die hängengebliebene Nina, die kann mir nicht sagen, dass sie fest im Leben steht und geplant hat, ein Kind zu kriegen, und dass sie das auf die Reihe kriegt.«

Sozialarbeiter:»Das versteh ich auch nicht. Als Nelli damals schwanger war, hat Nina noch gesagt: ›Ich unterstütze deine Abtreibung, ich find dit völlig okay, mach deine Schule fertig.‹ Nelli macht jetzt Fachabitur, macht ihr Ding, zieht dit durch. Aber Nina kriegt auf einmal mit 15 ihr Kind, und sie weiß ganz genau, dass es mit dem Typ nicht geht, weil der schon eins hat. Die haben sowieso schon viele Probleme.«

Ric:»Die sind an dem Punkt übertrieben asozial. Ich kann mir kein Kind anschaffen, wenn ich's mir nicht leisten kann. Guck ma, wir haben's heute schon verdammt schwer mit Schule. Okay, das ist vielleicht noch Einstellungssache, aber mit Ausbildungskacke. Lass 15 Jahre vergehen, denn musste nur noch Gymnasium sein und Abitur haben, dass de irgendwo als Maurer arbeiten kannst. Und was ist denn mit dem Kind, Alter? Dit wird ja denn noch schwerer.«

Raul und Holger sind seit einer Weile weg. Ric ist ruhiger geworden, ernsthafter. Er hat von seiner Freundin erzählt, der einzig wirklichen bisher, mit der er sechs Monate zusammen war, ohne dass sie Sex hatten. Es wäre ihr nicht okay vorgekommen, hat sie ihm gesagt.

»Aber was würdest du machen, wenn eins von deinen Mädels schwanger wird?«, fragt der Sozialarbeiter.

»Dann soll Holger das Kind raustreten«

Ric: »Dann beauftrage ich Holger ...«

Sozialarbeiter: »Jetzt ma ohne Scheiße.«

Ric: »Ohne Scheiße? Ich würd Holger beauftragen, dass er das Kind raustreten soll.«

Sozialarbeiter: »Das ist totaler Blödsinn.«

Ric: »Das ist kein Blödsinn, Alter. Du kennst mich nicht. Ich denk so, Alter.«

Es klingt wie eine Geschichte aus Siggelkows Buch von *Deutschlands sexueller Tragödie*. Nach Verwahrlosung, nach Verrohung.

Er meint das ernst. In diesem Moment zumindest.

Neulich mussten sie Ric ins Krankenhaus einliefern. Einzelkampf. Er hatte sich mit einem Migrantenjungen aus einer anderen Gang verabredet. Eins gegen eins. Er selbst brachte nur seinen Adjutanten mit, der andere kam mit einer ganzen Gruppe. Er habe dem, sagt Ric, mindestens einen Zahn rausgeschlagen. Wahrscheinlich. Er zeigt die kleine Narbe an seinem Finger. Das Nasenbein war gebrochen, ganz sicher. Der andere habe keine Chance gehabt. Dann gingen dessen Freunde auf Ric los. Sie hatten Messer. Eines steckte am Ende in seinem Hintern. »Hätte ich kein Pfefferspray gehabt«, sagt er, »die hätten mich abgestochen.«

Es ist auch noch nicht so lange her, da kam in Lüneburg ein kleiner Junge auf Carl und seinen Freund zu und hat sie mit Apfelsaft vollgespritzt. Sie sind ihm hinterher.

Er holte seinen Bruder und ein paar andere als Verstärkung. Die haben ihnen eine reingehauen und sind weggelaufen. »Wir sind nicht zusammengeschlagen worden. Wir haben einfach eine aufs Maul gekriegt«, sagt Carl.

Bei Carl ist das eine Ausnahme, über die er leicht irritiert lachen kann. Bei Ric passiert so etwas häufiger. Das Jugendgericht schickt Vorladungen. Nicht nur, weil sie ihn am Supermarktausgang einmal mit einer Flasche Jim Beam erwischt haben. Auch wegen ge-

fährlicher Körperverletzung. Wegen Landfriedensbruchs. Er wollte
beim Randalieren am 1. Mai mit einigen Kumpels eine Ampel um-
reißen. Es kann sein, dass er bald in den Knast muss. Jugendge-
fängnis.

Wenn man sich das Modell des Forschers Peter anschaut, mit
den Pfeilen, der Familie, der Peergroup, der Persönlichkeitsstruktur, dann scheint bei Ric über all diesen Faktoren ein Wort zu stehen: Gewalt.

Eine amerikanische Wissenschaftlergruppe befasst sich seit Jahren intensiv mit der Frage, ob Männer, die Pornos ansehen, möglicherweise dazu neigen, Frauen gegenüber gewalttätig zu werden.
Ihr bisheriges Ergebnis: in der Regel nicht. Es gibt aber Männer,
deren Persönlichkeit sie als »hypermaskulin« bezeichnen. Bei denen
kann das so sein. Womöglich würde auch Ric in einem Test recht
hypermaskuline Werte erzielen. So wirkt es zumindest, wenn er
davon spricht, dass »Schlampen« unterdrückt werden müssen und
dass er Babys tottreten lassen will.

Haben ihn die Pornos, die er mit acht Jahren aus der Schrankwand zog, langfristig verunsichert?

Der Hellersdorfer Pastor Siggelkow berichtet von Jugendlichen,
die nach solch frühem Pornokonsum Gangbang gespielt hätten.
Der Verein Zartbitter, der seit mehr als zwei Jahrzehnten gegen
den sexuellen Missbrauch von Jungen und Mädchen kämpft, registriert immer häufiger sexuelle Übergriffe im Grund- und Vorschulalter. Leicht verfügbare pornografische Bilder förderten die
Grenzverletzungen. Es vergehe mittlerweile keine Woche, ohne
dass Eltern nachfragten, »ob orale Berührungen der Genitalien
unter Kindern im Vorschulalter altersentsprechend sind«. Belas-
tende Bilder würden im kindlichen Spiel reinszeniert. Karla
Etschenberg, die langjährige Vorsitzende der Deutschen Gesellschaft für Geschlechtserziehung, sagt, dass auf ihren Veranstaltun-

gen in Kindergärten oder Schulen jedes Mal mindestens ein Elternteil oder ein Pädagoge von ähnlichen Erlebnissen erzählt hätte. »Es kommen laufend solche Szenen vor. Gespielte Vergewaltigungen.« Die Kindergärtnerinnen und die Eltern seien »total hilflos«.

Mit Gangbang-Spielen Traumata bewältigen »Das kindliche Spiel«, erläutert der Sexualwissenschaftler und Entwicklungspsychologe Konrad Weller, »hat viele Funktionen. Eine davon ist auch Angstbewältigung, oder, wenn man so will, Konflikt- und Traumabewältigung. Wenn ein Kind beim Arzt eine schmerzhafte Spritze gekriegt hat, wird es irgendwann im Spiel die Krankenschwester Monika geben und dem anderen Kind sagen: So, jetzt kriegst du auch mal eine. Das ist eine Rollenumkehr. Indem man so eine Sache reinszeniert und aus der realen Ohnmachtserfahrung auf die andere Seite der Barrikade wechselt, kann das eine Bewältigung sein. Modellartig werden Situationen nachgeahmt.« Das sei bei allen Dingen so: »Da sollte man den sexuellen Erlebnissen nicht so eine exponierte Bedeutung geben.«

Man könne, entgegnet Etschenberg, »das, was sich bei Jugendlichen in Bezug auf sexuelles Empfinden abspielt, nicht mit Spritzesetzen vergleichen«. Sie wisse ja, dass Weller das alles ein wenig sehr locker sehe. Sie sagt nicht: Verharmloser. Aber sie meint es. Für Etschenberg verdeutlichen solche Episoden: Schüler lernen am Modell. Und wenn es ein Pornomodell ist, hat das verheerende Folgen.

Alle Generationen hätten ihre einschlägigen Traumata gekriegt, fährt der Entwicklungspsychologe Weller fort: »In meiner Zeit haben wir in Jena eine Wanderausstellung des Hygiene-Museums aus Dresden besucht. Ich war Grundschüler, vielleicht zehn Jahren alt. An einer Vitrine entstand Getuschel. Da waren Plastiken zu sehen, die einen Tripper und Syphilis im Spätstadium zeigten. ›Das ist Sex«, dachten wir.« Weller flüstert den letzten Satz, als würde er sein kindliches Alter Ego von damals imitieren. »Solche Bilder graben sich ein. Ich bin 55 und kann mich noch sehr gut daran erinnern.«

Erwachsenen beim Porno-Sex zuzusehen könne ein Schock sein, sagt der Sexualpädagoge Hummert. Man müsse nicht sofort von einer Traumatisierung sprechen, eher von einer Verstörung. Von denen gebe es in der Kindheit einige. »Wenn die Beziehungsmuster zu Hause in Ordnung sind und wenn man jemanden hat, mit dem man reden kann – und wenn es ein guter Freund ist –, dann kann man dieses schockierende Erlebnis auch verarbeiten«, sagt er.

Vielleicht sind Pornos Ric viel näher als Carl. Er erkennt darin möglicherweise mehr Parallelen zu seiner eigenen Welt. Es könnte sein, dass sie ihm eher vorkommen wie ein Spiegel. Doch es sind nicht nur die rauen Pornos, die einige Werte seiner Umgebung reflektieren. Er nimmt sie auch in der Musik wahr, in Filmen. Er konsumiert auf ganz andere Art als Carl, bei dem die Familie, die Peergroup, die Persönlichkeit viel stabiler und friedlicher erscheinen.

Die Forscher, die mit Zahlenkolonnen die Auswirkungen von Pornografie überblicken wollen, berechnen oft zunächst Korrelationen. Besteht ein Zusammenhang? Zwischen der Tatsache, dass jemand harte Pornografie sieht, und der Tatsache, dass er aggressiver ist als andere, dass er Frauen als Objekte betrachtet, als »Schlampen«, die sich herumschubsen lassen, die unterdrückt werden wollen? Sollten die Analysen diesen Zusammenhang bestätigen, bleibt die Frage: Ist er aggressiver, weil er Pornos schaut? Oder schaut er Pornos, weil er aggressiv ist? Passen die Bilder zu seinen Einstellungen? Und verstärken diese dann?

Wenn Ric für einige Tage oder Wochen eine Freundin hat, bringt er sie manchmal mit ins Jugendzentrum. Es sind oft Mäd-

chen, die neben ihm sehr zart wirken und verschüchtert. Er
nimmt sie mit in den Computerraum und spielt ihnen einen *Myspace*-Song vor: »Ich schrei dich an beim Ficken«. Das Stück hat ein
Kumpel von ihm aufgenommen. Ein kontrolliertes, gepresstes
Grölen. Die Crew nennt sich HUG. Das kann vieles heißen: »hässlich und gemein« etwa. Oder: »Hass und Gewalt«.

Porno-Rapper »Romeike« und die Feministin Schwarzer
Seit Deutschland über Jugendliche und
Pornografie diskutiert, ist immer wieder
von einem Porno-Rap-Verbot die Rede.
Youporn liefert die Bilder, die Rapper den
Soundtrack dazu, so lautet die Argumentation. Man müsse gegen
beides etwas tun. Es ist eine kleine Minderheit, die solch ein Verbot fordert. Eine Mehrheit scheint aber die Meinung dahinter zu
teilen: Porno-Rap sei schädlich.

Im Frühjahr 2007 saß Orgi, der Porno-Rapper, auf der Anklage-
bank. Die Klägerin war die Feministin Alice Schwarzer, der Ge-
richtssaal ein ARD-Fernsehstudio. Schwarzer warf Orgi vor, dass er
Frauen erniedrige. Sie nannte ihn »Herr Romeike«, das ist sein
bürgerlicher Name, Manuel Romeike aus Berlin-Tempelhof. Orgi
hörte sich seine indizierten Texte an, die Schwarzer wie ein Gedicht vortrug. Es war viel von Ficken die Rede und davon, dass die
Frau das Maul halten soll. Auch von Schwänzen in Hälsen und
Kotze auf Schwänzen. Orgi, der zum Termin mit dunkler Sonnenbrille und in gestreiftem Poloshirt erschien, hat sehr oft das Wort
»äh« benutzt, oft auch mehrfach hintereinander. Er wirkte etwas
hilflos, er hatte gedacht, sie würden dort diskutieren. »Aber dit
war da ja so nicht möglich jewesen«, sagt Orgi.

Er hat den Begriff »Porno-Rap« publik gemacht, er hat ihn auf
T-Shirts drucken lassen. Im Sommer 2007 wippen seine Beine un-
ter einem schwarzen Ledersessel, Jeans, Puma-Jacke, hinter ihm
Metallregale voller Platten und CDs, das Büro eines Hip-Hop-Ver-

triebs in einem Berliner Hinterhof. Er hat hier seinen Schreibtisch stehen und einen Schrank mit Porno-DVDs, darin lagern unter anderem *Orgi Anal Arschgeil* und *Orgi Pörnchen* 1 bis 3. Er ist Pornoproduzent mit Porno Boss Production und Kleinlabel-Chef mit I Luv Money Records. Damit eifert Orgi ein wenig dem amerikanischen Hip-Hop-Star Snoop »Doggy« Dogg nach. Der ließ seine Vergangenheit als Ghettojugendlicher, Dealer, Gangmitglied der »Crips« und Gefängnisinsasse hinter sich. Er wurde als Rapper weltberühmt. Ausgerüstet mit dicken Goldketten, Golduhren und Goldzähnen, beließ es Snoop nicht dabei, Frauen in seinen Hip-Hop-Videos Bikinibrüste in die Kamera halten zu lassen: Wie sein Kollege Ice-T stieg er ins Pornogeschäft ein.

Snoop schuf den »Pimp-Style« und inszenierte sich als Nobelzuhälter mit Stock und Hut. Tatsächlich arbeiteten für ihn zwischenzeitlich Prostituierte. Sein Pornofilm *Snoop Dogg's Doggystyle* kombinierte Hip-Hop-Musik und Sexszenen. Es war der erste US-Hardcore-Porno überhaupt, der es in die Musikvideo-Charts von *Billboard* schaffte. Der kommerzielle Erfolg von Snoop Doggs Mix aus Party, Porno und Rap gilt manchen als Beleg für die Pornografisierung der Popkultur in den USA. In dem Jahr, als Orgi auf der ARD-Anklagebank saß, fragte die Tageszeitung *taz* auch in Deutschland: »Ist Porno Pop?«

Orgi orientierte sich an Snoop. Schon als er 15 Jahre alt war, hat er Pornovideokassetten verkauft. Nach der Ausbildung zum Einzelhandelskaufmann an einer Tempelhofer Tankstelle war er eine Weile arbeitslos, flog gelegentlich nach Mallorca und drehte irgendwann mit einer geliehenen Kamera, ein paar Kumpels, die er »Atzen« nennt, und Frauen, die er per Annonce fand, den ersten Porno. In dieser Zeit hat er schon gerappt – als würde er Blinden Sexszenen beschreiben wollen. Die Songs von seinem Kollegen *Frauenarzt* und anderen hat er über die Pornoszenen des *Orgi*

Pörnchens gelegt. Frauenarzt hat 2007 das Album *Dr. Sex* veröffentlicht, mit Titeln wie »Mädel gibt Schädel«, »Jeder bumst dich« oder
»Sie braucht es hart«. Er ist noch häufiger als King Orgasmus One
auf dem Index der Bundesprüfstelle für jugendgefährdende
Medien vertreten.

Über Geilheit reden Seine Texte, sagt Orgi, seien inspiriert »von der
Geilheit von einem selber«. Wenn er geil sei,
schreibe er Ficktexte. Geil sein bedeutet für ihn »ficken wollen«. Er
sagt: »Ich bin direkt, freizügig, für mich gibt es keine Tabus. Jeder
sollte so abgehen, wie er gerade Bock drauf hat.«

Orgi hat, als er sich bei der Feministin Schwarzer verantwortet,
eine Freundin, die er »eine ganz normale, liebe Dame« nennt. Sie
ist Rechtsanwaltsgehilfin. »Wenn ich keine Freundin hätte, würde
ich den ganzen Tag nur noch voll am Bumsen sein«, sagt Orgi, der
Porno-Rapper.

Orgi klingt in solchen Momenten wie Ric.

Sex mache den Frauen Spaß, sagt er, auch mit mehreren Männern. So ist das in seiner Welt. Sie bieten sich über *Myspace* an, ziehen sich nach dem Konzert im Hotelzimmer für ihn aus, halten
ihre Körperöffnungen in seine Kamera. In dieser ARD-Sendung
wollten ihm nun alle einreden, das sei schlimm. Sie hatten sogar
eine junge Frau eingeladen, die vergewaltigt worden war. »Das ist
eine Straftat«, sagt Orgi, »das hat mit Sex nichts zu tun.« Er fühlt
sich für diese ganze Verrohung, von der immer die Rede ist, überhaupt nicht verantwortlich.

Er hält die Leute aus der Sendung für völlig realitätsfremd. Sie
erscheinen ihm mindestens so seltsam wie er ihnen. Als die Kameras aus waren, hat er sich mit seiner Sitznachbarin, einer Frauenärztin, angelegt. »Das in deinem Kopf da drin, das ist alles falsch«,
hat er ihr gesagt. Orgi glaubt, dass er Dinge ausspricht, über die
sonst einfach niemand redet. Die Geilheit von einem selber.

Carls und Rics Leute finden lustig, was Orgi macht. Carl klickt auf *Youtube* allerdings eher die Songs von Imbiss Bronko an, das ist der neue Künstlername von King Orgasmus One. Imbiss Bronko rappt über Fleisch und eine Zwei-Meter-Bratwurst, sodass es manchmal nach Sex klingt. Orgi glaubt, dass sein Erfolg auch mit seinem Humor zusammenhängt. Das ist etwas, das Erwachsenen entgeht, wenn sie nur wenige Zeilen der allerübelsten Porno-Rap-Stücke in einem Magazin oder einer Zeitung gelesen haben. Hinter den krassen Pornobildern stand anfangs eine ironische Haltung. Bis zum Ende der Neunzigerjahre gab es in Deutschland vor allem zwei Rap-Zentren. In Hamburg saßen die Partychaoten von Fettes Brot bis Fünf Sterne deluxe, in Stuttgart die politisch korrekten Gesinnungssprechgesängler von Freundeskreis und den Massiven Tönen. In Berlin entstand die harte Straßenvariante. Die Bilder für ihre Beleidigungstiraden nahmen die Wortakrobaten, die man MCs nennt, aus Pornofilmen und Horrorschockern. Es wurde gefickt, gespritzt und geschlitzt. Die Texte wimmelten vor Schwänzen und Fotzen.

Die sexualisierten Verbalkampf-Zeilen erfüllen eine Funktion, die ihren ungeheuren wirtschaftlichen Erfolg erklären dürften: Sie provozieren. In den Gang- und Gangsta-Strukturen des Hip-Hop geht es darum, wer drin ist und wer draußen. Wer gehört dazu und wer nicht? Es ist ein Bedürfnis, das pubertierende Jugendliche kennen. Sie wollen sich abgrenzen. Erwachsene müssen draußen bleiben. Mit einem »Arschficksong« kann man sie gut auf Abstand halten. Die Pilzfrisur des beginnenden 21. Jahrhunderts ist ein Cap mit breitem Schirm. Ein Mal »Fotze« sagen, »Gangbang« oder »Hurensohn«, und die Eltern sind auf 180. Es fühlt sich an wie Rebellion.

Herbst 2007. Columbia Club, Berlin, Freitagabend. Wummernde Beats, simple Synthesizermelodien. Stroboskopzucken, Rauchschwa-

Privatschüler bestaunen das gerappte Ghetto

den, Bier in Plastikbechern. Über die Bühne hüpfen drei Rapper
mit dunklen Sonnenbrillen, sie werfen Arme und Beine in die Luft
wie Marionetten und rufen: »Wir wollen ficken, wir sind alle sex-
geil!«

Vorn in der Menge brüllen Steven und Marius: »Sexsexsexsexsex-
geil.« Die Leute im Publikum tragen T-Shirts, auf denen »Sex-
urlaub« steht oder »Kotzen macht durstig«. Manche haben sich
Pilotenbrillen aufgesetzt, wie man sie aus Pornofilmen kennt.
Frauenarzt tritt auf und verkündet, dass er der Emanzipation den
Mittelfinger zeigt – »oder meinen dicken Schwanz«. Steven und
Marius, beide 17, schreien noch lauter.

Die beiden sind von einer Stadtrandsiedlung im Osten Berlins
hergefahren, viele im Publikum stammen von dort oder aus Bran-
denburg. Steven wird gerade zum Tiefbaufacharbeiter mit Erwei-
terung Rohrleitungsbauer ausgebildet, Marius macht Zivildienst,
auf dem Frauenarzt-Konzert feiern sie den Geburtstag eines Kumpels, als grölende Großgruppe. Sie haben vorher gekifft. Jetzt saufen sie. Manche werfen Chemie ein. Später: tanzen im Club.

Die Freunde von Steven und Marius sind alle Azubis, morgen
früh werden sie pünktlich aufstehen und zur Schule gehen. Einige
solcher Lehrlingsgruppen sind hier. Hinten im Saal steht Philipp,
der keine weiten Hosen trägt, sondern gerade Jeans und T-Shirt.
Er macht Abitur, ist 17, das scheint hier das Durchschnittsalter zu
sein. Es gibt nicht wenige Gymnasiastengruppen auf dem Konzert,
die die Texte über Ficken, Fotzen und feuchte Träume so gut beherrschen wie die Azubi-Gangs. Alle, egal ob Hauptschüler oder
Gymnasiasten, sagen, dass, wer fürchte, Frauenarzt würde die
sexuelle Verwahrlosung fördern, ja wohl überhaupt keine Ahnung
von der Jugend habe. Und Steven, Marius und ihre Kumpels rufen,
gekifft und Pornos angeschaut hätten sie, lange bevor sie die Texte
von Frauenarzt kannten. Außerdem behandele Frauenarzt seine

eigenen Frauen bestimmt nicht so, wie er das in seinen Tracks beschreibt. Andere vielleicht, aber nicht die eigenen.

Zu einem anderen Rap-Konzert, einige Wochen später, sind Tiziano und Christian gekommen. Sie sind beide 13, besuchen ein katholisches Privatgymnasium in Westberlin. Heute Abend sehen sie einem Rapper von Aggro Berlin zu, wie er eine Dreiviertelliter-flasche Jägermeister leert, während das Publikum »Trinktrinktrink!« schreit, und sich vom DJ einen Joint reichen lässt. Tiziano und Christian stehen da wie zwei minderjährige Mönche im Swingerklub. Sie betrachten das Ganze wie einen Film. Irgendwie aufregend. »Ghetto und so weiter haben wir ja nicht so viel mit zu tun«, sagt Christian. Er rappt selbst manchmal. Darüber, wie er Schule schwänzt. Würde er in Wirklichkeit nie machen. Die Rap-Sexgeschichten hält er für ähnlich fabuliert.

In seinem Essay »Pornography in Wax« befasst sich Florian Werner mit der Grenzüberschreitung im amerikanischen Rap. Man muss, argumentiert Werner, in den Rap-Texten so tun, als sei das Gesagte ernsthaft so gemeint, um den Gegner beim Battlen zu treffen. Gleichzeitig ist es entscheidend, dass die Aussage »sofort wieder ironisch gebrochen und unterminiert wird.« Er zitiert den Rapper Ice-T: Wenn ein Schwarzer sage, er nehme seinen Schwanz, wickle ihn dreimal um dieses Zimmer und ficke dann die Mutter seines Gegenübers, könne er seinen Penis erstens vermutlich nicht so oft um den Raum wickeln und habe zweitens selten die Absicht, mit der Mutter des Gegenübers zu schlafen.

Die Berliner K.I.Z. haben es mit ihrem Album im Sommer 2009 wieder in die Top Ten geschafft. Auch sie spielen mit solchen Angebermetaphern. 2007 wurden sie beim Festival Rock am Ring erst ein- und dann wieder ausgeladen. Wegen ihrer grenzüberschreitenden Reime. Maxim, Tarek und Nico sitzen kurz darauf in einem Kreuzberger Café beim Frühstück. Alle tragen Nike-Schuhe,

zwei von ihnen Trainingshosen. Tarek, 20 Jahre alt, sagt, dass es
die Aufgabe von Eltern sei, ihren Kindern eine liebevolle Beziehung zum anderen Geschlecht zu vermitteln. Er sagt, er habe
Liebe erfahren und könne Liebe geben. Ihre Tracks würden vielleicht die Sprachverrohung bei Jugendlichen fördern. Aber keine
Frauenverachtung. Sie unterhalten sich selbst im Kreuzberger
Teenietürkenslang, nennen andere »Opfer«. Nico studiert Soziolo-
gie. Mit einer Kommilitonin redet er manchmal auch so. Wie genau? »Ey, du Fotze?« Es ist für einen Moment still am Tisch. »Das
ist 'ne Beleidigung«, sagt Tarek. »Leute von hier, die sagen nicht zu
Frauen ›Fotze‹. Das ist Quatsch«, sagt Nico. Der Unterschied zwischen ihren Texten und ihrem Leben ist beträchtlich. Sie sind
nette Jungs, die Spaß an ekelhaft überdrehten Porno-Horrormeta-
phern haben. Sie sagen, sie machen Kunst, die müsse einiges dürfen.

Zwischen den grauen Hausfassaden, im Hof des Berliner Jugendzentrums, erzählt Rics Kumpel Raul von Orgi Pörnchen 3. In
einer Szene, »wo er da so sitzt mit seiner Schlampe«, klingelt es an
der Tür. Er will die »Olle eigentlich bangen«. Andererseits muss er
los, seine »Atzen« warten auf ihn. Er überlässt die Frau also dem
Besucher. Dann kommt das, was Raul so sehr begeistert: Die Kumpels stehen seit Ewigkeiten genervt am Bus und warten, dass Orgi
kommt. Er spaziert fröhlich an ihnen vorbei, entschuldigt sich
kein bisschen, setzt sich, schnallt sich an und sagt, dass es losge-
hen kann. »Der sagt gar nichts«, sagt Raul, »der setzt sich einfach
rein.« Raul wiederholt das ein paar Mal. Lässt die Leute einfach so
stehen. »Orgi ist cool«, sagt er.

Mit Sex hat das zunächst gar nichts zu tun, sondern mit Macht.
Orgi ist in der Situation der Überlegene, ein lässiger Chef, der einen starken Auftritt hinlegt. Anderen sagen, wie es läuft. Vielleicht
würde Raul das auch gern.

Macht. Nur darum geht es in Pornografie, sagen Feministinnen um Alice Schwarzer oder die Amerikanerin Andrea Dworkin. Macht und Erniedrigung.

Orgi markiert Frauen gegenüber Stärke. Auf recht bizarre Art verbindet er in manchen Tracks stockkonservative Vorstellungen vom kochenden Heimchen am Herd mit freizügiger Verfügbarkeit. »Kommt der Mann nicht jeden Tag zum Schuss, ist die Frau ganz doof und der Atze macht Schluss«, rappt er in »Liebe ist schön«. Für eines seiner Alben hat er sich mit zwei nackten Frauen fotografieren lassen, er führt sie als Pimp, als Zuhälter, an der Leine. Wie Hunde. Ein erniedrigendes Bild. An den Rändern des Rap-Geschäfts breiten sich noch viel grausamere Varianten aus.

Die Texte sind völlig ironiefrei. Was vielen gemeinsam ist: Die verbale Gewalt richtet sich nicht gegen einen Gegner, sondern direkt gegen Frauen. Schlampen sollen zerstört werden. Mit ähnlichen Worten werden die Demütigungsclips der Pornoplattformen angepriesen, »anal destruction«. Die Betreiber werben damit, dass darin »Girls« gedemütigt, geschändet oder vernichtet werden. »Humiliate«, »disgrace« oder »destroy« sind Worte, die sich in den richtig harten Pornonischen wiederholen – ähnlich klingt das in den dunklen Ecken von *Myspace* oder *Youtube*.

Die rauen Ränder des Rap

Ein US-Experiment zu sexueller Gewalt hat in den Achtzigern gezeigt, dass junge Männer, die einen brutalen Porno verfolgt hatten, verprügelte Frauen unmittelbar danach weniger bemitleideten und Vergewaltigungen eher als die Schuld der Frau einschätzten. Es kann gut sein, dass bei Menschen, die häufiger Pornos voller Gewalt sehen, ein Gewöhnungseffekt einsetzt. Vielleicht ist das wahrscheinlicher, wenn sie Frauen ohnehin nicht besonders wertschätzen, wenn das auch in ihrer Umgebung kaum jemand tut und wenn Pornos nicht die einzigen Medien sind, die solche Verachtung vermitteln. Der Titel der Hass-und-Gewalt-Crew, den Ric und Holger ihren Kurzzeitfreundinnen vorspielen, ist auf *Myspace* von Pablo Night feat. Royal veröffentlicht worden und hört sich so an:

Du dreckige Nutte, was ich will, ist nur mein Spaß
Guck nur verliebt und naiv, ich schrei dich an beim Ficken
Der Dirty Talk in mei'm Bett, er macht mich geil, ihr Flittchen

Ich schrei dich an beim Ficken
Denn meine Triebe wollen raus
Ich geb der Fotze 'ne Schelle und spucke dann in ihr Maul
Sie sieht so wunderschön aus, wenn all die Schminke verläuft
Ihr Körper, er zuckt zusammen, das ist es, was mich erfreut
All diese dreckigen Fotzen mit ihren engen Kostümen
Mein Schwanz er steckt tief im Arsch, um all die Huren zu verführen

Spürst du den Hass, wenn ich schreie, dein Trommelfell
es zerplatzt
Ich seh die Angst in dein' Augen
Ich hab mein Leben verkackt

Im Herbst 2009 ist dieser Track auf *Myspace* mehr als 4000 Mal aufgerufen worden. Bei Stücken von Frauenarzt oder King Orgasmus One liegen solche Klickzahlen regelmäßig über 100 000. HUG erreichen kein Massenpublikum, aber wer sich mit ihnen bei *Myspace* befreundet, wird schnell merken, wie viele Rap-Crews ähnliche Hasstiraden produzieren. Nur die allerübelsten Fälle gelangen an die Öffentlichkeit. Der Berliner G-Hot etwa, der in seinem Track

»Keine Toleranz« forderte, allen Schwulen den Schwanz abzuschneiden. Das Label Aggro Berlin warf ihn daraufhin raus.

Im Sommer 2008 standen zum ersten Mal in **Ein Lied kann** Deutschland drei Rapper wegen ihrer Texte vor **ein Verbrechen sein** Gericht. Sie waren zu einem Synonym geworden für die nächste Eskalationsstufe: Blokkmonsta, Uzi, Schwartz. Drei Musiker, deren Texte so brutal waren, dass sie mit einzelnen Stücken gleich ganze Listen von Straftaten zu begehen schienen. Gewaltdarstellung, Volksverhetzung, Störung des öffentlichen Friedens, Beleidigung, Bedrohung. Amok-Orgien voll zerplatzter Köpfe, gespaltener Schädel und von Kugeln durchsiebter Körper.

An einem warmen Junimorgen sitzen Björn D., Tomasz M. und Raphael B. im Saal B 143 des Amtsgerichts Berlin-Tiergarten. Einer hat eine Ausbildung zum Softwareentwickler abgebrochen und betreibt jetzt das Label »Hirntot«, das ihm im Monat um die 1700 Euro netto einbringt. Der Zweite versucht, sein Abitur nachzumachen. Der Dritte studiert Germanistik in Düsseldorf. Sie sind alle Anfang 20, tragen kurz rasierte Haare und ordentliche Hemden. Sie sprechen sehr leise.

Es geht darum, was ihre Texte anrichten könnten bei den Jugendlichen in Neukölln und Kreuzberg. Auch bei Ric, bei Raul, bei Holger. Bei denen, »die sowieso schon einen Schlag haben«, wie einer der Verteidiger sagt. Die Mittelstandskinder, die wüssten damit umzugehen, glaubt der Staatsanwalt. Aber die jungen Leute in den Brennpunktvierteln, die könne so etwas anstacheln. »Futter und Nahrung für Amokläufer« nennt die Richterin die Texte später. Es ist ein Präzedenzprozess. Eine Warnung an alle, die da draußen an Rechnern sitzen und vielleicht von eingeschlagenen Polizistenköpfen rappen: Ein Lied kann ein Verbrechen sein. Thomas Schulz-Spirohn, der Staatsanwalt, ist Mitte 40, trägt Jeans und seine Haare als gegelten Igel. In seiner Ecke wirkt er wie ein Cowboy-Papa. Streng, aber auch lässig. Ironisch. Er will diese Sache hier klären. Diese Grenze ziehen. Es soll niemand mehr denken, dass er im Internet ungeschützt vor sich hin rappen kann.

In Songs des amerikanischen Rappers Eminem, sagt einer der Angeklagten draußen auf dem Flur in der Pause, werden »Pamela Lee« Anderson die Titten abgerissen. Der Staatsanwalt hört Eminem. Das stand in der Zeitung.

Björn D. bekommt zehn Monate, Tomasz M. sechs Monate Jugendstrafe, beide auf Bewährung, und Raphael B. 1350 Euro Geldstrafe. Er hatte nur bei einem Song mitgerappt.

Schulz-Spirohn sagt, dass sich Björn D. nun auf sehr dünnem Eis bewege mit allem, was er veröffentliche. Es laufen schon zwei weitere Strafverfahren. Wenn ihm künftig etwas angehängt werden kann, muss er ins Gefängnis. Er wäre der erste Rapper, der in Deutschland für seine Texte eingesperrt wird.

Björn D. ist zu dem Zeitpunkt bei einer Psychotherapeutin in Behandlung. Er macht eine Gewalttherapie, um seine Ausraster und Ängste in den Griff zu kriegen. »Wir wollten damit mehr so auffallen«, sagt D., der als Blokkmonsta mit Sturmmaske auftritt. »Wir waren ja total unbekannt, wir waren ja ein Niemand.«

Ein Track, der »Hirntot« vor Gericht gebracht hatte, heißt »1. Mai, Steinschlag«. An diesem Tag fliegen in Berlin Steine auf Polizistenhelme. Am 1. Mai 2009 war auch Ric in Kreuzberg. Deswegen droht ihm jetzt der Jugendknast.

Zur Wirkung von Mediengewalt auf Kinder und Jugendliche gibt es mehr Studien als zur Pornografie. Konsum von gewalthaltigen Medien kann demnach zu Abstumpfung führen. Reale Gewalt erscheint weniger schlimm. Kinder zögern, wenn es darum geht, bei Stress Erwachsene zu rufen.

Eine Medientheorie skizziert Mediennutzer als Menschen, die nach Gratifikationen suchen. Sie wollen Bedürfnisse befriedigen.

Bei Pornos kann es darum gehen, Triebe zu stillen, mit Geilheit umzugehen. Aber auch: Macht auszuüben, in der Fantasie. Und wie ist das beim Rap?

Kein Begriff drückt die Verbindung von Sex und Gewalt, die dieses Genre prägt, so deutlich aus wie »ficken«. Man fickt eine Frau. Das ist Sex. Man fickt einen Mann. Das ist Gewalt. Es ist ein und dasselbe Wort. Für den Ausdruck »Gangbang« tauchen in englischsprachigen Lexika verschiedene Bedeutungen auf: Sex von einem oder einer mit vielen anderen, eine Orgie, die Massenvergewaltigung einer Frau. Oder aber: brutale Schlägereien zwischen Gangs.

Einer der Münchner Jugendlichen, die im Herbst 2009 an einer S-Bahn-Station einen Mann totgetreten haben, hatte auf seinen Unterarm den Schriftzug »Hip Hop« tätowiert. Die Beschreibungen seines Lebens erinnern an den Alltag von Ric und dessen Kumpels. Langeweile, Klauen, Schlägereien, Drogen.

In solchen verkorksten Biografien wirken Pornografie und brutaler Rap wie kleine Fußnoten. Sie können Randaspekte erklären, nie das große Ganze.

Thomas Gruber geht davon aus, dass die **Gruber will ihnen helfen,** Jugendlichen, mit denen er arbeitet, in den **das nie wieder zu tun** Filmen und Rap-Texten etwas suchen. Eine Stimmung, ein Gefühl, von dem sie glauben, dass es ihnen nutzt. Gruber muss mit ihnen herausfinden, was das ist. Er kann dann besser verstehen, was sie getan haben. Er will sie so dabei unterstützen, das nie wieder zu tun.

Der Psychologe leitet das Gerhard-Bosch-Haus in Viersen, ein eckiger Betonklotz mit grauen Balkonbrüstungen am Rand des Klinikgeländes. Hier werden jugendliche Sexualstraftäter therapiert. Gruber macht den Job seit 20 Jahren. Sie waren die Ersten in Deutschland, die sich Ende der Achtziger speziell dieser Klientel angenommen haben. Mit mehr als 200 Jungen hat er seitdem über ihre Taten gesprochen. Meist kommen sie in dem Aufenthaltsraum mit den blauen Sofas, dem Fernseher und der Playstation an. Oft sind Eltern dabei, Mitarbeiter vom Jugendamt. Es ist die letzte Station vor dem Knast. Richter schreiben den Aufenthalt im Gerhard-Bosch-Haus in die Bewährungsauflagen. Die Jugendlichen wissen: Wenn sie sich nicht in das strenge System mit den verschiedenen Lockerungsstufen einpassen, landen sie wahrscheinlich in einer Zelle. Sie müssen anfangs bei fast allem, was sie tun, ihre Betreuer fragen. Auf jeder Station sitzen zwei. Im Erdgeschoss sind es an diesem Montag ein großer, kräftiger mit struppigem Bart und ein kleiner, hagerer mit lichter Stirn. Beide grauhaarig, deutlich jenseits der 50, sie arbeiten seit Jahrzehnten hier. Im ersten Stock haben eine resolute Krankenschwester und eine Erzieherin Dienst. Sie achten darauf, wer wann die Station oder das Haus verlässt. Wenn die Jungs neu sind, dürfen sie das nicht, nicht einmal allein in den Hof. Sie tragen dann noch neongelbe Fußballleibchen. Es sind alles Signale: Das hier ist kein Gefängnis, aber so etwas Ähnliches. Thomas Gruber demonstriert Härte, auch in den Vorstellungsrunden, wo sie sich bekennen müssen. Er will ganz genau wissen: Was hast du gemacht? Warum?

Gruber, Abiturjahrgang 1975, Ringelpulli, graue Jeans, hat die Hände um seinen Oberkörper geschlungen. Die Lesebrille baumelt vor der Brust. Hinter ihm, an der Wand im Büro, hängt ein Bild mit einer Reihe von roten Herzen. Sie hätten gerade einen Jugendlichen da, sagt er, bei dem die Polizei 850 Kinderporno-Dateien auf dem Rechner gefunden hat. 500 hat er selbst heruntergeladen, 350 sind ihm geschickt worden. Er ist 17. »Er hat seine Schwester missbraucht«, sagt Gruber. »Die Anregungen hat er über das Video bekommen.« Die Schwester ist zehn. Sie hat es irgendwann erzählt.

Es ging vor allem um einen Clip. Darauf war zu sehen, wie einem Kind Gegenstände eingeführt werden. Der Junge hat das nachgestellt. Er leugne bisher noch vieles. So ist das in den ersten Tagen oder Wochen fast immer. Er ist seit drei Wochen im Gerhard-Bosch-Haus.»Der muss schon noch genauer Stellung dazu nehmen«, sagt Gruber. Er redet locker und gleichzeitig entschieden, scharf. Klare Ansagen in freundlichem Ton. Erst einmal.

Der Junge wird einige Monate im Erdgeschoss verbringen, das zahlt die Krankenkasse, dann kommt er nach oben in den ersten Stock, wo in der Regel die Jugendhilfe übernimmt. Wenn alles gut läuft, verlässt er das Bosch-Haus in eineinhalb Jahren. Wenn nicht, schon in ein paar Tagen, Wochen. Er muss mitmachen. Er wird von den Videos erzählen müssen. Davon, wie er sie über irgendwelche Chats organisiert hat. Von dem Bekannten, der ihm dabei half. Er wird nicht lange mit der Ausrede durchkommen, dass er das nur gemacht hat, um sich gut mit dem anderen Jungen zu stellen, der wusste, wo man das Zeug bekommt. Es wird um viel mehr gehen als diese Kinderpornos.

Dieser aktuelle Fall, sagt Gruber, sei eher eine Ausnahme. Dass sich einer Kinderpornografie besorgt, passiere. Nicht sehr oft allerdings.»Es regt an, aber es regt nur bestimmte Jugendliche an.« Es kann vorkommen, überlegt er, dass damit gerade bei den Kinderpornos eine Art kognitive Legitimierung einsetze.»Die Clips und Bilder wirken klinischrein, sauber, ordentlich, also nicht illegal, böse oder verboten. Das macht auf die Jungs den Eindruck, als wäre das etwas, das man darf. Man kriegt es im Internet, es ist ja kein Problem, daranzukommen. Das ist ein bisschen wie Geldwäsche. Hinterher ist es legal. Wenn es in den Medien, im Internet ist, denken sie, kann es nicht falsch sein.«

Die Zahl jugendlicher Sexualstraftäter wächst – auf dem Papier

In der »Polizeilichen Kriminalstatistik« fürs Jahr 2008 werden
6705 Fälle wegen Besitzes von Kinderpornografie geführt. Kinder
und Jugendliche machen daran einen Anteil von 3,1 Prozent aus.
Nimmt man die unter 21 Jahre alten dazu, sind es 7,1 Prozent. In
der Diskussion um die Abgründe, in die die »Generation Porno«
geraten kann, sind vereinzelt auch solche Daten aus der Kriminalstatistik aufgetaucht.

Die Zahl der Jugendlichen, die verdächtigt werden, sexuelle
Straftäter zu sein, wächst. Jutta Elz von der Kriminologischen Zen-
tralstelle in Wiesbaden hat aus den Polizeidaten eine Grafik gemacht. Seit den Achtzigern steigt die Kurve der 14- bis 18-jährigen
Sexualstraftäter steil an. Ende der Achtziger, als der Anstieg beginnt, rückten die Täter vermehrt in den Fokus der Therapeuten
und dann der Öffentlichkeit. Zu der Zeit begann die spezialisierte
Arbeit in Viersen. Die Zahl der Verdächtigen sinke im Laufe der
Aufklärungsarbeit von Polizei und Gerichten, sagt Heribert Ostendorf von der Forschungsstelle für Jugendstrafrecht und Krimi-
nalprävention in Kiel. Das heißt: Lange nicht jeder Teenager, der
in der Polizeistatistik unter dem Punkt »sexueller Missbrauch«
auftaucht, wird am Ende deswegen verurteilt. Die zunehmende
Zahl von Verdächtigen könnte unter anderem damit zu erklären
sein, dass das Bewusstsein in der Bevölkerung größer geworden ist
und aus dem Grund mehr Anzeigen bei der Polizei eingehen.
Ostendorf geht davon aus.

Sie ist acht, er schläft   Was die Rolle der Pornografie anbelangt, so
immer wieder mit ihr   fasste der Hamburger Arzt und Psychotherapeut Andreas Hill sie auf einer Fachtagung so
zusammen: Gewalt- und Hardcore-Pornografie könnten die Ag-
gressivität unter Jugendlichen zwar steigern, die Erregung erhöhten sie aber nur bei Gruppen mit hohem Risiko für sexuelle Straftaten.

»Sexualität gewinnt ihre Macht dadurch, dass sie auch als Waffe eingesetzt werden kann«, sagt Thomas Gruber. Er erzählt, dass die Jungen, die bei ihm landen, häufig sozial zurückgezogen lebten, dass sie keine Chance auf »gute, befriedigende Sozialkontakte« hätten. Dass sie sich oft an entwürdigenden Darstellungen aufgeilen würden. »Da geht es weniger um Sex, sondern um Demütigung.«

Im Erdgeschoss kommen die Jungs mittags in den Speisesaal. Es gibt gefüllte Paprika mit Reis. Sie setzen sich an die Tische. Bartflaum, Pickel, rasierte Haare, Zöpfe. Manche von ihnen sind sehr schmächtig und klein für ihr Alter. Man sieht ihnen ihre Geschichten nicht an. Natürlich nicht.

Wenn ein Neuer kommt, ein Erwachsener, suchen einige sofort Nähe. Spielen Sie mit uns Karten? Max fragt, ob man von ihm genervt sei. »Ich nerve alle«, sagt Max.

Er hat immer wieder mit einem Mädchen geschlafen. Er sagt, er hat sie »gefickt«. Sie war acht Jahre alt. Sie war seine große Liebe. Die Einzige, die ihn geliebt hat, sagt er. Die er geliebt hat. Er hat im Heim gelebt, die Verwandten fast alle in der Psychiatrie. Sie hat ihn nicht verraten. Sie hat mitgemacht. Hat es erduldet. Apathisch wahrscheinlich. Sie kannte es von ihrem großen Bruder. Das ist nicht selten so. Die Täter denken, ihre Opfer wollen das. Weil sie sich nicht wehren. Weil es nicht das erste Mal ist, dass sie zu Opfern werden. Als er sie wieder einmal auf einer Wiese gefickt hat, haben andere Kinder zugesehen. Sie haben ihn verraten.

Hänsel und Gretel. So nennen Psychologen das, **Was ist der Nutzen?** wenn sich zwei finden, die bisher nur vernachläs- **Was gibt es ihnen?** sigt worden sind, die nirgends dazugehören, die keine Erwachsenen haben, die für sie da sind, keine Eltern. Wenn sich zwei finden und Sex haben. Zwei Kinder. Rein rechtlich ist er ein Jugendlicher. Er sieht nur nicht so aus.

Man darf sich das nicht vorstellen wie bei manchen Erwachsenen. Eine dunkle Seitenstraße, ein Gebüsch. Eine Männergestalt,
die ein Kind da hineinzerrt. Es ist eher ein Spielplatz. Sie lernen
sich kennen. Pornografie, sagt Gruber, hat in dem Fall keine Rolle
gespielt, sondern emotionale Vernachlässigung.

Mittlerweile haben eine Handvoll Projekte in Deutschland versucht herauszufinden, warum Jugendliche sexuell auffällig werden. Die Faktoren, die häufig genannt werden: sozioökonomische
Benachteiligung, schwierige Situation in der Familie, aggressives,
dissoziales Verhalten. Aber auch: intensiver Pornografiekonsum.
Was ist der Nutzen, fragt Thomas Gruber. Was haben sie davon?

Es gibt zwei Gründe, warum einer ins Gerhard-Bosch-Haus
muss, sagt der Psychologe. Entweder ist er pädophil und hat eindeutig Interesse an Kindern. Das ist in dem Alter nicht einfach
festzustellen. »Oder sie sind so gedemütigt, vernachlässigt, miss-
handelt und selbst missbraucht worden, dass sie lebenslänglich
versuchen, dieses Grundgefühl zu kompensieren. Dazu, meinen
sie, braucht es wieder andere, die man demütigen oder kränken
kann. Gewalt wird eingesetzt zur Demütigung, das heißt zur eigenen Aufwertung.« Sie entwickeln Fantasien. Einer hat sich benutzte
Babywindeln umgebunden und stand mit dem Schnuller im
Mund nackt in einer Hecke. So hat er Mädchen beobachtet. 100,
200 Mal. Das hat er vermutlich nicht in einem Film gesehen. Auf
manche Ideen kämen sie aber nicht selbst. »Fantasien«, glaubt
Gruber, »brauchen Nahrung.«

Vor 20 Jahren noch seien es vor allem Horrorfilme gewesen.
Das Internet verschafft ihnen jetzt auch Zugang zur Pornografie.
Gerade für die Verschüchterten, Zurückgezogenen ist das ideal.
»Die gehen nicht an den Kiosk, das würden sie sich nie trauen.«
Im Internet finden sich drastischere Bilder. Schlagen, vergewal-
tigen, würgen. Wenn man sich nur lange genug von Seite zu

Seite klickt. »Sie müssen schon auf der Suche danach sein«, sagt
Gruber.

Einfache Pornografie, softe, stellt der Wissenschaftler Hill fest,
wirkt auf die Gruppe der Gefährdeten möglicherweise weniger erregend als auf andere.

Es geht um Kränkung, sagt Gruber. »Dieses Gefühl, ein Loser zu
sein, nicht dazuzugehören.« Nicht einmal in der eigenen Familie
einen Platz zu haben. »Das ist ein Phänomen«, sagt er, »das uns
noch lange beschäftigen wird.« Ihm fällt der S-Bahn-Mord in
München ein. Die brutale Tat belegt für ihn, was er schon länger
denkt. Da gibt es Jugendliche, die sich längst verabschiedet haben,
»die vollkommen außerhalb stehen und die einen Scheiß darauf
geben, was diese Gesellschaft von ihnen will.« Wenn morgen ein
Militärputsch in Deutschland stattfände, sagt er. Die würden es
nicht merken. »Das wäre denen auch scheißegal.«

Der Soziologe Roland Eckert nähert sich dem Phänomen der Ju-
gendgewalt seit mehreren Jahrzehnten. Er wühlt sich immer wieder durch die Polizeistatistiken und die Daten von Raufschäden an
Schulen, die Versicherungen registrieren. »Wir haben heute eine
geringere Gewalt von Jugendlichen, als wir vor zehn oder 15 Jahren hatten«, sagt Eckert.

Das gilt für die breite Masse, den Durchschnitt. Er hat aber
Cliquen untersucht, deren Mitglieder häufiger zuschlagen. Der
Forscher bezeichnet sie als »gewaltaffin«. Da habe sich herausge-
stellt, »dass ein Zusammenhang besteht zwischen dem Abge-
hängtsein und der Gewaltaffinität der Jugendlichen.« Es gebe
Schulen, Nachbarschaften, in denen nur Teenager mit negativen
Erfahrungen aufeinanderträfen. Solche Gruppen könnten wie »Ag-
gressionsverstärker« wirken. »Wenn mehrere Leute aus schwierigen Lagen den Hass im Bauch mitbringen, stimulieren sie sich
wechselseitig hoch. Sie neutralisieren moralische Bedenken, sofern

es die in ihrem Umfeld überhaupt noch gibt«, warnt Eckert. Das
sei eine Gefahr. Denn ganze Viertel wie Berlin-Neukölln würden
abgehängt.

Sozialarbeiter, Richter und Pädagogen nehmen eine Brutalisierung wahr. »Das Treten gegen einen Menschen, der bereits am
Boden liegt, ist mittlerweile durchaus üblich«, sagt eine Berliner
Jugendrichterin der *Frankfurter Allgemeinen Sonntagszeitung* im Herbst
2009. In jeder Stadt gebe es Straßenzüge, in die sich die Polizei nur
noch mit großem Aufgebot traue, behauptet die FAS. Streifen-
beamte würden häufiger attackiert, bestätigt der Innenminister
von Baden-Württemberg. Besonders oft von betrunkenen Jugendlichen, 14 oder 16 Jahre alt.

Es ist ein Aspekt dessen, was der Hellersdorfer Bernd Siggelkow
mit »sozialem Gau« meint. Er sehe das genauso, sagt Gruber. Nur
schaue die Öffentlichkeit kaum hin. Das wäre für ihn überhaupt
einmal der erste Schritt. »Eine realistische Beschreibung.«

Handelt es sich um ein Unterschichtproblem? Viele

Die Stimme der
Benachteiligten
Sozialarbeiter und Lehrer sagen: Es geht vor allem um
die Ärmsten, in vielerlei Hinsicht. Es seien die sozial
Benachteiligten in den Randbezirken, den Plattenbau-
ten, die schon morgens die Pornos laufen hätten, deren Kinder saufen, kiffen, klauen, treten und zuschlagen. Nicht alle selbstverständlich, wahrscheinlich nicht einmal die meisten von ihnen.
Aber prozentual wohl mehr als in der saturierten Mittelschicht.

Es sind diese Kinder, die in Siggelkows Hellersdorfer Arche Gangbang spielen. Töchter, das erzählt er, die mit neun den ersten Sex
haben, ohne dass es die Mütter stört. »Wir mutmaßen, dass es ein
Unterschichtproblem ist«, sagt auch der Essener Sozialpädagoge
Thomas Rüth. Er berichtet von 13 Jahre alten Mädchen, die nachts
dieselbe SMS an mehrere Jungs schicken: Wer mit mir schlafen
will, kommt einfach vorbei. Er arbeitet in Essen-Katernberg, einem

sozialen Brennpunkt. Man stigmatisiere mit solchen Anschuldigungen eine komplette soziale Schicht, geben sich einige Politiker und Pädagogen empört. Und werden dafür selbst der Verharmlosung bezichtigt.

Einer, der für die Leute aus sozial schwachen Bezirken spricht, ist der Berliner Rapper Sido. Er hat sich ein »MV« auf die Hand tätowieren lassen, Märkisches Viertel. Dort ist er aufgewachsen, im Schatten eckiger Betonklötze. Er hat das Gebiet längst verlassen. Aber er trägt es weiter in sich, sagt er. Auf sich, auf der Hand. Paul Würdig, so heißt Sido, der »Arschfickmann«, mit bürgerlichem Namen, sitzt in der Ecke eines Cafés in Berlin-Mitte. Sein Bodyguard hat den schwarzen VW-Jeep vor der Tür geparkt.

Es ist ein Nachmittag im April 2008. Sido ist gerade aufgestanden und hat noch schnell einen Döner gegessen. Er trägt eine schwarze, eckige Sonnenbrille, einen weißen Kapuzensweater, und er sagt: »Ich bin der Sündenbock für die Verrohung der Jugend.« Sido argumentiert dann ähnlich wie Gruber, Siggelkow und andere Sozialarbeiter oder Pädagogen: Für die Leute im Märkischen Viertel interessiere sich niemand. Das spürten sie. Der Frust wächst. Paul Würdig hing auf der Straße ab, wartete, bis die U-Bahn-Türen fast schon zu waren, dann riss er jemandem das Handy aus der Hand und sprang raus auf den Bahnsteig. Er hat gekokst, gekifft, gesoffen, geklaut und sich nach der Schule in Fußballkäfigen geprügelt. Er hat vielen Frauen ins Gesicht gespritzt, »noch nicht genug«, sagt er. Er hat überlegt, Pornos zu drehen. Er hat viele angeschaut. Um Verhütung hat er sich nicht allzu sehr gekümmert. Um seinen Sohn anfangs auch nicht. Zu seiner Freundin, der Sängerin Doreen, sagt er: Lass ma' ficken. Manchmal antwortet sie: Nee, Liebe machen.

Sido ist ein bisschen so wie Ric, wie Raul, wie Holger. Er ist so geworden, ohne dass es Sido gab. Man kann es bei ihm nicht auf seine Musik schieben. Der Rap hat ihn da eher rausgeholt. Er wohnt in einem anderen Viertel, er kann sich Handys kaufen und muss sie nicht mehr klauen. Als er im Café das Interview gibt, bleiben Teenager draußen stehen und schauen erstaunt durch die Scheibe. Ist er das? Wirklich?

Sido sagt, dass er das Album *Ich und meine Maske* gemacht hat, um klarzustellen, dass er mit der Verrohung nichts zu tun hat. »Ob ein Kind auf die schiefe Bahn gerät, daran sind Eltern oder Lehrer mehr schuld als ich.« Er hat einen Song aufgenommen, der »Augen auf« heißt und davon handelt, dass Väter und Mütter besser auf ihre Kinder aufpassen sollen, damit diese nicht zu früh mit Alkohol und Drogen anfangen. Der Text klingt, als hätte er ihn aus dem Buch von Bernd Siggelkow abgeschrieben.

Sie ging mit 13 auf Partys ab 18,
schminken wie 'ne Nutte und dann rein in das Nachtleben.
Ecstasy, Kokain, ficken auf'm Weiberklo,
Flatrate-Saufen, 56 Tequila-Shots einfach so.
Wie viel mehr kann dieses Mädchen vertragen?
Und ich sag: Kinder, kommt, wir müssen den Eltern was sagen,
und das geht:

Hey ... Mama, mach die Augen auf,
treib mir meine Flausen aus,
ich will so gern erwachsen werden
und nicht schon mit 18 sterben.

Sido spielt den Erzieher. Er wollte tatsächlich einer werden. Er hat die Ausbildung abgebrochen. Den Song habe er geschrieben, um seine Hände in Unschuld zu waschen, sagt er. Vielleicht verkauft er so mehr CDs, darüber hat er schon auch nachgedacht. »Jetzt kann wirklich keiner mehr was sagen«, sagt Sido.

Dieser Sido, sagt Thomas Gruber in dem farblosen Viersener Klinikklotz, der ein wenig an die Gebäude im Märkischen Viertel erinnert, den finde er ja besonders toll. Er meint das sarkastisch. Er kann ihn überhaupt nicht leiden. Vor allem, weil sich Sido hinstelle und sage: Er sei so doof, er habe die Schule kaum geschafft, aus ihm sei trotzdem was geworden. »Das ist für die Identifikation natürlich toll«, sagt Gruber. Damit meint er: überhaupt nicht toll. In den Zimmern des Gerhard-Bosch-Hauses hängen zwischen den Fußballwimpeln Bravo-Poster von Sido, Bushido oder Fler. Anfangs haben die Mitarbeiter versucht, die Musik draußen zu halten. Aber mit den Speichersticks und MP3-Playern, die immer kleiner werden, sei das kaum noch möglich, sagt Gruber. Jetzt reden sie darüber.

Was ist der Nutzen? Es ist dasselbe Muster wie bei den Gewaltpornos. Andere niedermachen, sich selbst aufwerten. Das ist der Grundgedanke des Battle-Rap. Die verbale Aggression soll aber deeskalierend wirken. So war das einmal gedacht. Mit einer Punchline macht man einen Rap-Gegner wortgewitzt nieder. Ein Punch ist ein Schlag. Die Punchline soll echte Schläge verhindern.

Im Sommer 2007 steht Bushido am Brandenburger Tor vor einer riesigen Masse kreischender Teenies. Die Bravo hat zu einem Anti-Gewalt-Konzert eingeladen. Die Zeitungen schrieben vorher, dass Bushido der denkbar schlechteste Botschafter dafür sei. Im Publikum, an der Absperrung, schauen auch Mädchen zu ihm auf, die brüllen, dass sie ihn gern »knallen« würden. Er inszeniert sich wie Sido als Posterboy für rebellierende Teenager. Beide singen, dass sie diejenigen sind, vor denen Eltern warnen. Bushido macht klar, dass er jeden wegräumt, der sich ihm in den Weg stellt.

In Jogginghosen sitzt er im Herbst 2008 auf einem Sofa im Foyer des Fernsehsenders MTV. Sein Assistent hat ihm einen Schokoriegel und eine Cola gebracht. Anis Ferchichi ist charmant wie immer, eloquent, konzentriert. Seine Autobiografie ist erschienen. Er erzählt darin von all den Frauen, die er nur zu nehmen braucht, von Gangbangs im Tourbus, von einer, mit der alle seine Kumpels schliefen, »so, dass ihr Hinterkopf im Rhythmus gegen die Wand schlug: klock, klock, klock«. Er lässt sich von einem Co-Autor als Comic-Held zeichnen, übermächtig, der sich alles erlauben kann. »He, he.«

In seinen Songtexten stellt er sich genau so dar. Jugendliche, gerade die ausgegrenzten, kann so eine Machtpose anziehen. »Das gibt einem selber das Gefühl von Stärke: Geil, toll!«, diagnostiziert Gruber. Es passt zusammen: Sido und Bushido inszenieren sich als Outlaws, die gegen den Rest der Welt antreten. Nur sind sie die Sieger – im Gegensatz zu den Jungs im Gerhard-Bosch-Haus. Gewalt ist ein Teil von Bushidos Lebens. Er leugnet das nicht. Auch nicht im MTV-Foyer, ganz im Gegenteil:

Sie zeigen nicht nur Muskeln, Sie schlagen auch zu.

Damals in Linz, als ich mit diesen Typen Ärger hatte, weil sie mein Auto kaputt gemacht haben, habe ich nicht darüber nachgedacht.

Einer erlitt einen Schädelbruch. Er hätte sterben können.

Wie gesagt, wenn man nicht nachdenkt, passieren schlimme Dinge. Das stimmt. Dann hätte ich wahrscheinlich für mindestens acht Jahre in Österreich im Gefängnis gesessen. So musste ich nur einige Wochen in U-Haft und anschließend 20000 Euro Bußgeld zahlen.

Sie beschreiben in der Biografie, wie Ihr Vater Ihre Mutter mit einem Telefonhörer verprügelt. Sie sagen, Sie haben ihn dafür gehasst. Aber auch Sie selbst schlagen Frauen immer wieder, in einem Berliner Club etwa.

So, wie Sie das sagen, stimmt das nicht. Eine hat tatsächlich mal Schellen bekommen, keine Schläge, weil sie meine Mutter beleidigt hatte. Aber nicht so, wie sie ein Mann gekriegt hätte. Ich sage ganz ehrlich: Wenn da ein Mädchen steht und mich Hurensohn nennt, dann gebe ich der eine mit.

Wenn ich Sie jetzt beleidigen würde, würden Sie mich dann verprügeln?

Nein.

Und wenn es kein Interview im MTV-Gebäude wäre?

Würden Sie mich als Hurensohn bezeichnen, dann ja. Arschloch, Wichser, Penner: Bei solchen Lappalien würde ich nie ausrasten. Neulich war ich an der Tankstelle, ein Typ hat mich erkannt und meiner Freundin den Mittelfinger gezeigt. Ich bin zu ihm hingegangen. Mitten auf der Tankstelle, überall sind Kameras. Ich stehe also vor dem Typen. Wenn ich ihn nicht schlage, verliere ich vor meiner Freundin meine Männlichkeit. Das muss keiner verstehen, aber für mich persönlich ist das so. Ich kann ihn aber nicht schlagen – wegen der Videoüberwachung. Ich sage ihm also:»Wüsste ich jetzt nicht, dass a) du mich anzeigst und b) die Kameras laufen, würde ich dich hier an Ort und Stelle begraben. Ich kann aber nicht, Alter. Also hast du Glück gehabt – du Hurensohn.« Ich versuche, ihn so zu beleidigen, dass er mich schlägt, damit das dokumentiert ist – und dann kann ich ihn auch verprügeln.

Sie drohen auch gern mit »Brüdern«, mit Ihren Kumpels. Zeigen Sie damit nicht Schwäche – weil Sie allein nicht stark genug sind?

Das ist wie in einem Staat. Da gibt es auch eine Gewaltenteilung. Die Bullen machen als Exekutive die Drecksarbeit, andere machen die Gesetze. Natürlich habe ich Kumpels, die mir sagen: »Du fasst niemanden an, wir machen das.«

Dass Sie vom Abitur-Abbrecher und Kleindealer zum Rap-Millionär geworden sind, hängt entscheidend damit zusammen, dass Sie sich mit einem der mächtigsten arabischen Familienclans in Berlin zusammengetan haben. Die haben Ihnen geholfen, nun sind Sie ihnen verpflichtet. Sie wehren sich allerdings gegen die Bezeichnung Schutzgeld. Wie würden Sie es nennen?

Gute Frage. Ich würde auch sagen, dass ein großer Teil der Steuer, die ich zahle, Schutzgeld ist. Legales Schutzgeld. Der Staat kommt und sagt: Du musst das hier bezahlen. Ich habe noch nicht einmal einen Deal mit dem Staat. Für die Nutzung der Straßen verlangt er aber Geld. Ich finde, dass das wesentlich schutzgeldmäßiger ist als die Geschäfte, die ich mit Leuten mache, die ...

... Ihre Exekutive sind, die Polizei in Ihrem Staat.

Die teilweise auch Exekutive sind. Die aber als Schutzgelderpresser dargestellt werden. Das ist Schwachsinn. Es ist aber tatsächlich so, dass ich viele meiner Geschäfte mit einem Herrn mache, der mir einmal sehr geholfen hat. Wir betreiben beispielsweise eine Immobilienfirma.

Die Hilfe bestand auch darin, dass Ihre »Brüder« manche Ihrer Rap-Konkurrenten regelrecht aus der Hauptstadt vertrieben haben. Einer etwa ist nach Heidelberg geflohen. Außerdem sorgen Sie dafür, dass Sie von anderen Rappern nicht gedisst werden, dass diese also keine Tracks produzieren, in denen Bushido beleidigt wird.

Jetzt spitzen Sie die Sache zu. Mich haben viele Rapper gedisst, bei Youtube beispielsweise. Es sollte aber eine gewisse Grenze nicht überschreiten. Ohne dass ich etwas getan hatte, fing etwa ein Künstler eines bestimmten Labels an, zu rappen, er würde mein Tattoo herausschneiden.

Wenn der Diss Grenzen überschreitet, ist Gewalt legitim, um dem ein Ende zu machen?

Genau.

Das entspricht nicht unbedingt dem Ursprungsgedanken des Rap: ein musikalischer Battle anstelle einer Schlägerei.

Ich könnte es auch wie Jesus machen und die andere Wange hinhalten. Sicher: Das ist ein Manko, dass ich es nicht tue. Eines, das zu mir gehört.

Er schämt sich nicht dafür, er ist eher stolz. Das Muster, das hier aufscheint, durchzieht auch die Biografien der Viersener Täter: auf Kränkungen mit Gewalt reagieren. Bushido ist für sie auch aus einem anderen Grund eine gute Identifikationsfigur. Genau wie Sido ist er die meiste Zeit ohne eigenen Vater aufgewachsen. »Das ist bei uns auch so«, sagt Gruber, »viele **Wenn ein Vater fehlt** haben keinen Vater. Bei 80 Prozent gibt es die nicht, sie sind verschwunden. Die haben also ein großes Bedürfnis, sich mit Männern auseinanderzusetzen. Oft suchen sie sich mich dann als Papa aus, gucken sich bei mir Sachen ab. Die rennen mir hinterher wie die Konrad-Lorenz-Graugänse. So wie Sie, sagen die manchmal, hätte ich mir immer einen Vater gewünscht.« Er dürfe ihnen nicht vorgaukeln, dass da mehr ist als eine professionelle Beziehung, sagt Gruber. »Ich bin nicht dein Vater«, antwortet er ihnen. »Du hast deinen eigenen.«

Manche würden ihr Leben lang nach einem suchen. »Vater ist so etwas wie Orientierung, Geborgenheit, Schutz. Jemand, der stark zu einem steht, einen aufbaut. Dafür sind sie bereit, viel zu verzeihen. Manche rennen ihren abwesenden Vätern so sehr hinterher, dass sie ganz vergessen, dass das Leben auch andere Fragen stellt.« Wie läuft es in der Schule, welchen Beruf möchte ich lernen?

All diese Faktoren spielen wahrscheinlich eine noch größere Rolle für die sexuelle Identität als *Youporn* oder *Pornhub*, als Sido, Bushido, Orgi oder Frauenarzt. Sie werden auch dann ausschlaggebend, wenn es um eine Gefahr geht, die der Pornografiekonsum birgt: Sucht. Gabriele Farke hat eine Beratungsstelle für Onlinesucht gegründet. Sie kämpft seit Jahren dafür, dass die Abhängigkeit als Krankheit anerkannt wird, auch von der Weltgesundheitsorganisation. Seit zwölf Jahren berät sie Onlinesüchtige. Anfangs hätten sich die Leute vorwiegend gemeldet, weil sie mit dem Chatten nicht mehr aufhören konnten. »Ganz schnell kam dann auch die Online-Sexsucht«, erinnert sie sich. Sie führt keine Statistik, aber sie schätzt grob, dass 90 Prozent der Internetabhängigen sexsüchtig sind. »Das will man nicht wahrhaben in der Gesellschaft, aber es ist so.« Von Anfang an hätten sich viele Studenten an sie gewandt.

Kolles Angst vor der Masturbationsgesellschaft
Der große alte Sexualaufklärer Oswalt Kolle warnt vor einer »Masturbationsgesellschaft«. Es ist mehr als 40 Jahre her, dass Kolle mit seinem *Wunder der Liebe* Deutschlands Schlafzimmer zu beleuchten und zu belüften begann. »Schauen wir zunächst auf die Geschlechtsorgane«, forderte er in einem seiner Aufklärungsfilme. Dafür, dass er nackte Menschen und erigierte Penisse zeigte, wurde er heftig angefeindet. Die Freiheit des Internets beunruhigt ihn heute, der »immer stärkere Tobak«, den Jugendliche dort fänden. »Den Einzelnen kann das zerstören«, fürchtet er.

Wie sich das gesellschaftliche Verhältnis zur Masturbation wandelte, hat der Kulturwissenschaftler Thomas Laqueur untersucht. In der Epoche der Aufklärung sei die Onanie zum gesellschaftlichen Übel erklärt worden, nachdem Griechen wie Römer sie selbstverständlich praktizierten. »Für Kant war Selbstbefriedigung schlimmer als Suizid«, sagte Laqueur in einem Interview mit der Wochenzeitung *Die Zeit*. Erst der Psychoanalytiker Sigmund Freud habe den »Autoerotismus« als »natürliche Reifestufe der Sexualität vom Kind zum Erwachsenen« definiert.

In den Fünfziger- und Sechzigerjahren wurden viele Jugendliche dennoch ermahnt, sich bloß nicht da unten anzufassen. In den Siebzigern und womöglich auch noch in den Achtzigern habe Masturbation dann als »Substitutionstechnik« gegolten, bemerkt der Sexualforscher Gunter Schmidt. Wer masturbierte, hatte entweder keine Frau, keine Freundin oder schlechten Sex, so sei das wahrgenommen worden. Mittlerweile, stellt er fest, ist daraus eine

eigenständige sexuelle Praktik geworden. »Da ist etwas anderes
möglich, da kann man seinen eigenen Fantasien nachgehen.« Es
ist – in den Worten des Filmregisseurs Woody Allen – »Sex mit jemandem, den man wirklich liebt«. Der Autor Rainer Neutzling,
der sich mit Jungs und ihrer sexuellen Initiation befasst, glaubt,
dass sich Masturbationsfantasien seit Jahrzehnten kaum geändert
hätten: »Sie folgen häufig dem gleichen schlichten Storyboard, wie
es den meisten Pornografien zugrunde liegt.« Pubertierende Jungen würden darin oft von erwachsenen Frauen verführt.

Die Leute vom Medienprojekt Wuppertal haben auch zur Masturbation einen Film gedreht. Junge Männer erzählen, wie sie
Pornohefte organisierten und ihre Papierkörbe voller benutzter
Taschentücher aus dem Zimmer brachten. Ein wenig peinlich sei
das in solchen Augenblicken gewesen. Die Masturbation an sich:
ganz natürlich. So wirkt das in dem Film, auch wenn sie beim Diskutieren ab und an etwas rot werden. Der 16 Jahre alte Ric redet
davon, wie er sich einen runterholt. »kleenafeigling« erwähnt das
im Jappy-Chat ungefragt. Sido berichtet im Interview nebenbei, er
merke, dass er entspannt sei, wenn er abends beim Masturbieren
schnell komme. »Heute ist die Onanie dank des Internets wohl
verbreiteter als je zuvor«, sagt Thomas Laqueur.

Der Siegeszug der Masturbation symbolisiert für den Wissenschaftler auch den Weg zu einem moralisch autonomen und moder-
nen Menschen. Für die Leute, die sich bei Gabriele Farke melden, ist
die Freiheit zu einer Belastung geworden. Sie onanieren oft exzessiv,
mehrere Male am Tag. »Es geht ihnen schlecht damit«, sagt Farke.

Kornelius Roth ist Psychiater und Psychotherapeut. Er arbeitet
mit Sexsüchtigen und hat das deutschsprachige Standardwerk zum
Thema verfasst: *Sexsucht – Krankheit und Trauma im Verborgenen*. Mit der
Theorie des Soziologen Zygmunt Baumann geht er davon aus, dass
die moderne Gesellschaft dadurch zusammengehalten werde, dass

man Bedürfnisse bei den Menschen wecke, sie mit Werbung ver-
führe. Der Mensch werde zum »Erregungssucher«. Das Überangebot, auch das sexuelle, durchforstet er nach Reizen, die ihn stimulieren. Die Gier nach intensiveren Erlebnissen wachse. Während
Peter Mitte der Siebziger in Erlangen im Fernsehen überhaupt erst
einmal etwas Erregendes finden musste, wird dem Lüneburger
Gymnasiasten Carl möglicherweise irgendwann nicht mehr genügen, was er auf *Youporn* sieht. Es könnte allerdings genauso gut passieren, dass er sich abwendet, weil ihm dieser Sex zu viel ist. So, wie
er es jetzt bei Gangbang-Szenen tut. Stabile Persönlichkeiten, sagt
nun Roth, mit einem gesunden Selbstwertgefühl, einem dichten
Netz von Freundschaften und Beziehungen, Menschen, die in ihrer
Kindheit angemessen gefördert wurden, könnten den Versuchun-
gen der »postmodernen Suchtgesellschaft« widerstehen. Die jedoch, denen diese Eigenschaften fehlen, zählten zur Risikogruppe.
»Für sie sind der Zuwachs an virtualisierenden Medien, das sexuelle
Überangebot mit seiner hohen Verführungskraft und die gleichzeitig wachsende Vereinzelung der Menschen gefährlich«, schließt er.

Diese Leute kommen zu Jannis Wlachojiannis.

Cybersex als Sucht Er hat einen Schal um den Hals, eine Hornbrille
auf der Nase und einen asymmetrischen Pony
über der Stirn. Er ist 27 Jahre alt, Sozialpädagoge. Am Anfang gibt
er den Leuten fest die Hand und sagt seinen Vornamen. Es läuft
alles anonym und mit Schweigepflicht. Ein sehr, sehr großes
Tabuthema, sagt Wlachojiannis. Auf der Homepage, auf den Fly-
ern ihrer Caritas-Beratungsstelle in Berlin fehlen die Worte
»Porno« und »Sex«. Da ist von Computerspielabhängigkeit, von In-
ternetsucht die Rede. Trotzdem kommen die Leute.

Man kann sich aus dem, was Wlachojiannis erzählt, aus den An-
ekdoten und Episoden, einen typischen Besucher konstruieren.
Man kann sich vorstellen, was ihn belastet, wie es ihn belastet:

Der junge Mann hatte sich das alles genau vorgestellt, er hatte es alles schon so oft gesehen. Jetzt schrieb er es auf, zwängte seine Fantasien in das kleine Chat-Fenster. Und die Frau am anderen Computer schien den Frauen ähnlich, die sonst auf seinem Bildschirm erschienen. Die selten lange etwas anhatten. Diese Frau schrieb so, wie die anderen stöhnten. Sie war ihm seltsam vertraut. Also traf er sie, um das zu tun, wobei er bisher nur zugesehen hatte. Aber es ging nicht. Alles war plötzlich zu anders. Sie war nicht wie diese Frauen. Er war nicht wie diese Männer. So ein Moment kann es gewesen sein, der ihn dann in die Altbauwohnung mit dem Caritas-Schild an der Tür in Berlin-Kreuzberg gebracht hat. Vielleicht hatte er auch wieder so lange vorm Rechner onaniert, bis es eigentlich nicht mehr ging, bis er wund war und alles nur noch schmerzte, aber er konnte nicht aufhören, nicht von selbst.

Oder es war in einem Augenblick, als er endlich glaubte, das perfekte Bild gefunden zu haben, nachdem er aus dem Netz Tausende auf seiner Festplatte zusammengehortet hatte und dann merkte, dass es auch dieses Foto nicht war, dieser Clip. Wirklich löschen? Ja. Alles. Mag sein, er ist rausgegangen in die Stadt, wo die Brüste ihm von den Plakatwänden entgegenwuchsen und sein Blick sich an die Frauen heftete, er konnte ihn da nicht wegreißen. Er kriegte die Bilder im Kopf nicht gelöscht. Error. Es fühlte sich an wie ein ganz schwerer Systemfehler.

Vielleicht war es so, vielleicht ein bisschen anders. Die Leute leiden, wenn sie zu Wlachojiannis kommen. Sie leiden so sehr, dass sie sich auf den Weg machen und ihm diese Geschichten erzählen. Es koste sie eine ungeheure Überwindung, sagt Wlachojiannis. Es falle ihnen unglaublich schwer, über all das zu reden, obwohl der Sex, die Brüste, die Hintern, so allgegenwärtig sind. Pornosucht. Internetsexsucht, sagt Wlachojiannis. Sexsucht, die im Internet ausgelebt wird. »Die wenigsten, die wir beraten, haben wirklichen Sex«, stellt Wlachojiannis fest. Sie sehen alles und erleben wenig. »Viele ekeln sich vor sich selber«, sagt er, »weil sie das Verlangen einfach nicht unterdrücken können.«

Kornelius Roth schätzt die Zahl der deutschen Sexsüchtigen auf 500 000. Eine vorsichtige Schätzung, sagt er. 0,6 Prozent der Bevölkerung mache das aus. Nicht alle onanieren zwanghaft vor dem Bildschirm. Einige fahren auf Parkplätze, wo sie Sex mit Fremden haben, oder sie gehen in die Darkrooms von Discos. Enge Bindungen haben sie alle kaum. Sie meiden Nähe.

In Deutschland scheinen die Beratungsstellen und Therapieangebote langsam mit dem Bedarf zu wachsen. Es sei alles noch sehr inselartig, sagt Günter Mazur, der in Nordfriesland eine Fachklinik betreibt – dort ist vor allem von Glücksspielsucht die Rede. Auch dort zählen Pornosüchtige zu den Klienten. Er hat in den vergangenen vier Jahren mehr als 70 beraten. Mazur unterscheidet zwei Gruppen: die Jungen, von knapp unter bis Mitte 20 – und die Älteren, ab 30. Die Älteren entfernen sich von ihren Frauen. Sex findet oft nur noch vorm Computerbildschirm statt, onanieren sei nicht lustvoll, sondern zwanghaft, »als würde brutal gehobelt«. Süchtige aus Selbsthilfegruppen berichten davon, wie Pornos ihre Beziehungen zerstört hätten, weil die Bilder aus den Clips so präsent gewesen seien, dass sie den Sex mit ihren Frauen oder Freundinnen nicht mehr genießen konnten. Weil sie sich Körper viel perfekter wünschten, als die meisten sind, wenn man sie nicht operiert.

Nicht selten sind es Studenten   Die Jüngeren haben häufig noch keine Beziehung gehabt, sagt Mazur. Viele seien ängstlich, gehemmt, schüchtern. Die Flucht in den Online-Rotlichtbezirk sieht der Pädagoge als einen »Prozess, der die Kontaktaufnahme weiter erschwert«. Sex wird für sie immer virtueller.

»Es fängt oft in der Teenagerzeit an«, hört die Onlinesucht-Exper-
tin Farke von ihren Klienten. »Sehr oft.«

Zu dem Zeitpunkt dürften sich die wenigsten solche Gedanken
machen wie André, der 16 Jahre alt ist und auf der Aufklärungs-
plattform loveline.de besorgt fragt: »Ich habe ein großes Problem.
Ich befriedige mich mehrmals am Tag selber und kann gar nicht
mehr damit aufhören. Bin ich sexsüchtig?«

Ein Mitarbeiter der Bundeszentrale für gesundheitliche Aufklärung, die die Seite betreibt, antwortet: »Dass du dich mehrmals
am Tag selbst befriedigst, ist überhaupt kein Grund zur Aufregung und nichts Ungewöhnliches. Ganz im Gegenteil. Du bist
deswegen nicht sexsüchtig. Die Häufigkeit nimmt ohnehin bei
fast allen Menschen im Laufe der Jahre wieder etwas ab. Und schaden kannst du dir auch nicht damit.«

Wenn die Häufigkeit nicht ab-, sondern zunimmt, so lange, bis
das tatsächlich als Schaden empfunden wird, landen die jungen
Männer bei Jannis Wlachojiannis in der Caritas-Stelle. Nicht selten seien die Abhängigen Studenten. Sie hätten die besten Vor-
aussetzungen, sagt er: Zeit, Geld, Zugänge. In einem kleinen Zimmer mit Blechkommode, Ikea-Tischchen und Sesseln fragt
Wlachojiannis sie, was sie sich wünschen. Sie sprechen zusammen
über Filterprogramme, die einschlägige Seiten sperren, über Frei-
zeitalternativen. Gemeinsam gehen sie Beachvolleyball spielen,
sie besuchen Basketballspiele oder backen in der Adventszeit. Anfangs saßen die Internetsexleute mit den Gamern ein Mal die Woche in einer Gesprächsrunde. Es sei ihnen schwergefallen, sich zu
öffnen, sagt Wlachojiannis. Sie haben eine eigene Selbsthilfe-
gruppe gegründet, in der sich eine Handvoll Betroffener aus-
tauscht.

Günter Mazur glaubt, die Jüngeren bräuchten manchmal
schlicht Sozialtraining: »Was sage ich nach ›Guten Tag‹?«. Ihre Ge-

hemmtheit habe manche erst ins Netz getrieben und diese Spirale
in Gang gesetzt, die Sucht, die Suche nach besseren, härteren Bildern. Bei den Älteren, sagt Mazur, endet es oft mit Kinderpornografie. Gelegentlich mit Strafanzeigen. Und zwar nicht, weil es
Pädophile seien, sondern weil »das im Netz das Ultimative ist«. In
Sitzungen will er mit den Klienten zu den Ursachen vordringen.
Die liegen häufig lange zurück.

Kornelius Roth nennt folgende Faktoren: die Lebenssituation
in der Kindheit, das Verhältnis zu den primären Bezugspersonen
und der Umgang mit »Sexualität und Sensualität« in der Familie.
Wenn es um die Bedeutung von Körperlichkeit geht, kann beides
schaden: zu viel Offenheit und radikale Tabuisierung. Eine Mutter, die ihr Kind nie in den Arm nimmt, kann dessen Entwicklung genauso negativ prägen wie eine, die das zwar tut, aber
regelmäßig mit ihren wechselnden Freunden bei offener Schlaf-
zimmertür Sex hat – oder auf der Wohnzimmercouch. Was die
Beziehung zu den Eltern anbelangt, gilt, vereinfacht gesagt, besonders eine Konstellation für Jungs als problematisch: schwa-
cher Vater, starke Mutter. Wenn die Mutter permanent so tut, als
wäre der Vater ein unfähiger Volltrottel, wird eine positive Identifikation mit ihm verhindert. Die Bindung zu ihr überschattet
alles andere. Der Junge werde innerlich in der männlichen Welt
kaum heimisch, schreibt Roth. Das kann auch passieren, wenn
der Vater ganz abwesend ist.

Sexsüchtige, sagt Roth, haben oft seelische oder körperliche
Traumata erlebt: »Emotionaler Missbrauch wie Beschimpfungen,
Lächerlichmachen, Erniedrigungen und Schuldzuweisungen sowie Gewaltanwendungen wie Schläge und Misshandlungen haben
immer negative und manchmal traumatische Auswirkungen.«
Traumata seien keine Seltenheit und könnten überwunden werden – unter stabilen Bedingungen.

Für Teenager in einem instabileren Umfeld, **Beim Gucken steigt der** die sexuell verunsichert heranwachsen, be- **Adrenalinpegel** kommt Pornografie unter Umständen einen ganz anderen Stellenwert. Sie kann helfen, ein Gefühl von Verlorenheit zeitweise zu unterdrücken. Der Adrenalinspiegel steigt beim Betrachten von *Youporn*-Clips, der Körper schüttet eigene Opiate aus und Botenstoffe wie Dopamin. Das Nervensystem sorgt beim Konsum für eine angenehme Stimmung. Womöglich klingt die bei Süchtigen schneller ab, sodass sie die Reize häufiger suchen, mehr wollen. Ein Kind, das einmal festgestellt hat, dass Pornofilme solche guten Gefühle auslösen, möchte sie wieder haben. Es guckt sich in eine Art Trance. Die Angst, die die Bilder anfangs neben der Erregung provozieren, wandelt sich in Wohlbefinden. Schlimme Erinnerungen der Vergangenheit blendet das Kind oder der Jugendliche so aus.

Dann beginnt eine Phase, die Roth »Selbststimulation« nennt. Jemand entdeckt »zunehmend andere Quellen, die das gleiche Gefühl in ihm erzeugen können«. Fantasien, Blicke, Erinnerungen, Sex. Der Süchtige, schreibt der Psychiater, lerne, die Stimmungen selbst auszulösen. Er versetzt sich damit in einen Rausch, lässt seinen Körper gezielt Stoffe ausschütten, die diesen Zustand fördern. »Pornografie«, befindet Roth, »kann eine starke, abhängig machende Droge sein und zur ›Einstiegsdroge‹ in die Sexsucht werden.«

In einer bestimmten Situation, unter speziellen Bedingungen. *Youporn* allein macht noch keine Masturbationsgesellschaft. Die Pornoplattformen sind nur Teil eines Phänomens, das viel weitere Teile der Medien und der Gesellschaft erfasst. Porno ist Pop.

Kapitel 5

Porno ist Pop:
Eine Gesellschaft zieht sich aus

Ende September 2009 steht die Band Rammstein zum ersten Mal in ihrer Geschichte an der Spitze der deutschen Single-Charts. Die Rocker gelten als Vertreter der »Neuen Deutschen Härte«. Sie sind für ihre Provokationen bekannt. Zu Beginn ihrer Karriere, Anfang der Neunzigerjahre, haben sie von Sex, Blut und Gewalt gesungen: »Sex ist eine Schlacht, Liebe ist Krieg.« Die Band hat sich in ihren Songs mit Sadomasochismus beschäftigt, sie hat Sex mit Toten thematisiert und in »Mein Teil« klar auf den »Kannibalen von Rotenburg« angespielt, der den Penis eines anderen Mannes abgeschnitten hatte. Sie hatten viel versucht, sind international berühmt geworden, aber für den ersten Platz der Single-Charts hatte es bis dahin nie gereicht. Der Durchbruch gelang ihnen dann mit einem Porno.

Der Song, der Rammstein nach ganz oben brachte, heißt »Pussy«. Er zeigt die Bandmitglieder an ihren Instrumenten – und beim Sex. Frauen ziehen sich vor ihnen aus, entblößen ihre Brüste, fahren sich mit der Hand durch den Schritt, lecken einen Musiker in SM-Ledermontur an den Brustwarzen und peitschen ihn. »Schönes Fräulein, Lust auf mehr? Blitzkrieg mit dem Fleischgewehr«, grölt Till Lindemann. Das Video durfte nicht im

Fernsehen laufen und wurde zuerst auf einem Erotikportal vorgestellt. Der Tabubruch funktionierte. *Bild* und etliche andere Medien berichteten über »Rammelstein«. Online-Portale zeigten Ausschnitte aus dem Video, manchmal nicht ohne die Sache in einem feuilletonistischen Text anzuprangern. Schließlich indizierte die Bundesprüfstelle das Album. Rammstein überschritt die letzte Grenze, die eine pornografisierte Popkultur der Band noch gelassen hatte. Im Video werden erigierte Penisse und spritzendes Sperma gezeigt.

Auf den zweiten Platz der Charts schaffte es in dieser Septemberwoche ein Stück namens »Sexy Bitch« von David Guetta. In dem unzensierten Clip dazu tanzen Frauen in Bikinis, wackeln mit dem nackten Po und lutschen an Früchten, als hätten sie damit Oralverkehr. Eine reitet auf einer aufgeblasenen Plastikskulptur. Die Kamera gleitet über Brüste, Hintern, filmt unter Röcke, zwischen Beine. In einer Szene fährt eine Hand mit einem Stück Eis über eine Vagina. Nur ein dünner Streifen Stoff verhüllt sie. Zu »Sexy Bitch« findet sich auf bild.de im Gegensatz zu dem »Rammelstein«-Video kein einziger Beitrag. So sieht ein gewöhnliches Musikvideo im Jahr 2009 aus.

VHS, ISDN und DSL haben die Distanz zwischen den Pornos und den Menschen, die sie nutzen, immer kleiner werden lassen. Deswegen entdeckt Carl heute im Internet ganz andere Seiten als Peter dreißig Jahre zuvor in der *Praline*. Zunächst war das eine rein technische Entwicklung. Gleichzeitig hat sich aber auch die Distanz der Gesellschaft zur Pornografie verringert. Sie verbreitete sich nicht nur in die Wohnzimmer und Teenagerzimmer, sondern durchdrang auch die Öffentlichkeit. Schon 1975, im Jahr, als das deutsche Pornoverbot fällt, registriert der *Spiegel* Veränderungen im Ausland: »Der Geschmack an harten Pornos, bislang ein heimliches Vergnügen, gilt in Paris und New York als ›chic‹«. Wer in der amerikanischen Metropole zu Beginn der Siebzigerjahre seine liberale Haltung öffentlich demonstrieren wollte, der stellte sich in die Schlange eines Pornokinos, um den Kassenschlager *Deep Throat* zu sehen.

Es sind die ersten Anzeichen eines Phänomens, das der britische Medienwissenschaftler Brian McNair später als »Porno Chic« bezeichnen wird. McNair hat präzise beschrieben, wie sich die Pornokultur in die Popkultur eingeschleust hat. Seine These: Porno fließt über Anspielungen, Zitate und ironische Verweise längst im Mainstream mit. Aber: »Die Mainstream-Kultur bleibt eine Zone, in der echte Pornografie weiterhin nicht geduldet wird.« Ein Kriterium von Pornografie sei schließlich ihre transgressive Macht, das Grenzüberschreitende darin. Sie spiele mit verborgenen Fantasien der Menschen. Sie wirft aus dem gesellschaftlichen Untergrund kleine Scheinwerferblitze hinunter in den persönlichen Untergrund jedes Einzelnen. So beleuchtet Pornografie, was sich einer sexuell wünscht, sich aber oft nicht zu sagen traut. Um diese Funktion zu erfüllen, muss ihr Kern in der Öffentlichkeit unsichtbar bleiben.

Wie eine Gesellschaft »echte Pornografie« allerdings definiert, könne variieren, nimmt McNair an. In Deutschland, das zeigt das Rammstein-Video, bedeutet »echte Pornografie« in erster Linie: Vaginen, Erektionen und Sperma. Das wird gemeinhin nicht als »chic« akzeptiert. Wer damit provoziert, bleibt dennoch mehrheitsfähig genug, um an der Spitze der Charts zu stehen. In »Pussy« sind die Kamerablicke auf die Genitalien kurz, blitzartig. Das entspricht der Ästhetik von Musikclips. So hat es gleichzeitig etwas Verschämtes. Auch das Rammstein-Album *Liebe ist für alle da,* auf dem sich »Pussy« findet, erreichte den ersten Platz der Charts. Dann setzte es die Bundesprüfstelle für jugendgefährdende Medien auf den Index. Es war wahrscheinlich das erste Mal, dass ein Nummer-eins-Album indiziert worden ist. Zumindest in den vergangenen 20 Jahren sei das nicht passiert, sagt die Leiterin der Prüfstelle.

Grenzen haben sich verschoben, die Akzeptanz dem Porno-Pop gegenüber wächst seit Jahrzehnten. Die Entwicklung setzt laut McNair Anfang der Neunzigerjahre ein. Die ersten, aggressiven PorNo-Proteste von Feministinnen liegen da bereits einige Jahre zurück. Im Hollywood-Kino, der mächtigsten Imagemaschinerie, wird die Pornoindustrie nicht mehr als finsterer Sumpf dargestellt, der Menschen ins Verderben reißt, wie das in den Achtzigern noch geschah. Als eine der wichtigsten Wegbereiterinnen für den »Porno Chic« erscheint McNair Madonna, die sich in ihren ersten Hits als Stripperin oder Bisexuelle im Sadomaso-Look inszenierte. Besonders in ihrem Werk zwischen 1990 und 1992 sei sie nicht davor zurückgeschreckt, Pornografie als selbstverständlich darzustellen, als Teil eines »gesunden, nachahmenswerten Lebensstils«, bemerkt McNair. Ihr Album *Erotica* und der Bildband *Sex*, in dem sie Fetisch-Fesselspiele wagte, hätten kommerziell jedoch einen Rückschlag für sie bedeutet. Sie habe sich damit zu stark in Richtung der Pornosphäre bewegt und die Beklemmungen und Hemmungen des Publikums berührt, die es der echten Pornografie gegenüber hegt. Die Pornografisierung befand sich noch in einem frühen Stadium. Madonna verlor ein wenig Geld, bilanziert McNair, gewann aber ihren Status als Ikone. Das Unbehagen hat sich in den folgenden Jahren weiter verringert.

Es ist nur folgerichtig, dass die aktuellste Grenzüberschreitung in einem Musikvideo stattfindet. Die Clips trieben den »Porno Chic« mit schnellen Schnitten voran. Popstars wie Christina Aguilera, Kylie Minogue und Shakira haben von Madonna gelernt und inszenieren Sex auf der Bühne, im Musikfernsehen und auf

Youtube. Wenige Videos von Rappern und R&B-Künstlern verzichten auf Brüste, Pos, sexy Gesten und Penissymbole. Britney Spears zählt ebenfalls zur Riege der Madonna-Erbinnen. Das fand 2004 nicht nur das britische Boulevardblatt *Sun:* »A star is porn«.

In Kunst, Fotografie, Mode und Werbung: Porno ist schon okay

Im pinken BH und in pinkem Höschen tanzte sie bei den Konzerten ihrer Tour zunächst an einer Strip-Stange, später auf einem männlichen Stripper herum, der seinen Kopf zwischen ihre Beine steckte. MTV verbannte den »Toxic«-Clip in die Zeit nach 22 Uhr. Die *Sun* sprach von einer »schlüpfrigen Show« und von einem »Soft-Porno«. Spears hat später – gewollt oder ungewollt – eine Hardcore-pornografische Darbietung geliefert, als sie ohne Slip aus einem Auto stieg und ihre rasierte Vagina zeigte. Die »Busenblitzer« gehörten da schon zum Standardrepertoire der Boulevardberichterstattung von Glitzergalas und anderen Promi-Events. Der Blick auf die nackte Vagina verstörte noch. In McNairs Sinn handelte es sich um echte Pornografie. Mit Hilfe des pornografischen Musikvideos von Snoop Dogg hatte die es allerdings auch schon in die *Billboard*-Charts geschafft. Der »Porno Chic« gehört zur Hip-Hop-Kultur wie Caps und weite Hosen. Hip-Hop wiederum ist die Jugendkultur des 21. Jahrhunderts. Wie die Rap-Clips haben Kunst, Fotografie, Mode, Werbung und Literatur ein gesellschaftliches Klima geschaffen, das dem Gymnasiasten Carl, dem Hauptschüler Ric und ihren Altersgenossen den Eindruck vermitteln muss, »Porno« sei schon okay. In Videospielen kämpft eine sexualisierte Heldin wie Lara Croft aus *Tomb Raider* schwer bewaffnet in Hotpants. 2005 wurde bekannt, dass im Programmcode von *Grand Theft Auto* pornografische Szenen versteckt waren, die sich mit einem Internet-Download freischalten ließen. Das Spiel zählt zu den meistverkauften der Welt.

Auf eine cool zurückgelehnte Weise wird fast überall mit Porno-Symbolik jongliert. Nicht nur im Hip-Hop oder in Netzwerken wie *SchülerVZ* und *Jappy*. Helmut Newton und Terry Richardson sind renommierte Fotografen, die die Ästhetik von Pornofilmen in ihren Aufnahmen eingesetzt haben. Jeff Koons schuf Kunst, indem er Sex mit seiner Frau, der italienischen Pornodarstellerin Cicciolina, hatte und Bilder davon vervielfältigte. Der deutsche Fotokünstler Thomas Ruff verfremdete Pornofotos aus dem Netz und veröffentlichte sie in seinem Band *Nudes*. Der französische Schriftsteller Michel Houellebecq verfasste ein Vorwort dazu. Auch dessen Werk kennzeichnet ein pornografisierter Blick auf Körper.

Die soziale Sphäre werde bei Houellebecq zur »Mondo Genitale«, so bezeichnet es der Popwissenschaftler Jörg Metelmann: »Es gibt die Sextätigen und die Sexuntätigen, und in einer freien, zusehends auf den Körper und seine Lustgenerierung zugeschnittenen Marktwirtschaft ist diese Zugehörigkeit zur einen oder anderen Klasse der Indikator für Lebensglück oder -unglück.« Mechanisierter Sex verspricht Erfüllung. Das ist die Porno-Utopie. Oskar Roehler, der Houllebecqs Roman *Elementarteilchen* verfilmte, packt sie in seinem späteren Film *Agnes und seine Brüder* in ein Schlussbild. Der verklemmte Spanner Hans-Jörg findet Erfüllung in einer Beziehung mit einer Darstellerin, mit der er bei einem Pornodreh schläft.

Das Kino nähert sich der Pornoindustrie. Filme begleiten Darstellerinnen und Darsteller, Regisseure und Agenten, entweder fiktional wie *Boogie Nights* (1997) oder als Dokumentation wie *9 to 5 – Days in Porn* (2009). *Baise-moi* (2000), *Intimacy* (2001) oder *9 Songs*, zeigen Sex mit Erektionen, Blowjobs und Sperma – aber ohne »Porno Chic«. Bei *9 Songs* handelte es sich 2004 laut Eigenwerbung um den »sexuell explizitesten Film, der jemals gemacht wurde«. Außerhalb der Feuilletons erregte sich trotzdem kaum jemand darüber. *Intimacy* erhielt bei der Berlinale sogar einen Goldenen Bären.

Auch die Mode nimmt Porno-Codes auf. Die Designerin Vivienne Westwood führte Gummi, Leder und PVC auf den Laufstegen ein. Ende der Neunzigerjahre, stellt McNair fest, habe es sich kein Stylemagazin mehr leisten können, nicht wenigstens eine Ausgabe der Pornografie zu widmen – sei es optisch oder inhaltlich.

Ein Cumshot im Werbegesicht

Werbern macht es Spaß, Pornos zu zitieren und sich dabei ironisch und entspannt zu geben. Ein Plakat bewarb 2006 in den USA eine Hautpflegelotion von Clinique. Darauf zu sehen ist nur ein Frauengesicht, über die Wange läuft ein milchartiger Spritzer. Wer Pornos guckt, versteht die Anspielung auf den »Cumshot«, das fast obligatorische Finale eines jeden Sexfilms, bei dem Darstellerinnen Sperma ins Gesicht spritzt. Im Englischen nennt man das »Facial«. Ein Werbewortspiel: »Facial« bedeutet auch »kosmetische Gesichtsbehandlung«. Ein anderes Beispiel ist ein Diesel-Spot aus dem Jahr 2008, der Ausschnitte aus Pornofilmen der Siebziger aneinanderreiht, die expliziten Szenen aber mit Comiczeichnungen kaschiert. Mit einem ungewöhnlichen Slogan machte im Frühjahr 2009 im niederländischen Amsterdam eine Telekom-Firma auf ihr drahtloses Netz aufmerksam: »Porno in het openbaar vervoer«. Das heißt so viel wie: »Porno im öffentlichen Nahverkehr.« In Deutschland war die Porno-Queen Gina Wild vor einigen Jahren mit weitgehend nackten Brüsten auf einem Werbeplakat zu sehen. Zwischen ihrem Busen steckte die Dose eines Koffeindrinks – wie ein steifer Penis.

Das ist auch ein Teil der Pornografisierung: Pornodarstellerinnen sind gesellschaftsfähig geworden. Jenna Jameson, der vielleicht einzige richtige Weltstar der Pornobranche, baute sich nicht nur ein eigenes millionenschweres Erotik-Imperium aus Website, DVD-Vertrieb und Merchandise-Artikeln auf, schrieb sich mit der

Biografie *How to Make Love Like a Porn Star* in die Bestsellerlisten, trat in Filmen, Talkshows und TV-Serien auf und schmückte Computerspiele. Sie wurde außerdem zur Werbefigur. Sie habe, schreiben die Autoren des Buchs *The Porning of America*, sich nicht nur in ein »hochdiversifiziertes Unternehmen innerhalb der Sexindustrie« verwandelt, sondern sei auch zu einer Ikone geworden. Jameson etablierte den »Porn Look«: platinblonde Haare, silikonrunde Brüste, Highheels, knallige Kunstfingernägel. Die *Baywatch*-Badedarstellerin Pamela Anderson und andere *Playboy*-Bunnys hatten das öffentliche Bewusstsein optisch vorgeprägt. Von Anderson existiert auch ein privater Sexfilm aus den Neunzigern: *Pam and Tommy Lee – Hardcore and Uncensored*.

Nora Baumberger kandidierte 2009 im »Porn Look« im Wahlbezirk Obrighoven-Lackhausen für den Stadtrat von Wesel. Ihr Künstlername: Dolly Buster. Für einen Sitz im Kommunalparlament reichte ihre Porno-Popularität dann doch nicht aus, obwohl Fernsehmagazine wie *Wa(h)re Liebe* mit Lilo Wanders auf Vox, *Liebe Sünde* auf ProSieben oder *Peep* mit Verona Feldbusch auf RTL2 der Pornografie und ihren letzten deutschen Stars in den Neunzigern den Weg in die Mainstream-Kultur geebnet hatten. Ausdauernd berichteten sie von Pornodrehs, Läden mit Dildos und Dessous oder Swingerpartys.

Der Gina-Wild-Regisseur Harry S. Morgan erzählt, dass er regelmäßig nach Autogrammen gefragt wird; kürzlich erst von einem Jaguarfahrer auf einem Oldtimer-Treffen. »Ich werde sehr viel angesprochen, auch bei Ikea, von Pärchen«, erzählt er. »Die Leute freuen sich, wenn sie mich sehen. Klar, sie sehen auch jemanden, den sie aus dem Fernsehen kennen.« Sein Resümee: »Die Akzeptanz ist absolut da.« Er diskutiert immer wieder an Unis mit Studenten.

An US-Universitäten hat sich das Fach »Porn Studies« etabliert. In ihrem gleichnamigen Buch fordert Linda Williams: »Ob im

Zentrum oder am Rand, Pornografie ist ein fester Bestandteil der amerikanischen Kultur. Es wird Zeit, dass Kritiker diese Tatsache akzeptieren.«

Im Sommer 2009 lief der Film *Zack and Miri Make a Porno* in den Kinos an. Darin drückt die Hauptfigur es so aus: »Pornos sind inzwischen salonfähig. So wie Coca-Cola oder Pepsi – nur mit Schwänzen drin.«

Eine Zeit lang moderierte die Porno-Aktrice Jana Bach eines der Erotikquizze auf dem Privatsender 9Live. Dass sich Frauen in Call-in-Sendungen ausziehen, gehört zum nächtlichen Fernsehbild wie die Stripperinnen auf DSF und die stöhnenden Darstellerinnen der Werbeclips für Telefonsex, die dabei ihre Brüste lecken und schwingen lassen. Auch das wirkt voll porno, ganz ohne Genitalien. Die Rapper von Fettes Brot fühlten sich davon so sehr provoziert, dass sie in einem Song eine der Stripmoderatorinnen auffordern: »Bettina, pack deine Brüste ein!« Im Video dazu tanzen sie zwischen mechanisch zuckenden Puppen in Glitzeroutfits: PorNo-Rap. »Wer keinen Bock auf Menschenverachtung, Frauenverachtung und peinliches Statussymbol-Herumgezeige hat, der hört uns«, sagt König Boris, eines der drei Bandmitglieder. Die Single »Bettina, zieh dir bitte etwas an« belegte 2008 den dritten Platz der Charts. Es gibt Gegenstimmen, sie werden gehört.

Feministinnen streiten darüber, ob die Art, wie Madonna und ihre Nachfolgerinnen ihre Pop-Imperien aufbauten und ein Frauenbild prägten, von sexueller Selbststimmung zeugt oder ob sie dadurch weiterhin Objekt bleiben.

Die Geschlechtertheoretikerin Rosalind Gill etwa erkennt da eine »neue Weiblichkeit«. In der Werbung würden Frauen ironisch mit ihrer sexuellen Macht spielen. Sie seien keine Objekte mehr, sondern sexualisierte Subjekte, die aktiv begehren. Wonach sie im Endeffekt trotzdem immer streben, ist das Wohlwollen der

Männer. Auch als starke Subjekte unterwerfen sie sich einem
Diktat der Attraktivität. Ihr zentrales Kapital bleibt der Körper –
der nun bis in den kleinsten Po-Muskel trainiert, rasiert, ge-
wachst, gecremt und gepflegt sein muss. Freiwillig und selbst-
bestimmt würden sich Frauen so nach einer »heterosexuellen
Männerfantasie, die sich in Pornos findet« modellieren. Nach
dem »Porn Look«.

Die Journalistin Ariel Levy bringt die Entwick- **Weibliche Chauvinisten-**
lung in einem wütenden Pamphlet auf einen **schweine**
griffigen Nenner. An die Stelle des »Male Chauvinist Pig« sei das »Female Chauvinist Pig« getreten. Innerhalb
einer Schmuddelkultur würden diese weiblichen Chauvinisten-
schweine sich für den männlichen Blick zurechtmachen – und dabei stets betonen, wie gern sie das täten. Frauen, bedauert Levy,
akzeptierten so weiterhin »patriarchale Definitionen«. Ebenso wie
der Autor Houellebecq erkennt sie die Marktgesetze auch im Pri-
vatesten. Um den eigenen Wert zu steigern, gestalteten weibliche
Subjekte ihre Körper der Nachfrage entsprechend. Und noch eines
beobachtet Levy: Früher hätten sich die Popularitätswerte nach einem Gastspiel in einem Porno langsam erholen müssen. Heute
würden sie dadurch eher in die Höhe schießen. »Sex Tapes« können öffentliche Karrieren fördern und aus Bekanntheit Berühmtheit machen.

Das hat Paris Hilton bewiesen. Carmine Sarracino und Kevin M.
Scott bemerken dazu in *The Porning of America*: »Über Paris Hilton
wird oft gesagt, sie sei berühmt fürs Berühmtsein. Das stimmt
nicht ganz. Tatsächlich wurde sie erst so richtig berühmt, als alle
Welt ihr zusah, wie sie in einem Internetvideo als junge Erbin auf
allen vieren Sex hatte. Zuvor war Paris Hilton ein mäßig erfolg-
reiches Gelegenheitsmodel gewesen, das ab und an in unbedeu-
tenden Filmen schauspielerte.« Dass ihr Exfreund Rick Salomon

2003 ein Sexvideo im Internet publizierte, verschaffte ihr schlagartig ein Millionenpublikum. Die Firma Red Light District brachte eine lange Version auf DVD heraus und verkaufte Hunderttausende Exemplare. Anfangs klagte Hilton dagegen, obwohl die öffentliche Entblößung sie in »eine höhere Sphäre des Ruhms katapultiert hatte«, wie die New York Times später feststellte. Sie wurde dank One Night in Paris, so hieß der Film, zur Werbe-Ikone und bekam ihre eigene Parfümlinie.

Ein Porno kann eine Karriere anschieben, aber auch in einer pornografisierten Gesellschaft bleibt das Verhältnis zur Pornografie zwiespältig. Es ist nicht ganz klar, wie das gemeint ist, als der Besucher einer Pressekonferenz die Hollywood-Schauspielerin Megan Fox fragt, ob sie mit ihm ein Sex-Tape drehen wolle. Eines aber ist sicher: Ihm erscheint die Frage nicht sonderbar. Man kennt so was, von Paris Hilton etwa.

Alles nach außen kehren, ständig präsentieren

Die Hotelerbin hat dieselbe private Eliteschule besucht wie eine andere Protagonistin des Porno-Pop. Stefani Joanne Angelina Germanotta nennt sich mittlerweile Lady Gaga. Sie habe damals schon Sonnenbrillen getragen, hochhackige Schuhe, Blousons und »Schlüpfer über Netzstrumpfhosen«, erzählte die Musikerin dem Popmagazin Spex. Beim Interview glänzen ihre Lippen »Barbie-Pink«, eine klassische Pornofarbe. In ihrem Video zum Song »Paparazzi« zitiert sie Helmut Newton, den fotografischen Förderer des »Porno Chic«. Der Regisseur des Clips ist Jonas Åkerlund. Er hat auch für Rammstein »Pussy« gedreht. Lady Gaga verkörpert das Prinzip Porno modisch: Sie wendet Inneres nach außen. Der Schlüpfer über der Strumpfhose. Sie trägt Unterwäsche wie andere Jeans oder Anzüge. Mieder werden zu Tops. Bei ihren Auftritten schwingt sie einen Disco-Stick, ein leuchtendes Phallus-Symbol, und singt, sie wolle darauf reiten. Boulevardjournalisten haben

darüber diskutiert, ob sie selbst einen Penis hat. Der Genital-
bereich ist nicht mehr grundsätzlich tabu.

Eine Sexualisierung ist seit Jahrzehnten zu beobachten. Nach-
richtenmagazine nehmen als Verkaufsanreiz regelmäßig Frauenbrüste auf den Titel. Nacktheit ist ein elementarer Bestandteil von
Werbung. Die Menschen hätten gelernt, argumentiert der Sexualforscher Gunter Schmidt, mit dieser sexuellen Reizüberflutung
umzugehen. Sie reagierten darauf mit »Dedramatisierung«, mit
Gelassenheit: »Eine Frau kann heute mit einem sehr kurzen Rock,
bauchfrei und mit äußerst knappem Oberteil durch die Straße gehen, ohne dass das zu sexuellen Ausnahmehandlungen führt, zu
sogenannten Triebdurchbrüchen.« Nur gelegentlich kommt es zu
Auffahrunfällen, weil große Plakatbrüste Männer am Steuer ab-
gelenkt haben.

Für die Sexualisierung der öffentlichen Sphäre macht Schmidt
politisch vor allem die Christdemokraten verantwortlich. Wer
habe denn das Privatfernsehen eingeführt? Die Konservativen.
»Damit ist wirklich ein ziemlicher Dammbruch passiert, was die
öffentliche Präsentation von Sexualität betrifft«, sagt er. Kapitalis-
mus, freier Markt und Sex gingen eine Allianz ein.

Die Pornografisierung beschränkt sich nicht auf nackte Brüste
und hat somit eine andere Qualität. »Sie geht auf vielen Ebenen
vonstatten«, sagt die Philosophin Svenja Flaßpöhler. »Natürlich
auch im Fernsehprogramm, wo immer mehr platter Sex oder
platte Erotik gezeigt wird. Aber auch durch ganz, ganz viele andere Kulturtechniken.« Flaßpöhler analysierte in ihrer Promotion
Der Wille zur Lust das Pornoprinzip, das ihrer Ansicht nach längst
nicht nur in Form von Internetpornografie präsent ist. Flaßpöhler
ist eine Feministin der neueren Generation. Auf einer Podiums-
diskussion trägt sie einen engen Jeansrock zum weiten Ausschnitt:
»Die Grenze zum Intimen wird poröser, der Raum des Privaten

wird immer mehr aufgeweicht, und Privates wird in die Öffent-
lichkeit hineingetragen. Das ist auch eine pornografische Logik:
Alles nach außen kehren, alles ständig präsentieren zu müssen.«
Was Lady Gaga mit ihrem Kleidungsstil praktiziert, lässt sich der
Philosophin zufolge auch an anderer Stelle verfolgen.

Es geschieht in privaten Clips der Pornoplattformen, in den sogenannten Geständnissen von Promis, die täglich auf den Boulevardseiten zu lesen sind und in den Nachmittagstalkshows, im
Reality-Fernsehen. Einige Medienwissenschaftler ziehen Parallelen zwischen Pornografie und Reality-TV. In beiden Formaten
werde Authentizität vorgegaukelt, obwohl alles inszeniert sei. Der
Zuschauer gebe sich dieser Illusion gern hin. Er akzeptiere den Be-
trug, um sich unterhalten oder erregen zu lassen. Porno wie Reality-Fernsehen würden außerdem bestimmt von der Wieder-
holung des immer, immer, immer Gleichen.

Ein Big Brother-Haus, in dem Menschen auf Sofas sitzen oder am
Pool liegen, wäre demnach ähnlich aufregend wie die dauerschlei-
fenartigen Porno-Plots. Man könnte noch eine weitere Gemein-
samkeit hinzufügen: Sowohl Pornos als auch Reality-TV werden in
Deutschland mit sozial Schwachen verbunden. Es ist von Unter-
schichten-Fernsehen die Rede, wenn Big Brother oder Nachmittagstalkshows diskutiert werden – und vom Unterschichtphäno-
men der Pornografisierung.

RTL2 und Premiere, die Big Brother-Sender, fördern diese Verbindung. In der achten Staffel luden sie das Pornosternchen Annina
Ucatis ins Big Brother-Haus ein. Sie stand dort nicht nur minuten-
lang nackt unter der Dusche und ließ Wasser über ihre melonen-
großen Silikonbrüste laufen, sondern hatte auch Sex mit einem
Mitbewohner namens Sascha. Die Duschepisoden zirkulierten anschließend auf verschiedenen Videoclip-Plattformen der RTL-Sen-
derfamilie.

Die Bettdeckenbewegungen, die den Sex **Virales Porno-Marketing** dokumentierten, fanden sich Wochen nach dem Ende der Staffel noch auf *Youporn*. Titel: »Big Brother Annina Nightcam FUCK«. Ucatis stöhnt in dem gut sieben Minuten langen Ausschnitt ähnlich wie in *Annina Ucatis Promiluder*. Das ist ein echter Porno der Darstellerin, den *Youporn* beim Abspielen des *Big Brother*-Auszugs als Link anbietet. Neben diesen Clips taucht Ucatis noch einmal beim Duschen auf, 11 Minuten und 55 Sekunden lang, mehr als 280 000 Klicks. Dazu präsentiert *Youporn* »Big Brother 8 Rebeccas Fotze von hinten« sowie die Sex-Highlights internationaler *Big Brother*-Shows.

Man nennt so etwas virales Marketing. Die Stöhn- und Duschclips wurden quer durchs Netz verlinkt, Internetportale berichteten. Die schwache Quote der Reality-Show stieg ein wenig. Gerade die Boulevardseiten des Internets mögen Geschichten, die das Wort »Porno« enthalten. »Porno« erhöht die Klickraten. »Porno« verschafft Beachtung. Online-Journalisten versehen möglichst vieles mit dem Zusatz »Porno«, um mehr Leser zu finden. Das erinnert dann fast an die Porno-Namen auf *SchülerVZ*, die mit Sex gelegentlich so viel zu tun haben wie Nasenpopel.

Indem sie locker mit Porno-Etiketten hantieren, wollen Teenager und Studenten ihre sexuelle Tiefenentspanntheit vorführen, manchmal etwas bemüht. Der Jugendsender MTV schickte zwei Moderatoren in die Pornoabteilung einer Videothek und ließ sie einen Wettbewerb namens »Porno Ping-Pong« veranstalten. Wer zuerst lacht, hat verloren. Sie lachten sehr viel und äußerst übertrieben. *Alt und hässlich II – Welkes Fleisch und geile Löcher*. Schon prusteten sie los.

In Stefan Raabs Sendung *TV Total* durften zwei Werber ihr Buch *Cumshots* vorstellen. Der Band listet DVD-Cover von Hardcore-Filmen auf, völlig unkommentiert. Das wirkt wegen der komischen Namen absurd und ist sehr ironisch gemeint. Zusammen mit dem

Moderator amüsierten sich die zwei Herausgeber über Titel wie *Hausfrauen weggeputzt*. Stefan Raab ist der Thomas Gottschalk der werberelevanten Zielgruppe, ein absoluter Mainstream-Moderator für das jüngere Fernsehpublikum. Wenn er den »Porno Chic« in seine Sendung holt, zeigt das, wie massenkompatibel die pornografisierte Lässigkeit ist. Mittlerweile gibt es *Neue Ergüsse der deutschen Pornoindustrie*, den zweiten *Cumshots*-Band. Offensichtlich verkauft sich die Coversammlung.

Auch Raab versuchte sich zwischenzeitlich kurz einer Sache zu versichern: Die beiden würden die Pornos nicht selber angucken, oder? Das sei nicht aus ihrer eigenen Sammlung? Porno, ja, aber bitte mit ironischem Abstand. Sich dem Ganzen vor Millionenpublikum allzu ernsthaft zu nähern heißt nach wie vor: Tabus verletzen. Der persönliche Untergrund muss unberührt bleiben.

Immer ganz lässig Das Verstörende daran, diagnostiziert der Soziologe McNair, wird in »wissende, ironische, sexuell aufgeladene Spielerei« verwandelt. Damit werden auch die empörten Reaktionen auf die Porno-Rapper nachvollziehbarer. Ihnen fehlt in vielen Fällen nicht nur der Respekt vor den Frauen. Ihnen fehlt auch dieser ironische Sicherheitsabstand. »Schwänze« und »Muschis« sind oft so deutlich zu hören, wie man sie im Rammstein-Clip sieht.

In Kunst, Werbung und Mode herrscht die lässige Anspielung vor. Jugendliche übernehmen das auf T-Shirts, die sie als »Porn Star« vorstellen, als »Pussy« oder als »Gangbang«-Teilnehmerin. Studenten spielen in Szenekneipen Porno-Karaoke und vertonen live Sexfilme. Wenn sie in manchen Clubs aufs Klo gehen, laufen dort auf Bildschirmen die standardisierten Stellungswechsel. Porno dient dazu, die eigene Lockerheit zur Schau zu stellen.

Inmitten einer pornografisierten Konsumkultur geht es darum, das Interesse des Publikums zu gewinnen – für ein Produkt, eine

Sendung, für eine Person. Es geht darum, eine Sache zu verkaufen. Oder sich selbst. Kommerzkritiker vergleichen dieses kapitalistische Prinzip mit Sexdienstleistungen und sprechen von Prostitution. Der Fernsehkomiker Harald Schmidt hat sich ironisch als »Mediennutte« bezeichnet.

Lady Gaga bringt es in der *Spex* auf den Punkt: »Pornografie ist – neben Mord – der verzweifeltste Schrei nach Aufmerksamkeit und Ruhm, den unsere Zeit kennt.«

Die Porno-Logik wird auch in Sendungen vor- **»Sexuelle Belästigung** exerziert, die viele jugendliche Zuschauer haben. **als Unterhaltung«** Heidi Klum sucht seit mehreren Jahren auf Pro-Sieben nach *Germany's Next Topmodel.* ProSieben ist für viele Jugendliche so etwas wie ARD und ZDF für Mittelschichts-Eltern: Sie schalten wenig andere Programme ein. Klum hat in der Öffentlichkeit über das »Package«, also das Genital, ihres Mannes Seal gesprochen. Sie macht Witze über ihre Brüste, die sie »Hans« und »Franz« nennt. Die waren einmal zu einem großen Teil auf einem Werbeplakat des Massenmodehauses H&M zu sehen. Im Frühjahr 2008 ließ Klum sich nackt für den Titel eines Männermagazins fotografieren.

John Rankin Waddell, der Fotograf, der das getan hatte, veranstaltete dann auch ein Shooting mit den Topmodel-Kandidatinnen. Sie trugen, wie häufiger in der Show, nur Bikinis. In manchen Folgen sollten sie völlig ohne auftreten. Als sie an der Strip-Stange tanzen übten und einige protestierten, weil ihnen das zu billig vorkam, lernten sie schnell: Ein echtes Topmodel macht alles mit, ohne zu meckern. Dieselbe Lektion lehrte Til Schweiger die angehenden Schauspielerinnen in der RTL-Show *Mission Hollywood.* Dort mussten sich die Kandidatinnen so oft ausziehen, stöhnen und Sex spielen – auch wenn ihnen das sichtlich missfiel –, dass eine Kritikerin in der *Frankfurter Allgemeinen Zeitung* schloss: »Es ist der Aufstieg

von sexueller Belästigung zum Unterhaltungsgenre.« In den USA
fährt ein Bus mit der Aufschrift *Girls Gone Wild* von Stadt zu Stadt
und verteilt T-Shirts an Studentinnen – wenn sie dafür vor der Kamera den BH ausziehen. Manche gehen für die Pornoproduzenten
noch weiter und befriedigen sich selbst oder ihre Freundinnen.
Die Stimme des Kameramanns fragt einen Katalog ästhetischer
Kriterien ab. Welche Körbchengröße? Brüste echt? Überall rasiert?

Das Ausziehen gehört im übertragenen Sinn auch zu Formaten
wie *Germany's Next Topmodel*, *Mission Hollywood* oder *Deutschland sucht
den Superstar*. Dort sitzt der Sprücheproduzent Dieter Bohlen in der
Jury, von dessen Penisbruch halb Deutschland weiß. In seiner Biografie hat er davon erzählt. Mehr oder weniger intime Geständ-
nisse vor der TV-Kamera sind Teil der Realitätsinszenierungen. Sie
gehören zur »Striptease-Kultur«, die Brian McNair beobachtet. Die
Intimität schwindet. Das allein ließe sich schon als pornogra-
fisches Prinzip bezeichnen. In Klums Show waren die Porno-
verweise aber noch wesentlich expliziter. Die Bewerberin Gina-
Lisa Lohfink fiel nicht nur durch ihre großen Ausschnitte auf und
dadurch, dass ihr auf dem Laufsteg der Rock einmal so verrutschte,
dass ihr Po zu sehen war. Sie verkörperte den »Porno-Look« als
derbdralle Wasserstoffblondine.

Sie verkörperte ihn auch außerhalb der Sendung so glaubwürdig,
dass bald ein Sex-Tape auftauchte. In Online-Tauschbörsen ließ
sich dieser Gina-Lisa-Porno herunterladen. Wie der von Paris Hilton. Der Clip sah aus wie eine Anspielung. Ähnlich gelangweilt
wie Hilton legte und kniete sie sich für einen seltsam schmierigen
Typen hin. Es geht in dem Clip nicht um Sex. Es geht darum, sexy
zu sein. Das Posieren scheint Lohfink wichtiger als der Akt. Sie
pausieren, um Fotos zu machen.

Bild berichtete. Den Quoten dürfte das nicht geschadet haben.
Der Privatporno erhöhte die Aufmerksamkeit für Klums Sendung.

In der nächsten Staffel fand sich im Internet wieder die Aufnahme
einer Kandidatin. Sie hieß diesmal Tessa und strippte auf einem
Feldweg. Ein Pornoportal, so war auf Online-Plattformen zu lesen,
bot 10 000 Euro für jeden, der die Rechte an einem Tessa-Porno
verkaufe.

Ohne in den beiden konkreten Fällen etwas zu unterstellen: In
ihrem Buch *Sex, Drugs & Castingshows* schildern zwei ehemalige Teilnehmer solcher Sendungen, wie Fernsehmacher und Printkolle-
gen, allen voran die Bild-Zeitung, die Begleitgeschichten über die
Kandidaten regelrecht produzieren. Nachdem das Sex-Tape mit
Gina-Lisa Lohfink aufgetaucht war, dementierte ProSieben: Man
habe nichts gesteuert. Und man werde sie nicht feuern.

Lohfink wurde zwar nicht *Germany's Next Topmodel*, bekam aber
kurzzeitig eine eigene Show, neue Brüste, wurde 2008 zum am
meisten nachgefragten Begriff der *Google*-Bildsuche und durfte
später auf ProSieben *Gina-Lisa's Best Buddy* suchen. Einer der Bewerber: der Callboy »Porno-Klaus«. Bild berichtete.

Das Topmodel-Finale 2009 erreichte bei den 14- bis 19-Jährigen
eine Quote von weit über 40 Prozent, meldete Media Control. Es
gibt wenig Sendungen im deutschen Fernsehen, die bei Mädchen
so beliebt sind. Als Teenager müssen sie gar nicht Annina in Big
Brother oder auf *Youporn* sehen und auch keine RTL2-Reportage
über die Sexindustrie, um das Prinzip Porno zu verinnerlichen:
Zieh dich aus, sei sexy, dann schauen sie dir zu, dann beachten sie
dich.

Man muss nicht Pornoplattformen ansurfen, um vollbusige
Wasserstoffblondinen zu sehen. Es genügt, abends den Fernseher
anzuschalten. Da wirbt eine für die Elektromarktkette Euronics.
Man muss nicht *Girls Gone Wild* gucken, um Intimrasur für etwas
Normales zu halten. Es reicht völlig, die Werbung nach dem Euro-
nics-Spot weiterlaufen zu lassen. Da empfiehlt Til Schweiger einen

Ganzkörperrasierer. Es ist ja nicht so, dass nur Pornos oder Mode-
magazine speziell gepflegte und idealisierte Figuren zu Vorbildern
erheben. Führende Politiker verschreiben sich dem Kampf gegen
die Dicken. In großstädtischen Szenebezirken joggt sich die Mittelschicht morgens, mittags und abends fit.

Inmitten einer Gesellschaft, die die Arbeit am eigenen Körper
zur selbstverständlichen Pflicht erklärt, ist *Youporn* eine Ausprä-
gung einer pornografisierten Popkultur. Wie wachsen Mädchen in
dieser Kultur auf? Was für ein Verhältnis entwickeln sie zur Sexualität, zu ihrem Körper?

Kapitel 6

Schatzis und Schlampen: Warum Mädchen unter Druck geraten

Sie sitzt im Bett und schaut lässig, ein bisschen gelangweilt. Die Stirn ganz leicht in Falten, die Oberlippe nur einen Millimeter angehoben. Darauf schimmert Lipgloss. Ihre Wimpern hat sie schwarz getuscht, die Brauen gezupft. Unter den Ohren hängen große silberne Ringe. Ihr knappes Top gibt viel Busen frei. In der Hand mit den lackierten Nägeln hält sie ein Handy. Damit hat sie das Foto gemacht. Sie sieht sich im Spiegel an. Wer ihr Profil bei *SchülerVZ* besucht, lernt sie so kennen: Pink-Porno-Barbie.

Man muss dann nur eine Weile nach unten scrollen, an ihren Spitznamen vorbei (»BlAsEHaSe & SchadzZy«), den Lieblingsfilmen (»TIITANIIC; DIIRTY DANCIING; HOSTEL; UND NATÜRLIICH BLOND 1&2 ‹3♥«), an den Lieblingssprüchen (»Ich liebe dich« auf Arabisch, Deutsch, Dänisch, Polnisch und so weiter), an dem, was sie mag (»♥MEIINEN ARSCH, ♥MEIIN GLÄTTEIISEN, ♥IINTERNET, ♥LIIPGLOSS), und an dem, was sie nicht mag (»... DUMME FOTZEN ... SCHALMMPEN«), um zur Rubrik »Über sich selbst« zu gelangen. Da hat Pink-Porno-Barbie aus Buchstaben einen *Playboy*-Hasen gemalt.

Darunter stellt sie fest, dass alle sagen, sie habe einen geilen Arsch. Und noch weiter unten, nach den vielen Gruppen, denen

sie angehört (»Ja, ich weiß, du willst mich ... stell dich hinten an!«,
»I Love maiine Titten :)«, »Pink is Porno«), folgt auf der Pinnwand
das erste Kompliment eines Profilbesuchers: »geile titen«. Danach:
Dutzende Geburtstagsglückwünsche.

Auf den ersten Blick wirkt das für ungeübte Augen etwas durch-
einander, vor allem, weil sie mal nur in Großbuchstaben schreibt,
dann wieder klein, weil sie Vokale verdoppelt, überall Herzen und
andere Zeichen einbaut und zwischendurch den Schrifttyp ins
Kyrillische wechselt. Wäre sie eine Werberin und müsste sich hier
selbst als Produkt anpreisen, hätte sie aber eines geschafft: Die
Botschaft ist in sich stimmig, und sie passt perfekt zu ihrem Namen. Pink-Porno-Barbie. Die Schlagworte sind konsequent umgesetzt in diesem *SchülerVZ*-pinken Profil. Meint sie das alles so?

29. Juli 2009, 19 Uhr 39. Pink-Porno-Barbie schickt Anton Pänke
die Antworten auf seinen kurzen Fragebogen zur »Generation
Porno«. Sie ist 15 Jahre alt, behauptet sie, und besucht eine Ge-
samtschule in der Nähe von Köln. *Youporn* kennt sie: »NAJA WER
ES BRAUCH ICH HALTE DAVON NICHTS«. Ernst nehmen kann
sie die Clips dort nicht, »WEIL ES SELBER ANDERS IIST«. Gelegentlich redet sie mit Jungs darüber. »JA KLAR«, an ihrer Schule
werden Pornos auf Handys getauscht.

Es sind gerade Ferien in Nordrhein-Westfalen, sonst hätte sie gar
nicht so viel Zeit, am Rechner zu sitzen und sich per Mail zu unterhalten, schreibt sie. Sie ist Cheerleaderin, sie singt, sie geht ins
Fitnessstudio, sie modelt, auch für Versace sei sie fotografiert worden. Und der *SchülerVZ*-Name?

Sexuelle Identität im   Den habe ihr ein Freund gegeben. Sie trägt ihn
sozialen Netzwerk   als Kompliment, »WEIIL PORNO IIST AUCH
                    EINE BEZEIICHNUNG FÜR ANZIEHENDES
AUSSEHEN UND SOo.« Zurzeit hat sie keinen Freund, aber ihr
ehemaliger habe sich bestimmt keine *Youporn*-Clips angeschaut:

»IICH HAB IIHN SCHON ANDERS BESCHÄFTIIGT«. Für eine Beziehung sei das schließlich nicht so gut, wenn der Typ immer vorm PC sitze. »DAN FINDET SICH JA DIIE FREUNDIIN NIICH MEHR SO ATRACKTIIV.«

Darum geht es ihr vor allem: attraktiv zu sein. Ganz unabhängig davon, ob alles, was sie an diesem Juliabend in den Mails erzählt, bis ins kleinste Detail stimmt. Dass sie gefallen möchte, nimmt man ihr sofort ab. Der Wunsch spricht aus vielen der Profile, die Mädchen sich auf SchülerVZ, Jappy, bei den Lokalisten, bei Schueler.CC oder Myspace anlegen. Sie wollen so wirken, wie es die Kleiderkette Tally Weijl mit ihrem Slogan vorgibt: »totally sexy«. Die engen Outfits glitzern. Über den Filialen leuchtet der Schriftzug des Modehändlers in derselben Farbe wie die SchülerVZ-Profile: pink. Wie der Lippenstift von Lady Gaga. Wie viele Netzstrümpfe, High Heels und Hotpants in Online-Pornos.

Pink-Porno-Barbie sagt, dass sie im Fernsehen vor allem MTV und Viva sieht. Auf MTV gibt es eine Sendung, die I Want a Famous Face heißt. Plastische Chirurgie soll den Kandidaten dabei helfen, ihren Idolen optisch ähnlicher zu werden. In einer Castingshow hat Viva gefragt: Are U hot? Die Bewerberinnen und Bewerber hatten dabei zwischenzeitlich nur Bikinis und Shorts an. Das Vorbild von Pink-Porno-Barbie ist Paris Hilton. Denn: »pariis hiilten fiinden bestiimt sehrr viele männer richtig heiß.«

Mit ihrer Sexyness, die vor allem dazu dient, Aufmerksamkeit zu erhalten, prägt Paris Hilton das popkulturelle Frauenbild. Die American Psychological Association hat 2007 einen umfassenden Bericht zur Sexualisierung von Mädchen herausgegeben. Der männliche Blick, stellt die Psychologenvereinigung fest, bestimme die Sicht auf Frauen in Musikvideos, in Filmen, in der Sportberichterstattung, in der Werbung und in Magazinen. Und zwar nicht nur in den Hip-Hop-Clips. »Don't cha wish your girl-

friend was hot like me«, singen auch die Pussycat Dolls. Es gebe
kaum »nichtsexualisierte« Frauenrollen im Hollywood-Kino. Der
Bericht folgt der kommunikationswissenschaftlichen Kultivie-
rungshypothese, die davon ausgeht, dass die starke Präsenz stets
ähnlicher Medienbotschaften das Weltbild der Konsumenten beeinflusst. Bei den Mädchen also auch: ihr Selbstbild. Sie würden
lernen, sich als ein Objekt wahrzunehmen, das von anderen be-
gehrt wird, das allein nach seiner äußeren Erscheinung bewertet
wird. Ihr Blick auf den eigenen Körper ist nicht mehr nur ihr
eigener. Sie denken die anderen mit. Sie betrachten ihre Brüste,
ihren Bauch, ihren Po und haben dabei die Punktrichter aus *Are U
hot?* im Kopf. »Self-objectification« nennt das der US-Psycholo-
genverband.

Das Bild im *SchülerVZ*-Profil von Pink-Porno-Barbie unterstreicht
diese Perspektive. Sie schaut sich im Spiegel an. Da ist sie zunächst
sexualisiertes Subjekt. Dabei richtet sie die Kamera ihres Handys
auf sich. Das Handy symbolisiert die anderen. All jene, die ihr
Profil besuchen werden, die auf die Pinnwand schreiben werden,
dass sie »voll die Süße« und dass ihr Arsch der »geilste auf der Welt«
sei. Damit wird das sexualisierte Subjekt zum Objekt der Online-
Begierde von Jungs, von Männern.

So sehen viele Mädchenfotos bei *SchülerVZ* oder *Myspace* aus. Ein
Spiegel, ein Handy. Ein Ausschnitt. Gelupfte Lippen. Ein sexy Blick.
Sie erinnern nicht selten an Vorschaubilder der *Youporn*-Clips. Auch
da kommen blonde junge Frauen ganz nah an die Kamera. Nur
sind sie meist ganz nackt – und haben gelegentlich Sperma im Gesicht. Es wäre unsinnig, anzunehmen, dass Pink-Porno-Barbie solche Bilder im Kopf hat, wenn sie sich für ihren *SchülerVZ*-Auftritt
zurechtmacht wie für ein professionelles Shooting. Ansätze der
Pornoästhetik sind indirekter in die Teenager-Communitys ge-
schmuggelt worden – über jenen »Porno Chic«, der längst Pop ist.

Pink-Porno-Barbie bringt es auf den Punkt, wenn sie sagt, dass »porno« ein Synonym für »anziehendes Aussehen« sei.

Dass sich Mädchen für Jungs zurechtmachen, ist kein Alleinstellungsmerkmal der Online-Jugend. In der Pubertät beginnen sie, sich Gedanken über ihre Identität zu machen, auch über ihre sexuelle Identität. Im Gegensatz zur Minirockjugend der Sechzigerjahre haben sich zwei entscheidende Dinge verändert: Sie sind einer viel größeren Zahl von Medienbildern ausgesetzt. Und sie setzen sich mit ihren eigenen Aufnahmen selbst einer Masse von Beobachtern aus. Die Bildbewertung erfolgt unmittelbarer.

Die Jungs-Jury sitzt nicht mehr nur als Lümmel in der letzten Bank oder läuft über den Schulhof, während sie ihre Kommentare raunt oder ruft. Sie gibt ihre Einschätzungen direkt im Online-Gästebuch ab oder unter einem Foto. Die Jury hat wesentlich mehr Mitglieder, und das anonyme Internet-Universum macht sie manchmal weniger zurückhaltend. Außerdem haben auch die Jungs Tausende Bilder im Kopf. Von Britney Spears oder Paris Hilton, von Angelina Jolie oder Sarah Jessica Parker, von Kate Moss oder Heidi Klum, von Lady Gaga oder Madonna, von Jenna Jameson, von Gina Wild oder Gina-Lisa Lohfink, von Annina Ucatis aus dem *Big Brother*-Haus. Oder von »German Freundin Gepoppt :-)« auf *Youporn*.

Die vielen Bilder setzen Mädchen also mehrfach unter Druck. Indem sie relativ standardisierte Körper-Leitfiguren etablieren, präsentieren sie ihnen schwer erreichbare optische Vorgaben. Deren Omnipräsenz sorgt gleichzeitig dafür, dass auch der Blick der Jungs von illusorischen Idealen getrübt ist. Es dürfte so zusehends schwieriger werden, von möglichst vielen jungen Männern heiß gefunden zu werden. So wie Pink-Porno-Barbie das bei Paris Hilton beobachtet.

Die Pubertät ist eine Zeit, in der Mädchen meist ohnehin nicht über das Selbstbewusstsein einer Paris Hilton verfügen. Je stärker sie allerdings dazu neigen, sich selbst als Objekt zu empfinden, desto geringer wird das Selbstwertgefühl. Zu dem Schluss kommt eine US-Untersuchung. Tatsächlich ist die Zufriedenheit mit ihrem Aussehen unter den deutschen Mädchen laut Bravo-Studie in den vergangenen Jahren deutlich gesunken. 2006 waren noch 70 Prozent der 16- bis 17-Jährigen mit ihrem Äußeren zufrieden. 2009 sind es nur noch 55 Prozent. Die Jungs geben sich in dieser Hinsicht wesentlich selbstbewusster. Viele Mädchen dagegen wären lieber schlanker, hätten gern einen flacheren Bauch und andere Beine. In fast allen Bereichen ist das Unbehagen im Vergleich zu 2006 gewachsen. Besonders drastisch brechen die Zufriedenheitswerte beim Gewicht ein. Viele fühlen sich zu dick.

Die Medienwissenschaftlerin Kristen Harrison hat versucht, die Körpermaße, die in Clips, Filmen, Magazin-Modestrecken und Teenagerzeitschriften als ideal vermittelt werden, in Kleidergrößen zu beziffern. Die amerikanischen Werte ergeben für die Taille Größe 2, für die Hüfte Größe 4 und für die Oberweite Größe 10. Die Differenzen sind riesig, es passt alles nicht zusammen. Die medial kreierte Wunschfigur ist eine sehr schlanke, aber dennoch kurvenreiche Schönheit. Um diese unnatürlichen Proportionen zu erreichen, hilft eigentlich nur eine Kombination aus Hungerkur und plastischer Chirurgie, schließt die Pädagogin M. Gigi Durham daraus. Wenn sie in einer US-Grundschulklasse nach dem »perfekten Mädchen« fragt, rufen die Kinder, es müsse jung sein, blond, lange Haare haben und lange Beine. Sie müsse aussehen wie die Puppe Barbie. Die Antwort hört Durham immer wieder.

Das Körperideal des beginnenden 21. Jahrhunderts ist ein Plastiktraum in Pink. Darin liegt ein weiterer Unterschied zu den Zeiten, in denen die Mütter von Pink-Porno-Barbie und ihren SchülerVZ-Freundinnen aufgewachsen sind. Die begehrten Silhouetten sind im Laufe der Jahre immer dünner geworden. Das zeigen Studien über *Playboy*-Bunnys, Miss Americas und Filmstars. Die Perfektion ist künstlich geschaffen, in mehrfacher Hinsicht. Nicht selten sind die gezeigten Körper chirurgisch optimiert. In den Büros der Modefotografen und in den Fotoredaktionen von *Elle*, *Vogue* oder *Vanity Fair* werden sie dann in einem zweiten Schritt digital frisiert. Falten werden geglättet, Beine dünner gezogen, Gesichter gleichmäßiger geformt und Hautunreinheiten kaschiert. Auf *Youtube* lässt sich in dem Clip »The Evolution of Beauty« verfolgen, wie eine graue Alltagsfrau mit Make-up und Fotoprogrammen zum Supermodel getunt wird. Vielleicht kennt Pink-Porno-Barbie das Video sogar. Sie weiß schließlich auch, wie man eigene Bilder bearbeitet. Über ihr Profilfoto hat sie einen Schwarz-Weiß-Schleier gelegt. Der Normierungsdruck der Überbilder bleibt trotzdem mächtig. Wir tragen alle eine Datenbank voller »visueller Forderungen« in uns, schreibt die Publizistin Ariadne von Schirach, die einen »perversen Druck« erzeugten.

Als Reaktion darauf werden bei Jugendlichen zwei Phänomene beobachtet: Essstörungen und der wachsende Wunsch nach Schönheitsoperationen. Der Kinder- und Jugendgesundheitssurvey des Robert-Koch-Instituts stellte 2007 fest, dass beinah ein Drittel der 11- bis 17-jährigen Mädchen an Magersucht, Bulimie, aber auch Fettsucht litten, nämlich 29 Prozent. Mädchen, bilanziert das Institut, seien doppelt so oft betroffen wie Jungs.

In Heidi Klums Sendung *Germany's Next Topmodel* würden viele »Gebrauchsanweisungen für die Selbstinszenierung« sehen, konstatiert eine aktuelle Studie des Internationalen Zentralinstituts für das Jugend- und Bildungsfernsehen. »Dann denk ich mir meistens, warum ich nicht so dünn bin«, wird eine 15-Jährige zitiert. Eine 11-Jährige hält ihren Bauch und die Beine für zu dick. Alle Zuschauerinnen beschäftigen sich demnach gedanklich mit ihrem

Körper, etliche essen weniger. »Schlank in den Frühling – So bekommst Du Dein Wohlfühlgewicht« titelt Bravo und klingt mit Empfehlungen, den »Winterspeck« loszuwerden, wie eine Frauenzeitschrift. Die Botschaft passt zu den traumhaften Starkörpern in anderen Teilen des Hefts, die den Diätwunsch fördern dürften.

Bei manchen Teenagern wecken sie auch die Sehnsucht nach zügigeren und drastischeren Veränderungen. In die Praxis des plastischen Chirurgen Jürgen Marsch kam einmal ein 16 Jahre altes Mädchen mit einem Bild der Pretty Woman-Schauspielerin Julia Roberts. Solche Lippen wolle sie haben, sagte sie dem Mediziner. Der erfüllte ihr den Wunsch nicht. »Das halte ich für absolut unseriös«, sagte er später der tageszeitung.

Wie viele Jugendliche in Deutschland aus ästhetischen Gründen operiert werden, dazu gibt es keine seriösen Zahlen. Schon die Statistiken für Erwachsene sind umstritten. Eine umfassende Studie unter Kliniken kommt zu dem Ergebnis, dass Frauen zwischen 20 und 29 Jahren am häufigsten an der Brust operiert werden. Das Bild, das im Fernsehen von derartigen chirurgischen Eingriffen gezeichnet wird, ist sehr positiv. »Insgesamt erscheinen Schönheitsoperationen als etwas nahezu Alltägliches, das Personen wie du und ich machen lassen, weil es das schnelle und umkomplizierte Erreichen eines schöneren Äußeren verspricht«, konstatieren Constanze Rossmann und Hans-Bernd Brosius in einer Medienanalyse. Dass eine Brust-OP dennoch nichts ist, was man einfach so bei einer Party in der Disco verlosen sollte, zeigte sich, als ein Club in Celle unter dem Motto »Kämpfe um deinen Traum« eine Brust-OP bei einer Party in der Disco verloste. Die Gewinnerin weinte vor Freude und fuhr voller Hoffnung zur Operation ins Nachbarland Polen. Nach dem Eingriff allerdings sprang ihr linker Brustmuskel ab. Der neue Busen war erst einmal verformt.

TV-Magazine thematisieren solche Folgen selten. Zuschauer, die 2003 oft die Doku-Soap *Beauty Klinik* auf RTL2 sahen, waren Schönheitsoperationen gegenüber entsprechend offener eingestellt und eher bereit, sich selbst operieren zu lassen. Risiken spielen demnach eine geringe Rolle, wenn in TV-Beiträgen wie *The Swan* oder *Extrem schön! – Endlich ein neues Leben* über plastische Chirurgie berichtet wird. MTV musste sich im Sommer 2009 für *I Want a Famous Face* vor Gericht verantworten. Der Jugendsender hatte die Show am Spätnachmittag ausgestrahlt, obwohl die Kommission für Jugendmedienschutz sie in den späteren Abend verbannt hatte. Das Format könne die Entwicklung von Kindern und Jugendlichen beeinträchtigen. Solche Sendungen erhöhten den sozialen Druck, argumentierte beim Prozess eine Gutachterin.

Im Jahr 2003 hat das LBS-Kinderbarometer ermittelt, dass 26 Prozent der nordrhein-westfälischen Mädchen von neun bis 14 Jahren über Schönheitsoperationen nachdenken. An allererster Stelle steht bei ihnen mit klarem Abstand: Fett absaugen. Auch Nasenkorrekturen und Brusteingriffe könnten sich einige vorstellen. Die Jungs interessiert das alles kaum: 90 Prozent haben so etwas noch nie erwogen.

Diese weiblichen Wünsche könnte man als Folge der Dauerpräsenz medialer Kunstkörper interpretieren. M. Gigi Durham beklagt in ihrem Buch *The Lolita Effect*, dass die übersexualisierten Figuren schon allerjüngsten Mädchen verkauft würden. Die Maschinerien von Medien und Marketing verknüpften Vorstellungen von Weiblichkeit und Attraktivität zu einer speziellen Form von Sexualität. Eine, die Exhibitionismus und die Macht des männlichen Blicks so stark betone, dass der eigene Wille und das Wohlbefinden der Mädchen dahinter zurücktreten müssten. Kleidungselemente wie Netzstrümpfe, Hotpants, Kunstnägel, Plateauschuhe oder Stilettos entdeckt Durham schon in Spielzeugläden und Modegeschäften für die Kleinsten. Stringtangas und Push-up-BHs für Mädchen deutlich unter zehn Jahren erwecken in ihr »problematische Assoziationen«. Als Krönung erscheint ihr ein Strip-Stangen-Set für Minderjährige, das in amerikanischen Tesco-Supermärkten angeboten worden sei – mit einem Gürtel und Spielgeld, um es hineinzustecken. All diese Produkte riefen Erinnerungen an Sexarbeit hervor. Sei es Prostitution – oder Pornografie.

Die Sexualisierung der Kindheit werde auch von Medienkonzernen wie Disney zu kommerziellen Zwecken vorangetrieben. Das Internationale Zentralinstitut für das Jugend- und Bildungsfernsehen moniert nach der Analyse von mehr als 26 000 Kinderfernseh-Charakteren aus 24 Ländern, zwei von drei Zeichentrickfiguren hätten derart lange Beine und eine Wespentaille, »wie sie nicht einmal durch eine Schönheitsoperation zu erreichen wäre«. Sexualisierung werde damit schon für Vorschulmädchen zur Norm. Deutschland zähle zu den Ländern mit den dünnsten weiblichen Hauptfiguren im Kinderprogramm. Jedes vierte Mädchen sei unnatürlich schlank. Solche Bilder förderten ein »problematisches Selbstkonzept«. Der eigene Körper könne für die kleinen Zuschauerinnen nur defizitär wirken.

In den USA ist die Pädagogin Durham nicht die Einzige, die sich über Halloween-Kostüme von 5-Jährigen empört, weil sie aus Miniröcken und bauchfreien »Tube Tops« bestehen, in Großbritannien auch »Boob Tubes« – also sinngemäß »Titten-Tops« – genannt. Etliche Bücher prangern denselben Trend an. Wenn man in Deutschland Kinderabteilungen von H&M, Wöhrl, Kaufhof oder Zara besucht, kann man dort Miniröcke für 6-Jährige entdecken, Push-up-BHs für 11-Jährige und enge Paillettenhosen, wie sie Popsängerinnen tragen, auch rosa Tops und Unterhosen mit Herzchen. Aber selten Stringtangas. Grundschullehrerinnen wundern sich über Mädchen in Lackstiefeln, Leggins und Strickkleid bis knapp unter den Po.

5-Jährige werden »Titten-Tops«, Kunstfingernägel und String-tangas nicht tragen, weil sie das zufällig in einem Porno gesehen haben. Strings etwa, vermutet die Pro-Familia-Pädagogin Almut Weise, könnten kleine Mädchen unter anderem deshalb toll finden, weil ihre Mütter welche anhaben. »Ich will, was Mama hat«, so ließen sich diese Modewünsche möglicherweise erklären. Sie selbst hat früher auch die Schuhe ihrer Mutter angezogen und mit Watte ausgestopft.

Dennoch zeigen die Beispiele, wie weit der Einfluss **Bitte bloß keine** des »Porno Chic« reicht. Pornografiekonsum wirkt ei- **Schamhaare!** ner Erhebung zufolge außerdem auf die Körperkultur in der Intimzone ein. Die Befragung des ProSieben-*Sexreports* 2008 ergab: Je häufiger Menschen Pornos sehen, desto eher rasieren sie sich selbst an der Vagina oder dem Penis. 81 Prozent der Frauen zwischen 18 und 25, offenbarte eine Umfrage der Uni Leipzig, epi-lieren sich die Schamhaare. 65 Prozent der Mädchen tun es laut Bravo-Studie. Ein Busch zwischen den Beinen gilt als wenig schick. »Wir haben noch ein paar Bilder von Scheiden aus den Siebziger-jahren«, erzählt Weise. »Wenn man die rausholt, sind alle Mädchen hinter den Polstern verschwunden. Das guckt sich keiner frei-willig an. Das ist so richtig Gruselstunde.« Wegen der Schamhaare. »Dabei sind Haare etwas, das Empfindungen transportiert«, sagt sie. »Na gut, eine andere Generation ...« Weise lacht.

Die Zahl der deutschen Waxing-Studios wächst. Sibylle Stolberg hat 2005 mit einer Partnerin ihr Unternehmen »Wax in the City« gegründet, das derzeit neun Filialen betreibt und weiter expan-diert. Stolberg hat dichtes schwarzes Haar und eine feine, römi-sche Nase. Sie trägt Jeans und ein weißes Top. Zum Gespräch bit-tet sie in einem Berliner Bürogebäude an einen robusten Holztisch.

In den Mittelmeerländern habe man die Haare in der Bikinizone
immer schon getrimmt, sagt sie. Auch in Südamerika, wo sie aufgewachsen ist. Da sei das ab 13 Jahren üblich. Die Praktik reiche
zurück bis zu Kleopatra. Jugendliche würden bei Wax in the City
selten enthaart. Gelegentlich komme mal eine 14-Jährige mit ihrer
Mutter, vor allem aus südlichen Ländern. Man müsse bei der jungen, zarten Haut äußerst vorsichtig sein. Sie entscheiden da von
Fall zu Fall und machen es nicht immer. Die Konkurrenz von
»Senzera« teilt mit: »Es ist einfach so, dass Männer und Frauen unter 20 Jahren es sich mit einem einfachen Taschengeld nicht leisten können, 40 Euro für einen Besuch bei der Kosmetikerin zu
zahlen. So ergibt sich wie oft in einem freien Markt eine natürliche
Barriere im Sinne der Gesellschaft.« Die Jugend setzt auf Rasierer
und Cremes statt auf teures Waxing oder florierende Ketten wie
»Hairfree« und »Cleanskin«, die die Haarwurzeln entfernen.

Früher habe das Wachsen in Deutschland vielleicht etwas An-
rüchiges gehabt, womöglich habe man es mit der Pornoindustrie
verbunden, überlegt die Gründerin von Wax in the City. Mittlerweile habe ein »Kulturwandel« stattgefunden. »Durchs Waxing ist
der Intimbereich salonfähig geworden«, fasst Stolberg zusammen.

Auch wenn es eine Verbindung zwischen Pornokonsum und
Schamhaarrasur gibt: Das verstärkte Epilieren des Genitalbereichs
ist Teil einer umfassenderen Veränderung. Lange vor den Waxing-
Salons haben sich die Fitnessstudios durchgesetzt. Dazu, stellt
Stolberg fest, gehöre ein »Lifestyle-Konzept«, bei dem die Haare
eben entfernt würden.

»Ich mache mit meinem Körper, was ich will«   Im übertragenen Sinn lässt sich der
Verlust der Scham auch so lesen: Die In-
timität schwindet, es wird generell mehr
gezeigt. Auch vom Allerintimsten. Wäre Britney Spears vor 30 Jahren ohne Unterhose aus einer Limousine gestiegen, hätten die Pa-

parazzi wohl nur einen kräuseligen, dunklen Schatten zwischen ihren Beinen fotografieren können.

Heute dagegen beschwert sich der Regisseur Ang Lee, dass er für seinen Woodstock-Film keine Darsteller mit Schamhaaren mehr findet, und Kate Winslet muss im *Vorleser* mit einem Toupet arbeiten. In diesem gesellschaftlichen Klima nennen Jugendliche häufig dieselben Gründe für ihre Rasur wie Erwachsene in einer Forsa-Umfrage: Es sei hygienischer, sehe schöner aus und der Sex sei besser. Man hat, so formuliert es Ric aus dem Berliner Jugendzentrum, »beim Lecken keine Haare im Mund«.

Bei Woodstock-Eltern kann der Anblick ihrer intimrasierten Kinder Entsetzen auslösen. In dem französischen Film LOL steigt die Protagonistin zu ihrer Mutter in die Badewanne:

Mutter: Sag mal, hast du dich da etwa rasiert?

Lol: Mama!

Mutter: Was denn »Mama«?

Kleine Schwester: Zeig mal!

Lol: Ich kann mit meinem Körper machen, was ich will, ja?!

Mutter: Aber nein, du. Das ist ... Nein, das machst du nicht. Du bist meine Tochter. Ich erlaube bestimmt nicht, dass du wie in einem Porno rumrennst.

Lol: Du musst immer übertreiben, Mama, wirklich!

Kleine Schwester: Mama, was ist das, ein Porno?

Der Sexualpädagoge Michael Hummert sieht hinter dem »Modephänomen« auch den Versuch, Erwachsene zu schocken. Dem Mädchen aus LOL gelingt das bei ihrer Mutter. »Was mit Sicherheit auch dahintersteckt: Dass man damit ein unglaubliches Geld verdienen kann«, sagt Hummert. »Die Pornoindustrie hat ja überhaupt kein wirtschaftliches Interesse daran, dass die Frauen rasiert sind.

Aber Wilkinson und etliche andere Hersteller ...« Die österreichi-
sche Enthaarungscreme-Firma Depila präsentiert in einer
Werbekampagne aus dem Jahr 2008 ein Model mit spärlich ver-
hüllten Brüsten, das seine Jeans so weit nach unten schiebt, dass
jeder klar erkennt, wie haarfrei der Intimbereich ist. Das Model
sieht sehr jung aus, eher Teen als Twen.

Für die Mädchen ist die Haarentfernung nicht immer ungefähr-
lich und manchmal nicht ganz schmerzfrei. Enthaarungscremes
schädigen die Scheidenflora, wenn man sie unvorsichtig aufträgt.
Experten raten davon ab, sie im Schritt einzusetzen. Wenn rasierte
Haare schräg nachwachsen, kann das Entzündungen nach sich
ziehen.

Eine viel weitreichendere Folge: Einige Frauen wünschen sich
beim Anblick ihrer nackten Scham plötzlich Schönheitsoperationen an der Vagina. Es gibt spezialisierte Chirurgen, die in der
Branche argwöhnisch beäugt werden; einer hat den Spitznamen
»Designer of Vagina«. Junge Frauen fragen sich: Warum sehen die
weiblichen Genitalien in Pornos immer so gleich aus? Über »Kinder-
mösen« bei erwachsenen Frauen raunzt abfällig die feministische
Zeitschrift *Emma*. Für die Pädagogin Durham ist das die andere
Seite des »Lolita Effect«. Die Sexualisierung bricht in die Kindheit
hinein und lässt Mädchen aussehen wie sexy Frauen. Manche
Frauen dagegen wollen wie kleine Lolitas wirken.

Die Bestsellerautorin Charlotte Roche, die mit ihrem Roman
Feuchtgebiete eine Debatte auch über Körperpflege angestoßen hat,
nimmt einen Druck zur Komplettenthaarung wahr, einen »Rasur-
zwang«. Viele Frauen seien erleichtert, dass sie endlich darüber spre-
che, was das für eine »Scheißarbeit« sei, sagte sie in einem Radio-
interview. Ein weiterer Mythos aus Marketing und Medien, der
Mädchen aus Roches Sicht ein Verhalten vorschreibt. Er wird wie
die anderen Schnittmuster transportiert, die allerdings nicht immer

auf die jungen, weiblichen Körper passen, weil die Modeindustrie strenge Vorgaben macht – eng, auch im Sinne von Kleidergrößen. Je mehr Mädchen sich selbst als Objekt sehen, desto stärker verunsichert sie das und desto eher sind sie bereit, Konsequenzen zu ziehen, die sich im Nachhinein nicht immer als klug erweisen. Ein verwachsenes Haar ist da noch der kleinste Schaden. Eine größere, aber schiefe Brust schmerzt auf ganz andere Art.

Gisela Gille klärt seit 30 Jahren Mädchen auf. **Steinzeitsoftware trennt** Dafür besucht sie regelmäßig Schulen. Gille ist **Mädchen von Jungs** Vorsitzende der Ärztlichen Gesellschaft zur Gesundheitsförderung der Frau. Der sexualisierte Umgang mit Liebe, den die Medien vermitteln, treibe viele in eine Art Flucht, glaubt sie. »Anspruchsvolle Mädchen der Mittel- und Oberschicht, die intelligent sind, leistungsfähig und sich moralisch ein Stück überlegen fühlen, ziehen sich mittlerweile massiv zurück. Sie verweigern das Erwachsenwerden und fliehen in die Magersucht, weil das, was ihnen angeboten wird, überhaupt nicht das ist, was sie sich erträumen.« An den Hauptschulen würden die Mädchen eher dazu neigen, nachzuspielen, was ihnen die Jugendmedien vormachen. »Da spalten sich die sozialen Schichten.«

Gille macht für den »mechanistischen Umgang mit Sexualität« gar nicht allein die Pornografie verantwortlich. Auch die US-Forscherin Jane Brown findet in einer Untersuchung heraus, dass die sexuellen Inhalte von Fernsehen, Musik, Filmen und Magazinen besonders Teenager, die so etwas in jungen Jahren konsumieren, dazu drängen, früher Sex zu haben. Der Kommunikationswissenschaftler Jochen Peter in Amsterdam hat beobachtet: Je mehr Pornos Jugendliche konsumieren, desto eher erscheint ihnen Sex als etwas, das man halt mal so macht – aus Spaß.

Die Frauenärztin Gille hat eine Erklärung dafür, warum männliche Teenager sich stärker zu Pornos hingezogen fühlen. »Jungs

wachsen in ihre Sexualität mit dem ersten Samenerguss hinein«,
sagt sie, »die Mädchen dagegen bekommen die Regel. Das hat mit
Sexualität und schönen Gefühlen nichts zu tun. Das führt sie ganz
tief in sich selbst hinein, beginnt mit Bauchschmerzen und hat
mit Kinderkriegen zu tun. Deshalb differiert das bei den 15-Jähri-
gen ganz enorm. Es ist sicher nicht richtig, die männliche Sexualität nur als triebgesteuert, die weibliche als Vanille-Sex darzustellen. Trotzdem starten beide erst mal unterschiedlich. Dass Pornos
bei den Jungs eine ganz natürliche Neugier befriedigen, ist ver-
ständlich. Mädchen finden eher über Liebe zum Sex. Jungs finden
eher über den Sex zur Liebe. Ein Jungsgruppenleiter hat es etwas
drastisch formuliert: ›Bumsen kann ich alleine, aber lieben habe
ich von meiner Freundin gelernt.‹«

Beim menschlichen Fortpflanzungsverhalten ticke oft noch eine
Steinzeitsoftware: »Die ist in uns drin seit Millionen von Jahren,
die hat sich ja auch enorm gut bewährt. Wir pflanzen uns fort, es
gibt uns immer noch. Aber Jungs und Mädchens starten eben nicht
mit sich auflösenden Geschlechtern – auch wenn einige Feministinnen das gerne hätten. Manchmal stecken die Teenager in archa-
ischen Rollen fest. Sie haben in achten Klassen richtige Lolitas. So
läuft keine Frau mehr herum. Und sie haben da Macho-Jungs. Das
kann sich kein erwachsener Mann leisten.«

Die Kommunikation in dem Alter hält Gille deshalb für »sehr
störanfällig«, gerade wenn es um Sex geht. »Selbstbefriedigung
etwa spielt bei Mädchen nicht entfernt die Rolle wie bei Jungs. Der
Beziehungsaspekt ist ihnen wichtiger. Damit tun sich Jungs im
jungen Alter sehr schwer.« Manche seien durchaus differenziert,
andere wollten dagegen vor allem wissen, wo die erogenen Zonen
seien. »Die denken, sie müssten da nur auf einen Knopf drücken
und dann geht die Frau ab wie Schmidts Katze.« Mädchen mache
es zu schaffen, wenn Jungs solche Vorstellungen hätten. Es sei

eben viel selbstverständlicher geworden, »dass es schnell zur Sache geht«.

Anna Kupczyk kann dazu eine Geschichte er- **Zwischen Hollywood** zählen. Sie sitzt in ihrem Büro im Augsburger **und Youporn** Jugendzentrum »Linie 3«, trägt ein schlabbriges T-Shirt, eine blaue Blümchenspange im blonden Haar und blaue Blümchenohrringe. An der Wand hängt unter einem Comic-Snoopy ein handgeschriebener Zettel: »Ficken sagt man nicht.« Kupczyk ist 27 Jahre alt, aus Polen, um den Hals ein kleines Kreuz. Sie hat Sozialpädagogik studiert. Danach kam sie ins Jugendhaus. Die Eltern der jungen Besucher sind oft Migranten und haben meist wenig Geld. Die Mädchen, sagt Kupczyk, würden sich »weiblich« anziehen, »körperbetont«, »manche nuttig«. »Sehr tiefe Ausschnitte, sehr kurze Röcke, manchmal auch Röcke, die man gar nicht mehr als solche erkennen kann. Das sind dann nur noch breite Gürtel. Eine Zeit lang gab es auch diese Fick-mich-Stiefel, diese ganz hohen. Die Mädchen zeigen sehr gerne Haut.« Sie macht eine kurze Kunstpause: »Die Jungs freut's natürlich.«

Die Mädchen schauen gern Styling-Shows, in denen Menschen vom hässlichen Entlein zum Schwan werden. Zu ihren Vorbildern zählen die Pussycat Dolls, Eva Longoria aus der Serie *Desperate Housewives* oder die Sängerin Beyoncé. Pornos mögen sie nicht. »Das ist ihnen zu heftig, zu brutal auch. Zu sehr dominiert von diesem Akt.« Mit zehn oder elf rauchen sie oft, wenig später Alkohol, Gras. Kupczyk bekommt nicht alles von den Jugendlichen mit, aber doch einiges. Die Jungs diskutieren Stellungen, wie viele man draufhaben muss, wie lang ein Penis sein sollte. »Neulich«, sagt sie, »hat sich bei uns hinterm Haus ein Drama abgespielt.«

Das kam so: »Er hat mit ihr Schluss gemacht, weil sie nicht mit ihm schlafen wollte. Sie waren erst eine Woche zusammen. Sie wollte sich Zeit lassen, Vertrauen aufbauen, das auch ein bisschen planen. Sie hat ja bestimmte Vorstellungen vom ersten Mal. Nach einer Woche war ihr das zu schnell. Auf Kuscheln steht er nicht, hat er gesagt. Ich hatte ihn zwei Tage später im Haus. Er hat behauptet, dass seine anderen Freundinnen schon nach zwei Tagen mit ihm ins Bett sind. Mei, ob das so ist ...« Kupczyk lächelt mit den Augen und schaut ein wenig spöttisch. »Er war 13, und sie war 14. Ich hab dann gesagt, mei, die Freundinnen wollten halt nur das eine. Ich würde behaupten, dass solche Leute, die nach zwei Tagen mit jemandem ins Bett steigen ... Sage ich jetzt nicht, was die für mich sind.« Kupczyk sagt es dann doch: »Schlampen.« Man müsse direkt sein. »Was anderes kommt hier nicht an.«

Die Mädchen stecken in einem Dilemma. Sie wollen sexy sein und den Jungs gefallen. Sie wollen aber nicht gleich mit ihnen schlafen müssen. Neben dem Supersex der Styling-Shows und Teenie-Magazine hält sich das Hollywood-Ideal der zutiefst romantisierten Liebe. Der Sexualpädagoge Michael Hummert findet deshalb: »Wenn man dem Pornofilm die Kraft unterstellt, dass er Rollenbilder verfestigt und bestimmte Muster vermittelt, muss man diese Macht auch einem Hollywood-Film zutrauen. Dann ist Sexualität etwas ganz Sauberes mit unglaublich vielen Blumen und Kerzen und Rosenblättern und trotzdem total spontan und mit aufgehender Sonne im Hintergrund. Das ist ja genauso fern jeder Realität.« Zwischen diesen beiden übermächtigen Mythen klemmen Mädchen fest.

Die sexy Disney-Heldin Hannah Montana, gespielt von Miley Cyrus, predigt Keuschheit vor der Ehe, so wie es Britney Spears getan hat, bevor alles ganz anders kam. Montana hält diesen Widerspruch scheinbar mühelos aus: extrem attraktiv sein, begehrenswert, aber dennoch im richtigen Moment Nein sagen. Vampir-Bestseller-Bücher der Mormonin und dreifachen Mutter Stephenie Meyer festigen solche Enthaltsamkeitsideale, indem sie voreheli-

chen Sex zur Gefahr stilisieren. Wenn die schöne Bella mit dem
bleichen Edward schläft, wird er sie vor lauter Leidenschaft mit
einem Biss in einen Vampir verwandeln. Meyer gilt mit ihrer Bis(s)-
Reihe als Erfolgsnachfolgerin der Harry-Potter-Autorin J. K. Row-
ling. Auch die Meyer-Verfilmungen unter dem Titel Twilight sind
Blockbuster. In Buchhandlungen stapeln sich ihre Werke auf eigenen Twilight-Thementischen.

»Sind meine sexy Outfits zu gefährlich?«, fragt Katrin in der
Jugendzeitschrift Popcorn. Sie sei happy mit ihrem sexy Auftreten,
aber neulich in der Disco hätten sie unzählige Jungs angegrapscht.
»Soll ich nur noch weite Klamotten tragen?« Nein, sagt die Berate-
rin des Magazins. Dass Jungs sie sexy fänden, sei doch klasse. Jetzt
müsse sie ihnen nur noch energisch signalisieren, dass sie deswegen
noch lange nicht leicht zu haben sei.

Jungs drängen zum Sex, das ist die Steinzeitsoftware. Pornos
stützen die Vorstellung, dass das völlig okay so ist. Viele Mädchen
dagegen hätten »unglaublich hohe Ansprüche«, sagt Almut Weise
von Pro Familia in Berlin. Die große Liebe treffen, ein, zwei Jahre
zusammen sein, dann erst Sex. Wenn dieselben zufällig ein Jahr
später noch mal in die Beratungsstelle kämen, seien die Dinge gelegentlich ganz anders gelaufen. »Und dann war das doch nach
einer Party, und sie hatte zu viel getrunken ...«

Die ärztlichen Aufklärerinnen um Gisela Gille werden oft gefragt,
wann man als Mädchen Sex haben »müsse«. Schon 14-Jährige würden es häufig für die Jungs tun. Hinterher bereuten es viele.

Mädchen wandeln auf einem extrem schmalen Grat. Es ist ein
Drahtseilakt. Von allen Seiten reißt, zieht und zerrt jemand. Die
Jungs, die Familie, die eigenen Wünsche und Träume, genährt
von Medienbildern. Hinter alledem steht nach wie vor ein uralter
Gegensatz: Heilige versus Hure. Man stürzt schnell ab, von der
unerreichbar Schönen zur Schlampe. Die Jury – Freunde, Freun-

dinnen, Bekannte – registriert das Verhalten genau. Wie hat der
rabiate Ric gesagt? Als Mann müsse man einiges angestellt haben,
um als Schlampe zu gelten. Bei Mädchen geht das wesentlich
schneller.

Eine emanzipierte »Bitch« Lady Ray nennt sich selbst eine »Bitch«, eine
Schlampe also, und sie möchte das positiv ver-
standen wissen. Ihre Texte sind mindestens so pornografisch wie
die der sexistischsten männlichen Kollegen. In ihren Videos wackelt
sie mit ihren Brüsten und fasst sich in den Schritt. Auf ihrer Seite
bei der Musikplattform *Myspace* ist ein Foto von ihr zu sehen, das
aus dem *Playboy* stammen könnte. Beim Interviewtermin prangen
an ihrer rechten Hand dicke goldene Ringe. Sie trägt ein schwarz-
seidenes Oberteil, glitzernd, über einem pinken Top. Nägel und
Lippen glänzen knallig pink. Alles voll porno.

Reyhan Şahin, sagt, sie sei eine Emanze. Damit die Leute ihre
Bitch-Posen nicht als übersexualisierten Unfug abkanzeln, der
sich nicht groß von den Überlegenheitsgesten anderer Rapper
unterscheidet, muss sie immer hinzufügen, dass sie Akademike-
rin ist. Dass sie ein Hochbegabtenstipendium hat und gerade
über die Semiotik der Kleidung promoviert, an einer richtigen
Universität, mit einem echten Doktorvater. Dann hören ihr manche immerhin so lange zu, bis sie ihr Konzept von »Bitchism« erklärt hat: »Bitch sein heißt: Das machen, was dir Spaß macht,
deine Sexualität ausleben, deine Freiheit nutzen, stark sein, unabhängig von den Typen.« Die Rap-Welt reagiert auf so viel sexuelles Selbstbewusstsein größtenteils ablehnend. Auf der Videoplatt-
form *Youtube* beleidigen junge Migranten Lady Ray in gerappten
Hasstiraden.

Lady Ray ist keine reine Kunstfigur. Şahin hat schon als Teenagerin mit denselben derbe-deutlichen Worten über Sex gesprochen
wie die Jungs. Ihre Eltern stammen aus der Türkei und wohnen

mittlerweile in einem Bremer Arbeiterviertel. Dort ist Şahin aufgewachsen.

Sie will eine sexuell selbstbewusste Frau sein und sich dafür nicht beschimpfen lassen. Was sie macht, nennt sie »Vagina Style«. Sie prahlt mit ihrem Geschlechtsorgan wie männliche Kollegen mit dem Penis. Als »Bitch« hat sie Sandra Maischbergers ARD-Talkshow und die Sendung von Harald Schmidt und Oliver Pocher aufgemischt. Da überreichte sie Pocher ein Döschen, in dem sich angeblich Scheidensekret befand. Die Rapperin sagt »Fotzenschleim«.

Wie Charlotte Roche tritt Şahin als neue Feministin auf, die sich nichts vorschreiben lässt. Im Gegenteil, sie formuliert selbst die zehn Gebote ihres »Vagina Styles«. Dazu gehört: zur eigenen Weiblichkeit stehen, den G-Punkt suchen, am besten Abitur machen und studieren, nicht mit 16 schon jeden Typen ficken, Cunnilingus genießen. Und: »Lass dich bitte nicht vom Arsch durchnehmen, nur um ›Jungfrau‹ zu bleiben.« Das ist eine Botschaft, die besonders an türkische und arabische Mädchen geht. Ihnen will sie Orientierung bieten. Im Weddinger Jugendzentrum stellt der Leiter Bernhard Rabe-Rademacher Teenagern Lady Ray vor – als positives Rollenbild.

Sex-positiv sagen amerikanische Feministinnen der jüngeren Generation seit einigen Jahren schon zu diesem Ansatz. Als *Alphamädchen* treten deutsche Buchautorinnen auf. Ein Motto: »Feminismus ist sexy.« Eine andere Autorin fordert die Wertschätzung des weiblichen Genitals, hebt in einem Interview dessen sexuelle Kraft hervor und verkündet: »Die Vulva rettet die Welt.« Popsängerinnen wie Katy Perry oder Lady Gaga bringen als selbstbewusste Frauen »queere« Sexualität, also lesbische Querverweise, in die Charts. Pornofilmerinnen fördern unter dem Motto »PorYes« feministische Sexfilme. Mit einem falschen Bart im Gesicht tritt die kanadische Sängerin Peaches für Körperbehaarung und männlich-starke Frauen ein. Die lesbische US-Punkerin Beth Ditto erscheint mit dem Model Kate Moss bei Modeschauen und entwirft XXL-Kleidung. »Ich bin mir aber sehr wohl im Klaren darüber, dass ich für die Leute, die diesen Öffentlichkeitszirkus beherrschen, nichts weiter als eine lustige Applikation bin«, sagt sie in einem Interview mit der Zeitschrift *Neon*. Dick ist deswegen noch lange nicht schick.

Aber Stimmen, die sich anders anhören als nach Britney-Spears-Sexualisierung, sind öffentlich zu vernehmen. Die Berlinerin Kitty Kat rappt: »Ich bin 'ne Frau, aber wäre ich ein Mann, würde ich dir jetzt sagen, Alter: Lutsch mein Schwanz.«

»Viele Rapper dissen immer die Frauen, was gut ist bei Kitty Kat: Die disst die Jungs«, sagt ein Mädchen, über deren Jeans ein Streifen Haut hervorschaut. »Wir sind nicht geschaffen dafür, nur ausgenutzt und verarscht zu werden. Das machen wir nicht mit. Es gibt schon 'n paar Tussis, die machen's. Aber die haben keine Ahnung, die finde ich echt beschissen.« Dann geht sie rein – in das alte Schulgebäude von Bernd Siggelkows Arche.

Lady Ray geriet mit ihrer offensiven Art an eigene Grenzen. Im Frühjahr 2009 brach sie zusammen und ließ sich wegen Depressionen in einer hessischen Klinik behandeln. »Mein Burn-out hat sehr direkt mit meiner künstlerischen Identität als Lady Bitch Ray zu tun«, teilte sie via *Bild*-Zeitung mit. Sie bemüht sich, auch damit offensiv umzugehen.

Sperma schlucken?
Oder Kondom mit Geschmack?
Die Frage ist, ob der Sex-positive »Bitchism« bei der Masse der Teenager ankommt, ob das feministische Selbstbewusstsein, das dahintersteht, viele Mädchen stärkt. Aus etlichen Profilen bei *Jappy*, den *Lokalisten* oder *SchülerVZ* spricht eher die Sehnsucht nach Bindung. Bei Pink-Porno-Barbie etwa: »ACH

SCHADZz ... IICH LIIEBE DIICH MEHR ALLS ALLES ANDERE
AUF DIIESER SCHEIIß VERFIICKTEN WELD IICH WIILL DIIICH
NIIE VERLIIEREN IICH LIIEBE DIICH MAIIN SCHADzz ‹3.« Mit
dem Schatz allerdings, erzählt sie an jenem Juliabend, sei sie gerade gar nicht mehr zusammen. Sie habe es bisher nicht geschafft,
den Eintrag zu löschen. Ein paar Wochen später ist er immer noch
da, darunter gesteht sie jetzt einem anderen ihre Liebe: »Du bist ein
Teil von mir.«

Silja Matthiesen und Gunter Schmidt bezeichnen solche jungen
Frauen als »Kontinuitätsoptimistinnen«. Die beiden Sexualforscher
haben sich in einer Studie ausführlich mit 60 Teenagern unterhalten, die ungewollt schwanger geworden waren. Sex, nehmen sie
an, finde bei 95 Prozent von ihnen in festen Beziehungen statt –
wie bei den Älteren auch. Nur wechseln diese Beziehungen häufig.
Matthiesen und Schmidt nennen sie »seriell«. Sehr bald nachdem
sie zusammen seien, würden die Jugendlichen miteinander schlafen. Bei der Hälfte der Befragten habe es keine vier Wochen gedauert. Wechselnde Beziehungen, das stellen Sexualwissenschaftler
seit Jahren fest, sind ein Zeichen jugendlicher Sexualität. Mit 13
dauert ein Verhältnis im Schnitt 3,5 Monate, mit 15 Jahren 5,1 Monate, mit 17 schon länger als eine Schwangerschaft: 11,7 Monate.
Das ergab 2003 eine Untersuchung.

Zwischen 2006, dem Jahr, als Youporn in Deutschland groß wurde,
und 2009 hat sich der Bravo-Studie zufolge das Alter des ersten Ge-
schlechtsverkehrs bei Mädchen kaum geändert. Zwischen 16 und
17 Jahren erleben die meisten Teenager ihr erstes Mal. Vor allem
die Mädchen schlafen dabei mit ihrem festen Freund. Laut Bravo-
Erhebung sind es 80 Prozent. One-Night-Stands können sich von
ihnen deutlich weniger vorstellen als bei den Jungs.

»Was kann ich ihm alles anbieten, bevor wir zur Sache kommen
müssen?«, fragen sich Mädchen laut Almut Weise. Wenn sie sich

Gedanken darüber machen, was passiert, nachdem sie Sperma geschluckt haben, ist das für Weise nicht zwangsläufig eine Folge von Pornokonsum. Zu dem, was sie anbieten können, gehört Oralverkehr. Die Mädchen, die bei Pro Familia sitzen, sehen meist zwei Möglichkeiten, damit umzugehen: Entweder sie benutzen ein Kondom mit Geschmack, oder sie schlucken das Sperma runter. Da fragen sie sich also, wie das wohl schmeckt. Voll porno? »Darüber haben wir uns früher schon Gedanken gemacht«, sagt Weise.

Das Hauptmuster der Jugendsexualität, das Matthiesen und Schmidt in ihrer Mädchenstudie entdecken, zeuge keineswegs von Verwahrlosung, schreiben sie. Eine Minderheit der Befragten sei aber überfordert: »Hin- und hergerissen zwischen hohen Erwartungen und schnellen Enttäuschungen, suchen sie in Beziehungen, die besonders instabil und gelegentlich auch gleichgültig sind, nach Geborgenheit, Unterstützung, Respekt und Selbstachtung.« Hoffnungen, die schon viel früher, nämlich in ihrer Herkunftsfamilie, enttäuscht worden seien. Wie bei Ric und seinem Kumpel Holger aus dem Ostberliner Jugendzentrum spielt wieder das Umfeld eine zentrale Rolle, die Familie.

Die Ollen aus dem Osten, sagt Camillas Freundin, die seien richtig asozial. Die beiden sind 17 und stehen vor den Spiegeln in einer Berliner Turnhalle, gleich fängt ihr Training an, sie tanzen Hip-Hop. »Erklär doch mal«, fordert die Freundin Camilla auf. Die hat schwarze Leggins an, darüber pinke Hotpants, im Gesicht viel Schminke, auf den Zähnen noch eine feste Spange. »Ich finde das schon eklig, wie die da miteinander ...«, setzt Camilla an. Sie zögert. »Die schlafen schon nach dem ersten Tag miteinander. Da kommen wir scheiße rüber, die Normalen.« Was denn normal sei, fragt einer der arabischstämmigen Jungs. »Wir sind normal«, sagt Camilla, »wir ficken nicht sofort am ersten Tag.« Sie sehen es manchmal, wenn Partys sind. »Geisteskranke Partys«, sagt Camil-

las Freundin, »mit viel Leuten, viel Alkohol.« Bei Patty beispielsweise. »So 'ne Ossi-Olle, die sich ramsen lässt von den ganzen
Knechten.« Sie habe sie mal mit so einem »Ekligen« gesehen, in
einem Nebenzimmer, bei ihr zu Hause. »Einfach nur ranzig.«
Camilla kennt die Leute aus dem Osten, weil sie da mal gewohnt
hat. In Hellersdorf. Sie lässt sich mindestens fünf Monate Zeit, bis
sie mit jemandem schläft. »Wenn die nicht warten, ist das eh 'ne
Verarsche.«

Beim Mädchenabend im Augsburger Jugendzentrum, wenn sie
Billard spielen, Minigolf oder eine Schnulze schauen, erzählen sie
der Sozialpädagogin Anna Kupczyk, wie das ist, wenn er nur Sex
wollte und dann viel zu schnell verschwindet. Sie fühlen sich ausgenutzt. Fallengelassen. Bei türkischen oder arabischen Mädchen
kann das zu ernsthaften Lebenskrisen führen. Die Familie erwartet
Jungfräulichkeit. Der Typ, der sie ihr genommen hat, ist schon
wieder weg.

Vor einigen Jahren lief im Kino ein Film namens *Prinzessinnenbad*.
Er erzählte von drei jungen Kreuzbergerinnen. Eine von ihnen,
sehr blond und sehr schlank, fing immer mal wieder was mit
Jungs an und wirkte neben ihrem großen, breiten Freund recht
verloren. Als sie nach ihrem Berufswunsch gefragt wurde, fielen
Klara zwei ein: Tierpflegerin – oder Pornodarstellerin.

Ihre Mutter schien sich nicht besonders zu kümmern. Kein
Heroin und nicht schwanger werden, das seien die Regeln. Sonst
ist alles okay. Sie hätte sich manchmal ein wenig mehr Strenge gewünscht, sagt Klara an einer Stelle.

Klara wirkt wie eine prominente Vertreterin dieser verunsicher-
ten Minderheit, von der die Sexualforscher Matthiesen und
Schmidt sprechen. Das Risiko von Hauptschülerinnen, schwanger
zu werden, ist fünfmal so hoch wie bei Gymnasiastinnen, haben
sie errechnet. Junge Frauen, die sozial benachteiligt sind, ohne

Ausbildung oder Arbeit, verhüten schlechter. Besonders wenn der Mann dominant ist, drängt.

Bei Anna Kupczy auf dem Sofa im Jugendzentrum saß vor einigen Monaten einer, 17 Jahre alt, der sah seltsam verstört aus. Sie hat nachgefragt, da hat er es ihr erzählt. Seine Exfreundin sei schwanger. Kondome möge er ja nicht so. Er habe sie angerufen, sagt Kupczyk, und ihr gesagt, sie soll abtreiben, »sonst schlägt er sie und zerrt sie zum Arzt«. Die Sozialpädagogin hat versucht, ihm zu erklären, wie die Freundin sich fühlt. Was das für ein Schritt gewesen sein muss, es ihm überhaupt zu sagen. Nach der Trennung. Was da für sie zerbricht, wenn er dann sagt, sie solle abtreiben.

Sie hätten ein Pärchen, sagt Kupczyk, das ziehe ihr Kind gemeinsam auf. Bei zwei Paaren habe es nicht geklappt. »Es ist für alle ein Schock, wenn daraus neues Leben entsteht.«

»Ganz klar: ein Schichtenproblem« Guido Landreh und Regina Danielmeier, beide um die 50, sitzen am Tisch im Lehrerzimmer. In der Ecke steht ein Papier-Chart. Es gibt Roibuschtee. Sie nennen sich Stadt-als-Schule. Zu ihnen kommen Jugendliche, die aus dem regulären System gefallen sind. Die Lehrer kümmern sich intensiv, persönlich. Klara aus *Prinzessinnenbad* war in einer ähnlichen Einrichtung. Es ist derselbe Bezirk, Kreuzberg.

»Viele unserer Mädchen sind Opfer von Gewalt, auch von sexueller Gewalt«, erzählt Danielmeier. »Wir haben eine ganze Reihe von missbrauchten Mädchen. Mädchen, die sehr früh schwanger wurden, die früh Mutter werden oder diverse Abbrüche hinter sich haben, viele Mädchen, die sehr krank sind, die sich mit Chlamydien rumschlagen und wahrscheinlich mit anderen Geschlechtskrankheiten; die gynäkologisch mit 15, 16 schon erkrankt sind.« Es erscheint Danielmeier als Schichtenproblem. »Ganz klar ein Schichtenproblem«, sagt sie. Die Gewalt pflanze sich fort. »Die Mädchen sind nicht selbstbewusster geworden in diesem Umfeld.« Manche glauben, sie müssten sich ausliefern, um ihren Freund zu behalten.

Man kann einige Jugendzentren besuchen oder dort anrufen, nicht nur in Berlin, und die Sozialpädagoginnen werden es häufig ähnlich formulieren. »Mädels haben sich zu unterwerfen und das zu machen, was der Typ sagt«, glaubt eine. »Es ist rauer geworden. Ich sag immer: lieblos.«

Ihre Klientel, sagt Danielmeier, hätte sich oft in einer winzigen Welt eingerichtet. Der Freund, ein paar Freundinnen, die Mutter. Alles, was außerhalb geschieht, wirkt bedrohlich und vor allem weit weg. Als würde jemand erzählen, dass es auf dem Mars Leben gebe. Sie weigern sich, ihren sicheren Kosmos zu verlassen. Selbst wenn es wehtut. Selbst wenn sie geschlagen werden. »Das vertraute Elend«, sagt Danielmeier.

»Diese Lebensform ist für sie wie eine innere Heimat«, stellt eine Erzieherin aus einem Ostberliner Jugendzentrum fest. Arbeitslosengeld, keine Perspektive. Alkohol. Sex. »Das kann keiner aufbrechen, wenn das erst mal so verfestigt ist.« So ein Leben werde von Generation zu Generation weitergegeben. Selbst von denen, die sich »rausgerappelt« hätten, würden zwei Drittel in die alten Verhältnisse zurückgehen, wenn etwas nicht läuft. »Die fühlen sich da beheimatet. Das ist die Gefahr.«

Es sei, sagt Guido Landreh, nachdenkliche Stirn, die Arme vor der Brust verschränkt, eine bestimmte Haltung, eine Lebenshaltung, ein Umgang miteinander, in den man so hineinwachse. »Die Pornografie und die Gewaltdarstellung sind ein Ausdruck davon.« Er überlegt kurz. »Vielleicht eher so rum.« Es komme ihr vor wie ein riesiges Feld, sagt Danielmeier: »Man sticht am Punkt Pornografie an und rollt im Grunde die ganze Gesellschaft auf.«

Sie versuchten in der Stadt-als-Schule kleine Inseln zu schaffen, wo etwas gut läuft, sagt Landreh. Das Selbstgefühl verändern, ein anderes Selbstbild entwickeln. Sie helfen ganz konkret. Wegen der Geschlechtskrankheiten haben sie eine Beratungsstelle dazugeholt.

Gisela Gille diskutiert mit den Schulklassen nicht nur, wann man mit einem Jungen schlafen kann, ohne dass man Angst haben muss, bloß verarscht zu werden, sie kämpft auch seit Jahren gegen Chlamydien. »Daran stirbt man zwar nicht, aber man wird unfruchtbar.« Es wird oft sehr still, wenn sie darauf hinweist. »Eine sagte neulich: ›O Gott, und das für so eine Nummer.‹ Da will einer kein Kondom benutzen, weil er sagt, das turnt ihn ab. Und dafür kann sie vielleicht ihr ganzes Leben lang keine Kinder kriegen.« Die Jungs wiegelten oft ab, sie passten schon auf. »Wie willst du denn auf 500 Millionen Samenzellen aufpassen?«, fragt Gille dann.

In einer Welt voller Pornos und Mediensex denken manche Eltern, sie müssten ihre Kinder gar nicht mehr aufklären. Die wüssten ohnehin schon alles. Man sieht es ja auch in Pornos. »Letzten Endes haben sie aber doch keine Ahnung«, sagt Elisabeth Raith-Paula.

Die Medizinerin hat das Projekt »Mädchen – Frauen – meine Tage« gegründet, kurz MFM. Sie erklärt den weiblichen Körper, »in einer sehr, sehr wertschätzenden Sprache«. Das sei heute ja eine absolute Marktlücke. Mit den Frauen, sagt Raith-Paula, steige sie hinunter in ihren Keller, ins Verlies, und lasse die Sonnenstrahlen hinein. Was macht beispielsweise der Zervixschleim in der Scheide? Unter anderem transportiert er die Spermien. Raith-Paula und ihre Mitarbeiterinnen gehen in erster Linie an Schulen, mittlerweile gibt es das Zusatzprogramm »Männer für Männer«. Der Bedarf scheint riesig. 2000 haben sie 700 Mädchen, Jungs oder Eltern erreicht, 2008 waren es mehr als 42 000. 60-mal so viele. Die Ärztin sagt, dass sie im Grunde nichts anderes tut als Charlotte Roche mit ihrem Bestseller *Feuchtgebiete*. Sie befasst sich ganz intensiv mit den Körperflüssigkeiten, die sich in diesen Territorien bilden. Roche stoße einen auf das vermeintlich Eklige. »Bei ihr bleibt es eklig«, sagt Raith-Paula, »die positive Bedeutung wird nicht gezeigt.« Das übernimmt das MFM-Projekt.

Roche reagiert mit ihrem Roman auf die Plastikkörper einer Medienwelt voller »Porno Chic«. Die Pro-Familia-Beraterin Almut Weise erlebt, wie einige Schülerinnen von diesen Bildern der sterilen Schönheit beeinflusst werden. »Hygiene ist total wichtig. Man muss so rein und neutral sein wie möglich. Es darf nichts nach irgendwas riechen.« Jedes Mädchen ab 14, 15 benutze Parfum, um den Körpergeruch mit diesem Duft zu verhüllen. »Alles so glatt und Plastik wie möglich«, sagt sie.

Weise hat ähnlich wie Raith-Paula den Eindruck, **Distanz zum eigenen** dass manche so eine gewisse Distanz zu ihrem **Körper** Körper aufbauen: »Viele gehen ins ›erste Mal‹ und haben sich da unten noch nie angefasst. Sie ekeln sich davor, deshalb benutzen sie auch keinen Tampon.« Als Weise das anfangs hörte, ist sie richtig erschrocken. Denn bei ihrer Entjungferung lassen sie einen anderen an die Stellen, die ihnen selbst suspekt sind. »Dass das dann keinen Spaß machen kann ... Ja, wie denn?«, ruft Weise.

Sie spricht in jeder Gruppe darüber, wie Sex und Orgasmus zusammenhängen. Die wenigsten jungen Frauen kommen mit 14, 15 oder 16, wenn sie mit jemandem schlafen. Viele dächten, mit ihnen stimme etwas nicht, erzählt Weise. Also simulieren sie die Höhepunkte. »Sie machen das, weil sie denken, sie müssten langsam mal kommen, oder weil es anfängt wehzutun, da der Partner immer weitermacht. Er weiß ja auch nicht, was er anders machen soll.«

Es klingt nach Pornomechanik. Mehr oder weniger bewusst spielen manche der jungen Darsteller so etwas nach. Der Mann

unter Leistungsdruck: Sie muss einen Orgasmus haben. Und sie
stöhnt dazu immer heftiger, weil sie denkt, dass das ja wirklich so
sein müsse, auch wenn es gerade gar nicht so ist.

Die Sache mit dem Orgasmus sei »relativ mythologisiert«, sagt
der Sexualpädagoge Michael Hummert. »In Pornos und vor allem
in den romantischen Liebesfilmen.« Auch da kommt man gleichzeitig.

Neben der Sozialpädagogin Kupczyk saß in Augsburg einmal
einer auf dem Sofa, dem hatte seine Freundin vorgeworfen, dass
sie keinen Orgasmus bekommt, und vorgeschlagen, dass ein Vorspiel nicht schlecht wäre. Soll ich jetzt würfeln oder was?, hat er
Kupczyk gefragt. Sie hat ihm erklärt, dass die Erregungskurve bei
Männern und Frauen unterschiedlich verläuft und dass es deshalb
nicht ganz einfach ist, dass beide beim Sex einen Orgasmus bekommen. Dass ein Mädchen sich im Bett so selbstbewusst gibt,
erscheint Kupczyk selten. »Die sind jung, unerfahren und verunsichert«, sagt sie. Es werde in Beziehungen kaum offen geredet, das
denkt auch Weise. Obwohl es guttun würde. Obwohl manche
sonst sehr laut darüber sprechen.

Steve baut eine Tüte. Er hat sich draußen Gras besorgt. Er legt es
auf den langen Tisch mit den Computerbildschirmen. »Jetzt wird
gebaut, wat dat Zeug hält«, sagt er. Sarah dreht sich kurz um und
unterbricht ihr Spiel für wenige Sekunden: »Das schöne Gras war
teuer.« Sie lächelt überlegen.

Es ist nur Spaß. Steve hat das Gras von der Wiese vor dem Jugendzentrum gerupft. Er rollt es in ein Blatt Papier. Steve ist 13,
sein Kumpel Tobi, den sie »Fetti« nennen, ist zwölf. Tobi geht in
die sechste Klasse, Steve in die siebte. Sie haben ihre Stühle hinter
die von Sarah und Charis gerückt und schauen ihnen beim Com-
puterspielen über die Schulter. Es geht darum, Gegenstände in
einem Zimmer zu finden. Eine Libelle. Sarah klickt. »Ey, Sarah, bist

voll feucht«, ruft Steve plötzlich. Irgendwie muss ihm das einge-
fallen sein. »Feuchte Träume, hab ich von dir«, singt Sarah leise
und sucht weiter nach der Libelle.

Das Lied mit den feuchten Träumen hat sie auf ihrem Handy. Es
ist von Frauenarzt. Zusammen mit King Orgasmus One hat er
einen Song gemacht, der »Teilen macht Spaß« heißt. Man kriegt
ihn auf *Youtube*. Sarah hat ihn mit einem speziellen Programm so
umgewandelt, dass sie ihn sich auf das weiße Mobiltelefon ziehen
konnte. »Eine Frau ist ein Gegenstand, und das teilt man gerne«,
heißt Orgis erste Zeile. Im Refrain rappt er von »Drogen und Ficken«
und schließt: »Reich die Muschi rum, reich die Muschi rum.«

Sarah gefällt das. Es ist schwierig herauszufinden, warum. Man
kann sie immer wieder danach fragen, an verschiedenen Tagen, mit
Bedenkzeit. Sie murmelt dann etwas von »coolen Texten«.

Nils Bahlos Büro besteht vor allem aus dem großen **»Porno« ist ein**
grauen Tisch in der Mitte. An den Wänden darum **Wertadjektiv**
herum surren zwischen Büchern einige Rechner.
Bahlo teilt sich den Raum mit einem Kollegen und mit seinem
Chef Norbert Dittmar, dem Professor. Sie sind Sprachforscher an
der Freien Universität Berlin. Von der Deutschen Forschungs-
gemeinschaft finanziert, untersuchen sie »Jugendsprache im
Längsschnitt«. Seit 2005 fährt Bahlo jeden Sommer in ein Zeltlager
der Deutschen Schreberjugend. Auch in diesem Sommer war er
wieder in Bayern, an der tschechischen Grenze, und saß abends mit
seinem Disc-Rekorder zwischen den Zelten. In blauen Shorts und
gestreiftem T-Shirt beugt sich der Doktorand jetzt über einen
Leitz-Ordner. Sommer 2006, Mädchenzelt. Bevor er vorliest, gibt er
noch eine kurze Einführung. Es klingt wie die Regieanweisung
aus einem Theaterstück: »Es ist Nachtruhe, also nach 22 Uhr, und
ältere Mädchen sind meistens nicht gewillt, um die Zeit schon ins
Bett zu gehen. Die liegen also auf ihren Pritschen, können einan-

der nicht sehen, weil es dunkel ist, und es kommt zu einem Gespräch. In dieser Nacht ist nichts los, da wollen sie die Situation befeuern. Sie sind in dem Fall 14 Jahre alt.«

Bahlo trägt also vor:
– Ey, lass ma Gangbang-Fingern machen (rülpst, lacht). Du fingerst dir einen, du fingerst mir einen, ich finger dir einen und dann mit dem Zeh in den Po (alle lachen).

Der Doktorand unterbricht kurz. Da zeige sich schon, sagt er, der humorvolle Charakter des Gesprächs. Das sei ja nicht ernst gemeint. Rülpsen könnten sie im Übrigen auch das Biene-Maja-Lied.

Er fährt fort:
– Ey, letzte Mal war ich an dem PC von meim Bruder. Wir gucken so, wir wollten auf Videos gehen, weeste, also über seinen Nickname rein, hier also so, auf everaging.com, da fickt 'ne Frau mit'm Golden Retriever. Ey, wenn ihr mal keinen Mann abkriegt, ich würd mit'm Golden Retriever, ey, weißte, was die für'n großen Schwanz haben? Wie beim Pferd.
– Ey, hallo, wennde 'n Pferd. Tschüüüüsch …

Eine Freundin habe das mit dem Pferd gemacht, fasst Bahlo weiter zusammen. »Die wurde totgefickt vom Pferd.« Dann gehe es wieder um den Hund. Bahlo blättert sich durch die Seiten. Ein Zitat aus der Teenie-Komödie *American Pie*, die manchen Autoren als Beleg dafür dient, dass die Pornografisierung auch vor Hollywoods Jugendkino nicht haltmache: Es geht um eine Flöte, die sich ein Mädchen in die Vagina schiebt. Sie spinnen das Motiv weiter, fordern sich zum Strippen auf, dazu einen Finger »ins Arschloch« zu stecken, Chili »auf'n Puller« zu schmieren. Ein Freund ruft an. »Wie

groß ist sein Puller?«, »Leck mich am Kitzler.« Sie mache keine Faxen,
behauptet eine. »Höhö, keine Fotzen. Mach keine Fotzen bitte.«
»Ey, Alter, ist ja schlimmer als 'n Porno, ey.« So bringt es eine von
ihnen nach einer Weile auf den Punkt.

»Wir sind jetzt hier also bei 5 Minuten 35«, sagt Bahlo, »es zieht
sich.« Zeit für eine kurze Einordnung aus seiner Sicht. Die Worte,
die der Sprachwissenschaftler dabei sehr häufig benutzt, lauten
»fantasievoll« und »humorvoll«.

Die Mädchen nehmen irgendeinen Anlass, etwa das Video auf
dem PC des Bruders, und fangen an, den wirrsten Blödsinn daraus
zu stricken. »Das ist dieses Ausloten von Grenzen«, erklärt Bahlo,
»das jugendliche Sprache auszeichnet. Sie verstoßen absichtlich
gegen Regeln, Werte, Normen der Erwachsenenwelt, sodass ein
gewisses Kribbeln entsteht.« Mit dem Porno-Vokabular, das ihnen
Frauenarzt, Orgi, Bushido oder Sido liefern, gelingt das gut. Die
Kategorien von Pornoseiten seien nicht nur im Netz, sondern
auch in den Unterhaltungen der Teenager präsent. Milf etwa, also
»Mother I'd like to fuck«. Oder eben: Gangbang.

Den Reiz der Gesprächssituation im Ferienlager, stellt Bahlo
fest, mache für die Mädchen auch aus, dass sie wüssten, dass theoretisch jemand hinterm Zelt stehen könnte – ein Forscher oder ein
Betreuer. Die Jungs, bemerkt der Linguist, führten ihre Gespräche
»bei Weitem nicht so fantasievoll«: »Pamela, bitte ficken, ein Euro!«

Ein Wort, das »rauf und runter« vorkomme: »porno«. »Das ist ein
Wertadjektiv«, erläutert er. Es hängt von der Intonation und vom
Kontext ab, was es bedeutet. »Voll porno« kann etwas Positives oder
etwas Negatives sein. Ähnlich wie etwa »krass« oder besser noch
»übel«. Dinge sind »übelst geil« oder »übelst scheiße«. »Das ist ja
voll porno«, rufen Jugendliche, wenn sie an der Supermarktkasse
stehen und einen Joghurt eklig finden. »Voll porno« finden sie
aber genauso eine ausgelassene Feier.

»Wir drehn 'nen Pornofilm, wir drehn 'nen Pornofilm, wir drehn 'nen Porno-, Porno-, Pornofilm!«, singen die Mädchen.

Jugendsprache beginne sich zu entwickeln, sagt Bahlo, wenn die Pubertät einsetzt, wenn Teenager mehr mit ihrer Peergroup zu tun haben als mit den Eltern, wenn sie selbstständiger werden, Raum für eigene Erfahrungen haben. »Es ist ein Sprachstil, der mit Grenzwertigem jongliert. Dazu gehört eindeutig auch Pornografie oder Sexualität. Sexuelle Sprachspiele haben Sie schon im 16. Jahrhundert beim Meistersinger Hans Sachs. Das sind ganz gängige Muster. Das ist nicht erst in den vergangenen 20 Jahren aufgetaucht.«

Man müsse nur einmal das Wort »geil« analysieren, schlägt Bahlo vor. »Das hat man in den Fünfzigerjahren nur im Sinne von Blumen verwendet, die geile Triebe haben, oder für umtriebige Menschen. Dann wurde es sehr stark sexualisiert. Mittlerweile sagt jeder ›geil‹. Sogar meine Oma.«

Ähnlich laufe das gerade mit anderen Begriffen: »Die Lautfolge ›ficken, bumsen, blasen‹ bleibt zwar erhalten, aber der semantische Gehalt der Worte verliert an Bedeutung. Die Funktion ist eine andere. Jugendliche können durchaus in der U-Bahn ›Man, fick dich!‹ schreien, weil das Wort ›ficken‹ nichts mehr mit dem Geschlechtsakt zu tun hat, in einem bestimmten Kontext abgeschwächt ist und heißen kann: Treib's nicht zu weit, oder: Hau ab! Erwachsene würden das so nie verwenden.« Im Augenblick jedenfalls. Den Prozess bezeichnen Sprachwissenschaftler als »semantische Verblassung«. Das Sexuelle ist gar nicht mehr sexuell gemeint.

Lisbeths Sexschock Es scheint auch bei den Allerjüngsten nicht viel mehr als ein Wort zu sein, wenn sie »Gangbang«, »Blowjob« oder »Bitch« rufen. So, wie ihre Eltern »Zickezacke, Hühnerkacke« gebrüllt haben. Dennoch ahnen einige, dass sich hinter den Begriffen etwas Aufregendes verbergen kann, womöglich haben sie auf einem Handy oder einem Computer von Bekannten schon Andeutungen davon gesehen. Erwachsene diskutieren gern darüber, wie das Internet ihre ahnungslosen Kinder ungewollt mit hartem Sex konfrontieren kann. Es genügt manchmal schon, in einer Suchmaschine nach »Spritzen« zu suchen. Erster Treffer: ein Forumsbeitrag zum Thema »ins Gesicht spritzen«. Links in Spam-Mails führen zu Pornoangeboten. Auf Online-Anzeigen räkeln sich halbnackte oder völlig unbekleidete Blondinen. Vertipper bei Internetadressen können ins virtuelle Rotlichtmilieu führen. Die Gefahr ist zweifelsohne vorhanden.

Kinder sind allerdings nicht so unschuldig und rein, wie manche sie sich vorstellen möchten. Mit acht oder neun Jahren, als Ric sich durch die Pornoschrankwand seiner Eltern wühlte, beginnen einige mit ersten Erkundungen. Auch Mädchen.

Lisbeth will es eigentlich gar nicht erzählen. Sie ist zehn Jahre alt, besucht eine fünfte Klasse, hat schwedenblondes, langes Haar und redet sehr erwachsen. Bekannte von ihren Eltern nennen sie eine »Neunmalkluge«. Von einem Freund, auf den seine Eltern nicht richtig aufpassen, hört sie manchmal bestimmte Worte: »Sex«, »Porno«, »Busengrapscher«. Bei einer Freundin auf dem PC hat sie einmal Bilder gesehen von Frauen, die »Hintern und Muschi zeigen«. Sie habe sich die Augen zuhalten müssen, sagt Lisbeth. Die Freundin hatte den Rechner von ihrem Vater geschenkt bekommen und sich durch die Bilder-Ordner geklickt. Lisbeth half ihr, die Dateien zu löschen. »Ganz einfach: rechte Maustaste, dann in den Papierkorb.«

Es muss zwei oder drei Jahre her sein, sagt Lisbeth, dass ihr diese andere Sache passiert ist. Es kommt ihr lange vor. Aber sie sieht es noch genau vor sich. Sie legt sich auf den Holztisch in der Küche, hält den Kopf schief und guckt, als würde sie die Frage am liebsten wegblinzeln wollen. Was war da also?

Sie atmet energisch aus. Na gut. Damals müsse sie ein bisschen
verrückt gewesen sein, sagt Lisbeth. Sie hatte diese Worte gehört,
saß am Rechner im Arbeitszimmer vor irgendeinem Spiel bei girls-
gogames.com, der Vater schlief gerade. Lisbeth gab »Sex« ein oder
»Porno«. Bei *Google* oder direkt als Adresse in die Browser-Leiste,
wie genau, weiß sie nicht mehr. Dann zuckte sie zusammen. »Das
war schon hart.« Ihrem Vater hat sie erzählt, die Seite sei plötzlich
aufgeploppt. »Ich war da überhaupt nicht gut drauf.« Der Mutter
hat sie ein paar Tage später alles gebeichtet. Unter aller Sau sei das
ja wohl, hat die gesagt und dass sie so etwas nie wieder machen
soll. Das hatte Lisbeth auch nicht vor.

Wenn sie bei *Girlsgogames* Modepuppen anzieht oder anderswo
surft, taucht am Bildschirmrand manchmal diese Frau auf, die
Männer zum Chatten einlädt. »Der zeige ich immer den Mittelfinger«, sagt Lisbeth. Sie hat ihren Vater schon gefragt, ob er die
wegmachen kann. Aber es geht nicht. Die Werbung verunsichert
sie. Eine Erinnerung an den Schock von damals.

Charis ist ein Jahr älter als Lisbeth. Ein großes, extrem schlankes
Mädchen mit langen, dünnen Beinen in engen Jeans. Ihre Mutter
passt gerade immer auf, dass sie genug isst. Neulich hat sich Charis zu Hause an ihrem Computer ziemlich erschrocken. Sie hatte
sich in einem Fanforum des Jungschauspielers Jimi Blue Ochsen-
knecht angemeldet. Dafür hatte sie sich ein paar Jahre älter gemacht. Ein Mann sprach sie an. »Hey, meine kleine Süße«. Am Anfang wirkte er ganz nett, am Ende wollte er Nacktbilder.

Laut einer Erhebung des Instituts für Cyberpsychologie, Medien-
ethik & Jugendforschung aus dem Jahr 2005 kommen Online-
Übergriffe regelmäßig vor. Die Befragung unter 1700 Jugendlichen
aus Nordrhein-Westfalen ergab, dass mehr als die Hälfte der Chatterinnen gegen ihren Willen über Sex reden sollten, von eigenen
Erlebnissen berichten, ihr Aussehen beschreiben oder sich die

sexuellen Erfahrungen anderer anhören. 18 Prozent sagten, sie hätten Pornos oder Nacktfotos erhalten oder man habe sie zu sexuellen Handlungen vor der Webcam aufgefordert. Wer hinter den Belästigungen steckt, darüber sagen diese Zahlen nichts aus. »Es sind nicht nur pädophile Erwachsene, vielfach sind es andere Jugendliche«, berichtet die Studienleiterin Catarina Katzer. Ihre Motive: Spaß, Nervenkitzel, das Ausprobieren von Rollen.

Charis war nach dem Zwischenfall im Fanforum so verwirrt, dass sie zu ihrer Mutter ging. Die löschte den Account sofort, verbot ihr, sich künftig in irgendeiner Community anzumelden, und sagte ihr, dass sie auf gar keinen Fall noch einmal ihre Postanschrift im Netz verschicken soll. An niemanden.

Der NRW-Studie zufolge reagieren nur acht Prozent der Betroffenen so wie Charis und wenden sich an ihre Eltern. Nicht wenige der Opfer haben eine negative emotionale Beziehung zu Vätern und Müttern. Gerade in den heftigeren Fällen haben sie sich der Analyse zufolge oft selbst in Gefahr gebracht, weil sie sich an riskante Orte begaben – etwa in Porno-Chats. Die Hälfte der Chatterinnen hatten sexualisierte Nicknames. Mit übersteigertem sexuellem Interesse hat das meist gar nichts zu tun, zeigt die Analyse der Forscherin Katzer. Wen sie mit »Sex«, »Porno« oder »Pussy« im Namen anziehen können, scheint einigen kaum bewusst. Gerade die Jüngeren seien oft langfristig geschockt, wenn einer sie sexuell anspricht, sagt Katzer.

Im Februar 2007 stand Phillip J. vor dem Landgericht Hagen. Die Anklage lautete auf Mord. Der 20-Jährige hatte sich einem Mädchen aus seiner Schule unter falscher Identität in einem Chat genähert, weshalb er wusste, dass es am 20. August 2006 allein zu Hause sein würde. J. erdrosselte sein Opfer mit einem Telefonkabel und stach danach mit dem Messer zu. Die Schülerin verblutete. Ein seltenes, aber umso grausameres Beispiel dafür, welche Gefahr anonyme Chat-Bekanntschaften bergen. Ein Blogger der New York Times berichtet von drei Nutzern des Videoportals stickam.com, die im Jahr 2009 verhaftet worden seien. Sie hatten Minderjährige dazu überredet, sich vor der Webcam auszuziehen.

Im Gerhard-Bosch-Haus in Viersen mussten die Betreuer sich vor einiger Zeit an die Klinikschule wenden und die Seite knuddels.de filtern lassen. In dem Chat hatte einer der jungen Sexualstraftäter versucht, Kontakt zu Kindern aufzunehmen. Er hatte vor, sie zu treffen.

Ihre Mutter verbietet Charis, solche Seiten zu nutzen. Aber die Tochter kennt einige, die das tun. Im Jugendzentrum hängt sie mit Sarah, Steve und Tobi ab. Das ist ihre Peergroup. In solchen Gruppen, sagen Lehrer, Sozialpädagogen und Wissenschaftler, entscheidet sich der Umgang mit Pornoclips und Porno-Rap. Wie mit Zigaretten. Wer traut sich, Nein zu sagen? Wegzusehen? Sarah hat den beiden Jungs »Teilen macht Spaß« von King Orgasmus One per Bluetooth auf ihre Handys geschickt. Die seien in sie verliebt, sagt sie. Sarah ist nicht interessiert. Da könne sie ja gleich was mit Babys anfangen. Auf der Plattform Jappy hat sie sich ein Jahr älter gemacht und die Worte »love« und »pink« zu einem Namen kombiniert. Sie wollte sich mal mit einem Typen treffen. Der hat sie aber nur verarscht und kam dann nicht.

Die Mädchen im Augsburger Jugendzentrum machen das auch manchmal. Sie bestellen einen Typen aus SchülerVZ oder von den Lokalisten zum Bahnhof, um ihn aus der Ferne zu inspizieren. Meist gehen sie dann wieder, ohne Hallo zu sagen.

Carl meldet sich in Lüneburg mit Kumpels manchmal als Mädchen an und lässt sich von Jungs Bilder schicken. Da lehnen schmächtige Gestalten halbnackt in Türrahmen. Ihnen allen ist klar, dass eine Online-Identität nur eine Online-Identität ist und

dass man die Menschen dahinter mit Vorsicht bewerten muss.
Charis weiß es jetzt auch.

Sophie ist mit Blind Dates vorsichtig, sagt sie. Meist trifft sie die
Leute, die sie im *Lokalisten*-Netzwerk online kennengelernt hat,
eher zufällig in einem Club. Sie hat Profile auch bei *Facebook*, bei
StudiVZ und bei einigen anderen Communitys. Bei *Youtube* nennt
sie sich »Hotmausi«. Auf ihren Fotos lächelt sie verträumt und
herausfordernd zugleich. Einmal steht sie an einem Straßenrand,
ganz knapper Rock, blondiert wie immer. Jemand hat darunter-
geschrieben, dass man da ja bestimmte Assoziationen kriegen
könne.

Wie es ihr gerade geht, warum sie kränkelt, was sie macht, wo sie
abends ausgeht, teilt Sophie all ihren Freunden über die Status-
meldung bei den *Lokalisten* mit, die sie fast jeden Tag aktualisiert.
Sie ist jetzt 16, hatte Sex mit einigen Freunden. Und sie hört Rap,
auch Porno-Rap. Als sie 14 Jahre alt war, hat sie damit angefangen.
Dass man den »Arschficksong« nicht nachspielen sollte, hat sie damals schon gedacht. Als Partylied fand sie ihn »echt hamma«.

Sie stammt aus einem bayerischen Dorf. Ihre Hobbys waren
2007 noch Reiten und Tennis, aber dafür hat sie langsam immer
weniger Zeit. Sie hat mal Britney Spears gehört und nur Einsen
im Zeugnis gehabt. Sie hätte eine Jahrgangsstufe überspringen
können, in ihrer Klasse galt sie als Streberin. Sophie wollte das
ändern. Im Fernsehen sah sie auf MTV Videos von Rappern wie
Bushido und Sido. Ihre Eltern sagten, so was müsste man verbieten. Anfangs hielt sie das auch für ziemlich eklig und grässlich,
aber später hörte sie die Sachen in ihrem Zimmer. Erst Sido,
»Arschficksong«, dann Frauenarzt, »Pornoparty«, die Musik war
angenehm aggressiv. Und mit den Texten konnte sie ihre Eltern
und Mitschüler schocken. »Was man verboten bekommt, macht
man«, sagt Sophie.

Sie hing mit älteren Jungs am Bahnhof ab, lernte, »ficken« zu sagen, ohne rot zu werden. Wenn ihr Vater ins Kinderzimmer kam und sie gerade Frauenarzt hörte, drehte sie leise. Sophie begann sich »Schlampen-Style« anzuziehen, kaufte häufiger bei Tally Weijl, knappe Tops, viel Ausschnitt. Sie ging nicht mehr ungeschminkt aus dem Haus. In der Schule nannten sie Sophie nun »Gangsta-Rapperin«. Der Imagewandel war gelungen.

Einer ihrer ersten Freunde stammte aus einem Nachbardorf, trug Basketballshirts, Caps und um den Hals eine dicke Silberkette. Er war drei Jahre älter als sie, und am Wochenende feierten er und seine Kumpels gelegentlich Pornopartys. Sophie sah sich mit ihnen Clips auf Youporn an. Sie fand das ziemlich widerwärtig, auch wenn die anderen Mädchen »Woah!« und »Geil!« riefen. Sie konnte sich nicht vorstellen, dass die ekligen Sachen aus den Songs tatsächlich jemand machte.

Aus den Boxen kam Frauenarzt, Fler, B-Tight. Die anderen fassten sich gegenseitig an und küssten sich. Sie knutschte nur mit Bobby. Manchmal streichelten andere an ihr herum. Es war ihr unangenehm. Einmal sagte einer der Jungs zu zwei Mädels, sie sollten strippen. Die beiden haben sich ausgezogen, getanzt und sich geküsst. Ein anderes Mal nahm jemand so etwas auf. Sophie musste später daran denken, wie ihr Freund sie in Unterwäsche fotografiert und die Fotos per Mail verschickt hatte. Sie hat sich deswegen von ihm getrennt. Er hat danach häufiger ein Lied von Sido gehört, »Sarah«, in dem beschimpft der Rapper eine Frau. Rap kann machen, dass sich einer wieder stark fühlt, sagt Sophie.

Sie hat sich neu erfunden, für sich ein anderes Image kreiert, ihre Stellung in der Klasse gestärkt. Im selben Augenblick wurde sie deswegen begafft und befummelt. Es ist wie bei den Popsängerinnen: Ermächtigung gegen Erniedrigung. Heilige versus Hure.

Man müsse um ihre Aufmerksamkeit schon kämpfen, sagt
Sophie. Sie tut einiges dafür, dass die Jungs das auch wollen.

Was ihr damals mit den Unterwäsche-
fotos in einer harmloseren Variante pas-   **»Steffi aus Moers« verbreitet**
siert ist, dafür gibt es mittlerweile einen   **sich übers Netz**
Namen: »Sexting«. In den USA lief in
Pennsylvania ein Prozess gegen mehrere Teenager. Die Mädchen
hatten den Jungs Nacktaufnahmen von sich selbst geschickt. Die
Anklage warf ihnen die Verbreitung von Kinderpornografie vor.
»Sexting« leitet sich von der englischen Vokabel »to text« ab, also:
eine SMS verschicken. Es ist nicht das erste Verfahren dieser Art:
Eine Studie geht davon aus, dass 20 Prozent aller Jugendlichen in
den USA schon einmal Nacktfotos von sich selbst verschickt haben. Das kann nur eine grobe Schätzung sein. Aber Medien berichten immer wieder von Fällen.

Einer der bekanntesten deutschen Clips ist vor einigen Jahren
im Rheinland entstanden. Wer bei *Google* nach »Steffi aus Moers«
sucht, findet im Herbst 2009 fast zwei Millionen Treffer. Das Video
ist 40 Minuten und 51 Sekunden lang. Ein Mädchen, 15 Jahre alt,
sitzt nackt auf dem Sofa und wird von Jungs befummelt. »Dreh
dich mal rum, wir wollen deinen Hintern sehen«, sagt einer. So
berichtete das alles die *Bild*-Zeitung. Die Aufnahme ist in den
Tauschbörsen des Netzes so präsent, dass eine andere »Steffi aus
Moers« auf *Myspace* patzig antwortet: Nein, sie sei es nicht. »Es geht
mir tierisch auf den Sack, dass mich andauernd irgendwelche Voll-
idioten anschreiben und mich mit dem Thema volllabern.«

Womöglich hat die echte Steffi sich anfangs noch gefreut, dass so
viele Jungs sie sexy fanden. Vielleicht empfand sie die Kamera als
Kompliment.

Die Geräte werden immer kleiner, verstecken sich in Handys
oder MP3-Playern und machen aus Schwimmbadbesuchern,

Strandgängern und Umkleidekabinennutzern wahlweise heimliche Unterwäsche-Regisseure oder unfreiwillige Halbnacktmodels. Im Kreuzberger Prinzenbad, wo der Film *Prinzessinnenbad* entstand, sagt ein Bademeister, dass sie seit einiger Zeit verstärkt auch darauf achten: Spanner mit Minikameras.

Torsten Gems kennt viele solcher Videos. Seine Firma ProComb sucht im Internet danach. Ein, zwei Mal im Monat wenden sich Eltern an ihn. Oft nach der Trennung der Tochter von einem Freund. Meist hat der dann Aufnahmen, mit denen sie damals noch einverstanden war, per Mobiltelefon verschickt oder ins Netz gestellt. Gems unterstützt Gerichte dabei, die Clips zu finden.

Im Hintergrund sind oft Kinderzimmer zu sehen, mit Simpsons-Postern und bunt bezogenen Betten. In einem Clip tanzt eine recht junge Frau im Slip und ansonsten nackt zwischen Bett, Bücherregal und Schreibtisch. Eine Katze schleicht durch den Raum. Es könnte sein, dass die Frau, die jünger als 18 aussieht, in einem Video-Chat einem Typen gefallen wollte und nicht daran gedacht hat, dass er das problemlos mitschneiden kann. Vielleicht hat sie es auch selbst ins Netz gestellt.

Es gibt in Gems' Archiven einen anderen Clip, da arbeitet ein junges Mädchen konzentriert wie eine Pornodarstellerin mit dem Mund an einem Penis, schaut irgendwann auf und sagt:»Würdest du bitte mal stöhnen?« Er tut das dann, extrem übertrieben. Sie lachen, es ist ein heiteres Filmchen. Die Mitschüler, die so etwas sehen, finden es sicher auch lustig. Doch spätestens da ist der Spaß meist vorbei.

Wie sehr sie sich damit in den Augen ihrer Zuschauer selbst entwerten, ist den Mädchen anfangs selten klar. Das ganze Ausmaß erkennen sie oft zu spät. Von»Endlosviktimisierung« spricht das Institut für Cyberpsychologie, wenn diskreditierendes Material sich in Foren, Plattformen und auf Handys vervielfältigt wie ein

schädlicher Computerwurm. Dann können selbst Anwälte nur
noch wenig dafür tun, die Videos aus dem Verkehr zu ziehen. Man
müsse sensibel vorgehen, sagt einer. Es könne passieren, dass der
Clip sogar noch häufiger auftaucht. Wenn etwa durch eine An-
zeige eines mutmaßlichen Täters auf ihn aufmerksam gemacht
wird und der sich rächen will.

Es gibt brutale Beispiele. 2006 berichtet der Berliner *Tagesspiegel*
von einer Vergewaltigung, die aufgenommen worden sei und auf
dem Schulhof zirkulierte. Die *Badische Zeitung* und die *Süddeutsche
Zeitung* schreiben später von gefilmten Gruppenvergewaltigungen.

Schläft ein 14-Jähriger in Deutschland mit einer 13-Jährigen und
filmt das, dann ist die Sache für die Strafrechtlerin Tatjana Hörnle
klar: Besitz von Kinderpornografie, Strafgesetzbuch, Paragraf 184b.
»Ein 14-Jähriger würde unters Jugendstrafrecht fallen«, ergänzt sie,
da gäbe es unter Umständen weichere Möglichkeiten, man könnte
das einstellen.»Aber wenn zum Beispiel ein 18-Jähriger so etwas
ins Netz setzen würde, bekäme er eine Freiheitsstrafe von drei
Monaten bis zu fünf Jahren. Wenn man es nur zu Hause besitzt
und nicht verbreitet, könnte es auch mit einer Geldstrafe geahn-
det werden.« Sie erinnert sich jedoch nicht, dazu in Deutschland
bisher von einem Fall gelesen zu haben.

Seit dem Herbst 2008 gibt es den Straftatbestand der Verbreitung von Jugendpornografie, der eine feincre Abstufung schaffen
soll zwischen Kindern, Jugendlichen und Erwachsenen. Wenn ein
17-Jähriger ein Pornofoto von seiner gleichaltrigen Freundin
macht und sie ist einverstanden, kann er nicht bestraft werden.
Wenn das Bild an andere verschickt oder gar im Internet veröffentlicht wird, sieht das schon wieder anders aus.

Viele Mädchen zögern aber auch nach der Trennung vom
Freund, ihn wegen der Verbreitung privater Aufnahmen anzuzeigen.»Die meisten gehen bestimmt nicht zu den Eltern und sagen:

Der verbreitet Videos, auf denen ich Oralverkehr mit ihm habe«, sagt Torsten Gems von ProComb.

Die echte pinke Porno-Barbie Als Carolin mit 13 Jahren zum ersten Mal Sex hatte, hat das niemand aufgezeichnet. Die Kameras kamen viel später. Mit 15 stach ihr ein Tätowierer die ersten verschnörkelten Muster in die Haut. Mit 18 hat sie sich die Brust vergrößern lassen, von Körbchengröße B auf D. Seitdem ist sie dreimal operiert worden, zuletzt hat ein Chirurg ihr neue Silikonkissen in einer anderen Form eingesetzt. Mittlerweile trägt sie BH-Größe F. »Ich wollte schon immer eine große Brust haben«, sagt Carolin. Das wirke weiblicher. Ihre Fingernägel glitzern pink. Ihre langen Haare schimmern künstlich in Platinblond. Auf ihrer silbernen Uhr stehen die Buchstaben D&G, wie Dolce & Gabbana, die Designermarke. Carolins Haut ist fast so bronzefarben wie ein Fünfcentstück. Alle drei Wochen geht sie zum Friseur und ins Nagelstudio, ins Solarium jede Woche. Sie achtet genau darauf, was sie isst, viel Eiweißhaltiges. Abends macht sie Fitnessübungen. Sie hat muskulöse Oberarme. Ihre Lieblingsfarbe ist Pink. Auch ihr kleiner VW-Sportwagen ist rosa.

Carolin sieht aus wie eine Pornodarstellerin. Sie sah schon so aus, bevor sie zu einer wurde. Wenn sie das Wort »Porno Chic« hört, stutzt sie kurz. Pink ist für sie eine »Mädchenfarbe«.

An diesem Sonntagnachmittag sitzt sie in der Halle 21b der Erotikmesse Venus unterm Funkturm in Berlin. Ab und zu nippt sie an einem Mixgetränk. In der Luft liegt ein sanfter Alkoholduft. Carolins Top mit dem Krankenschwesternkreuz spannt über der Brust. Darauf steht ihr neuer Name: »Sexy Cora«. Sie trägt ihn auch auf den knappen Hotpants über dem Po. Sie ist jetzt 20 Jahre alt, und gerade scheint alles gut anzulaufen.

In Jeans und blauem Hemd erklärt Carolins Manager und Exfreund, 24 Jahre alt, baumbreit, wie das kommt. Sie sei nicht eines

dieser dummen Püppchen, das merke die Presse. Sie könne sich
artikulieren und spontan agieren. Zunächst allerdings artikuliert
er sich für sie.

Es ist kaum zwei Jahre her, da arbeitete er selbst noch als frei-
beruflicher Personal Trainer und gab Ernährungstipps, sie hatte
die Lehre als Krankenschwester abgebrochen und modelte für Tat-
too-Magazine, Kalender oder kleinere Werbegeschichten. Anfangs
hat sie sich nur ein bisschen ausgezogen, später ein bisschen mehr.
Eines Abends, so erzählt es ihr Exfreund, da waren sie schon getrennt, schickte sie ihm einen selbst gemachten Clip, auf dem sie
sich einen Dildo einführte. »Ich war ein bisschen frech«, sagt er,
»und hab das einfach mal auf eine Seite hochgeladen.« In dem Fall:
Private Amateure. Es gibt mittlerweile etliche solcher Angebote, die
gewöhnlichen Internetnutzern, Profis und Halbprofis 25 Prozent
der Erlöse bieten, wenn sie Videos auf die Homepages stellen. Das
populärste Angebot heißt *My Dirty Hobby* und kaschiert mit dem
Namen nur dürftig die Tatsache, dass das Drehen für viele etwas
anderes als ein Hobby ist. Carolins Manager war noch gar nicht ihr
Manager, als er 70 Euro auf seinem Konto entdeckte und sich
wunderte, wo sie herkamen. Als Auftraggeber der Überweisung
identifizierte er dann: *Private Amateure*. Carolins Dildo-Clip hatten
300 oder 400 Leute angeklickt. Es schien eine bequeme Art, an Geld
zu kommen.

Sie zog sich vor der Kamera aus, live vor der Webcam. Gegen Ge-
bühr. In der Öffentlichkeit steckte sie sich auf der Venus 2008 zum
ersten Mal einen Dildo in die Vagina. Sie sei sehr aufgeregt gewesen, sagt der Manager. »Ich hab gezittert«, sagt sie. Er habe ihr, fährt
der Exfreund fort, dann gesagt, dass sie diesen Schritt jetzt gehen
müssten. Als ein Zuschauer in einem Webcam-Chat schrieb, dass
er gern Sex mit ihr hätte, hielt der Manager auch diesen Schritt für
sinnvoll. Sie trafen sich in einem Hotel. »Bevor wir lange über-

legen, ziehen wir das mal durch, sonst wird das eh nichts«, habe er
da gesagt, erzählt der Exfreund.

Es gibt jetzt eine eigene Sexy-Cora-Seite, die innerhalb von acht
Monaten gut 800 000 Klicks registriert hat. 12 000 User haben sich
angemeldet. Mit am beliebtesten ist ein Gangbang-Video. Sie veröffentlichen manchmal einen Ort und Termin im Netz. Wer will,
kann kommen und mit Carolin schlafen. In die Boberger Dünen
in Hamburg kamen etwa 30 Männer. Sie hatten die Hosen schon
wieder an, als die Polizei mit fünf Streifenwagen auftauchte. Der
Manager, der Kameramann, Regisseur und Gelegenheitsdarsteller
ist, rannte weg. Carolin wurde festgenommen. Die Boulevard-
presse berichtete. Die Klickzahlen wuchsen.

Ähnlich war das mit ihrem Gloryhole-Rekord. Gloryhole bedeutet: Männer betreten eine Kabine, stecken ihren Penis durch ein
Loch in der Wand, und auf der anderen Seite nimmt eine Frau ihn
in die Hand oder in den Mund. Sie habe, sagt Carolin, 23 Männer
in 50 Minuten geschafft. Alle sind gekommen. In ihrem Gesicht
klebte Sperma. »Es ist momentan wie eine Mode«, sagt sie. Gangbang, Gloryhole, Massengloryhole. Dass sie beim 23. Mann zusam-
mengebrochen ist, erwähnt sie nicht. Man kann es anschließend
aber auf bild.de nachlesen.

Wenn die Geschichte, die ihr Manager erzählt, stimmt, dann
fing das alles streng genommen mit einem Fall von Sexting an,
einem fast klassischen sogar: Exfreund stellt Video ins Netz. Aus
dem Sexting ist für Carolin ein Job geworden. Es gibt einige Mädchen, die gerade volljährig wurden oder schon Anfang 20 sind
und so ihr Geld verdienen. Auf der Venus 2008 präsentierte sich an
einem Stand »Webcam Julia«, die gegen minütliche Gebühren ihre
Brüste im Bikini schwingen lässt. Bekannt aus Bild und Fernsehen.
In der ostdeutschen Stadt, aus der sie stamme, würden etliche
junge Frauen so ihr Geld verdienen, erzählte sie. Auch Carolin

sagt, dass das extrem viele versuchen. Nur bei wenigen klappe es
so gut wie bei ihr.

In einer dieser Mittagstalkshows, die das, was **Bekannt wird sie bei**
der Popforscher McNair Seelenstriptease nennt, **Britt auf Sat.1**
zum Programm machen, ist sie so richtig bekannt
geworden, Britt auf Sat.1. Da betrat Carolin das Studio, während das
Publikum jubelte, und durfte dann ihr Geschäftsmodell vorstellen.
Sie war später noch einmal da, und auf der Venus 2009 lief sie mit
einem Britt-Team über die Messe, um herauszufinden, ob Westper-
len oder Ostbräute lockerer drauf seien. Zwischenzeitlich klappte
ein Aufsager nicht ganz so gut, die Kameras einiger Fans, die sich
zu den Fernsehleuten gesellt hatten, blitzten grell, und Carolin
fuhr sie gereizt an, dass es jetzt mal für einen Moment reiche. Bitte!

Das sah nicht so sehr nach dem Spaß aus, den sie und ihr Manager in jedem zweiten Satz betonen, wenn sie ein Interview geben.
Eher nach harter TV-Arbeit. Es lohnt sich. Je mehr Leute über *Bild*
oder *Britt* von Sexy-Cora erfahren, desto mehr Klicks, desto mehr
Verdienst. Beliebte Videos können über Monate oder Jahre hinweg
auf den unterschiedlichen Amateurportalen mit ihren 25-Prozent-
Beteiligungen mehrere Tausend Euro bringen. Eine Profidarstellerin verdiene 2500 oder 3000 Euro im Monat, sagt der Manager.
Cora mache mehr.

Carolin ist ein Scheidungskind. Sie wurde in Berlin geboren und
zog später mit ihrer Mutter nach Mecklenburg-Vorpommern, wo
sie aufwuchs. Als Teenagerin blieb sie samstags lange auf, um die
Erotikfilme auf den Privatsendern zu sehen. Sie fand die Pornosammlung des Stiefvaters. In ihr drin sei etwas passiert, während
sie die Filme schaute, sagt sie. Es fühlte sich gut an. Sie kaufte früh
einen Vibrator, mit 16 oder 17 hatte sie das erste Mal Analsex.

Auf Automessen sprachen Fotografen sie an. Sie habe eben schon
immer auf ihr Äußeres geachtet, sagt Carolin. »War halt 'ne Hüb-

sche«, sagt ihr Manager. Sie mag es, wenn sie auf der Straße erkannt wird, in Hamburg, selbst wenn sie mit Cap und Kapuzen-
pulli unterwegs ist. Auf der IAA in Frankfurt hat ein Verkäufer sie
angesprochen, mit dem haben sie später in seiner Wohnung gleich
einen neuen Porno gedreht. Auf einer anderen Automesse, in
Schwerin, sind sie mit einem aufs Klo. Sie bekomme von all den
Pornoportalen täglich bis zu 50 Mails, von jedem einzelnen, sagt
sie. Sie beantworte alle. Damit ist sie mindestens vier Stunden beschäftigt, eher länger. Auf ihrer Homepage ruft sie gerade Männer
über 60 dazu auf, sich für einen Dreh zu bewerben. »Gerne auch
über 80«, sagt sie. Bisher habe sie noch keinen einzigen abgelehnt.
Es passe eigentlich immer, sagt ihr Manager.

Ihren Traum dürfte sie mit den Tausenden Mädchen teilen, die
ihr auf *Jappy* und *SchülerVZ* so ähnlich sehen, die sich in die Cas-
ting-Hallen von Heidi Klum drängen, die die Zeitschrift *Casting*
lesen, auf deren Cover Lady Gaga angekündigt wird, die erkläre,
»warum jeder berühmt werden kann«. Casting-Formate vermehren sich im Fernsehen seit Jahren auf allen Kanälen. Deutschland
sucht Superstars, Musicaltänzer, Talente, Politiker. In Doku-Soaps
werden rabaukige Schüler und schwangere Teenager begleitet
oder solche, die es werden wollen. »Deutschland ist einmal durch-
gecastet«, sagte eine Agenturchefin dem *Spiegel*. Für die Doku-
Soaps werde es immer schwerer, Interessenten zu finden.

Reality-Formate laufen erfolgreich im Fernsehen, und Reality-
Formate laufen erfolgreich im Internet, auf den Pornoseiten. »Casting« ist als Schlagwort ähnlich beliebt wie »Gangbang«. Ältere
Pornofilmregisseure tun so, als würden sie junge Frauen auf
Kameratauglichkeit prüfen, auch Dolly Buster dreht eine Serie, in
deren Titel das Wort »Casting« auftaucht. Die Szenen wirken nicht
spontan, eher, als gebe es ein Drehbuch. Bei seriösen Unternehmen
finde so etwas kaum statt, sagt Lars Rutschmann von der

Pornofirma Magma. »Man muss nicht testen, ob eine Frau vögeln kann.« Die Konkurrenten von Inflagranti warnen auf ihrer Homepage vor halbseidenen Testcastern.

Das Pornoformat und das TV-Format funktionieren unterschiedlich. In den Pornoclips soll den Zuschauern mit dem Casting-Label Authentizität suggeriert werden. Die Fernsehsendungen spielen mit der Sehnsucht oft junger Menschen, noch mehr Bestätigung zu bekommen als auf den Gästebuchseiten von Sozialnetzwerken. Der Traum endet nicht selten in Verzweiflung. Plötzlich haben alle einen im Fernsehen gesehen und lachen einen aus.

»Welches kleine Mädchen möchte nicht gern **Venus-Frauen kennen** die Prinzessin werden, die berühmt wird?«, sagt **keinen Schmerz** Carolin. Ein bisschen berühmt ist sie jetzt. Sie könne es, was ihren Status anbelangt, mit den meisten Profidarstellerinnen großer Firmen aufnehmen, sagt Pornoproduzent Rutschmann. Viele, die sich als Darstellerinnen bewerben, würden von Berühmtheit träumen, vermutet er. Auch auf der Venus 2009 kommen zwei Pärchen Mitte 20 zum Magma-Stand, die Männer haben McFit-Oberkörper, die Frauen sind solariumbraun. Eine hat schon gedreht, die andere will anfangen. Trotzdem: Einen Ansturm verzeichnet Rutschmann bei Magma nicht gerade. »Es schwankt immer.« So sieht es auch Harry S. Morgan von der Konkurrenz Videorama: »Nein, das hat wirklich nicht zugenommen.« Wie viele probieren, eine Karriere bei den Kleinst- und Nischenanbietern oder bei *My Dirty Hobby* zu beginnen, lässt sich dagegen kaum herausfinden.

Was Rutschmann feststellt: Die Bewerberinnen werden jünger. Früher seien sie um die 30 gewesen. »Heute sind die Mädels 18, 20, 21. Und davon extrem viele. Die Motivation ist für viele, eine gewisse Bestätigung zu bekommen, weil man mitdreht. Es hat mit

der Illusion zu tun, dass man als Pornodarstellerin begehrenswert
ist. Die Leute kommen querbeet. Die klassischen Mädels, die
Go-go-Tänzerin gemacht haben oder anschaffen waren. Dann gibt
es auch Mädels, die studieren, die es reizt. Die machen das ein,
zwei Mal. Länger dran bleiben die anderen. Für viele, die früher als
Prostituierte tätig waren, ist es schon ein Aufstieg, wenn sie von
einer Nutte zur Pornodarstellerin werden. Das Vögeln ist das Gleiche, nur verdienen sie mehr.«

Manchmal sieht Rutschmann junge Mädchen in T-Shirts, auf
denen »Pornostar« steht. Weißt du überhaupt, was das ist?, denkt
er dann, was das bedeutet?

Der Dokumentarfilmer Jens Hoffmann, der die Branche in den
USA jahrelang beobachtet hat, wehrt sich wie einige PorYes-Femi-
nistinnen dagegen, Pornodarstellerinnen nur als ehemalige Miss-
brauchsopfer zu sehen, die zu Opfern der Sexindustrie wurden. In
seinem Film *9 to 5 – Days in Porn* kommt auch die junge Sasha Grey
vor, die sich mit 17 einen Pornoagenten gesucht hat, mit 18 anfing
zu drehen und seitdem weit über 150 Filme gemacht hat. Sie produziert Musik mit Weltstars, ist in einem Hollywood-Projekt des
Regisseurs Steve Soderbergh als Callgirl aufgetreten und gibt die
selbstbestimmte Sex-positive Pornodiva. Die Österreicherin Renee
Pornero, die mittlerweile nur noch Regie führt, wollte einen ähnlichen Stil aus den USA auf den deutschen Markt bringen. Noch
viel mehr als Grey wirkt sie wie eine Einzelgängerin. Im San Fernando Valley gibt es Stars.

Die Frauen verdienen deutlich mehr als Männer, sagt Hoffmann. In Deutschland, gesteht auch er ein, setze sich die Branche
anders zusammen. Mehr Gebrauchtwagenhändler und Friseurin-
nen. Die ehemaligen Go-go-Girls und die Prostituierten, die er
treffe, hätten selten einen großen Plan, wie Grey oder Pornero, sagt
Rutschmann. Ein paar Hundert Euro machen. Es klingt nach

Hartz-IV-Alternative, nicht nach sexueller Befreiung mit pornografischen Mitteln. Selbst eine der letzten vergleichsweise bekannten Frauenfiguren der deutschen Pornoindustrie habe nach ihrem
Karriereende als Prostituierte gearbeitet.

Nach dem Gespräch mit Carolin ist es nicht einfach zu sagen,
wie gut es ihr mit ihrer Arbeit geht und wie viel Spaß ihr der Sex
vor der Kamera macht. Eine Profidarstellerin, die sich Leonie Saint
nannte, ist kürzlich ausgestiegen, hat ein Kind bekommen und im
Fernsehen erzählt, dass das mit dem Spaß und den echten Orgasmen alles Unfug sei und die Branche hart und verlogen. Carolin
wirkt an diesem Sonntag am Venus-Stand irgendwie ehrlich zufrieden. Wie eine tüchtige Bankkauffrau, die vergessen hat, den
Anzug überzuziehen.

Sie hat ihren Körper so modelliert, dass sie damit weder in einem
Rap-Video noch in einer Hardcore-Pornoproduktion auffallen
würde. Sie betrachtet ihn als ihr Kapital, als eine Anlage, in die sie
weiter investieren muss, so wie viele Mädchen, nur macht sie damit wirklich Geld. Sie sieht so aus, wie Männer sich Frauen in
pornografischen Fantasien vorstellen, und sagt, dass sie das für
sich tut, dass sie das gern macht – auch wenn ihr Manager sie in
den entscheidenden Momenten wohl ein wenig vorangeschubst
hat. Sie ist ein weibliches Chauvinistenschwein, wie es in Ariel Levys
Buche steht. Und vielleicht ist sie in diesem Moment sogar ein
mehr oder weniger glückliches weibliches Chauvinistenschwein,
auch wenn sich aufgeklärte Mittelschichtsfrauen das kaum vorstellen können.

Carolin hat keinen Freund, aber zwei Hunde zum Kuscheln,
sagt sie. Sex bekomme sie am Set. Schmerzen beim Gangbang habe
sie keine gehabt. »Die sind mir alle sympathisch entgegengekommen. Es ist ja nicht sechs Stunden Dauerknallen. Da wird zwischendurch geblasen oder geduscht.« Sie dreht nur mit Kondom, mit

den stärksten, die es gibt, »HT Special«, ausgelegt für Analverkehr. Ihre Gesundheit sei ihr wichtig, sie könne das sonst nicht genießen. Nein, Schmerzen wirklich keine. »Ich schiebe mir selbst die Faust in den Hintern, das ist okay.« An den Tagen, an denen es nicht klappt, weil sie sich nicht entspannen kann, würden sie das nicht machen. Deshalb will sie in ihrer Nische bleiben und nicht mit den großen Firmen arbeiten. »Als Profi musst du ran. Da werden die Darsteller angestellt und zum Set geschickt. Da wird gesagt: So, du musst jetzt die Cora wegbangen.«

Auch Jana Bach, die auf 9Live moderierte und zu den bekanntesten deutschen Darstellerinnen gehört, hat einen Gangbang mit Fans gedreht. Schmerzen? Sie sitzt im goldenen Kostüm mit glitzergoldenem Hut an einem Messetisch und isst Salat aus einer Plastikschale. Zwei Meter weiter steht sie noch einmal als Pappfigur, gerade hat sie Autogramme gegeben. Schmerzen? Beim Gangbang? Sie lächelt, Überraschung im Gesicht. Nein, eher Spaß, keine Schmerzen. Sie achte genau darauf, was sie mache. Kein Anal beispielsweise. Aber ist man nicht irgendwann wund? Es seien ja nur acht Männer gewesen, sagt Jana Bach. Und Frischverliebte würden doch auch stundenlang Sex haben. Dann muss sie mit einem Bodyguard im Anzug schnell zu einem Laufsteg, auf dem sie sich auszieht und einen Leuchtstab schwingt, der ein wenig an den der Popsängerin Lady Gaga erinnert. Frauen auf dieser Venus kennen keinen Schmerz.

Carolin erzählt schließlich doch von ihrem Traum, als sie das mit dem Spaß so oft gesagt hat, dass es selbst ihr langsam seltsam vorkommen muss, wenn sie es noch öfter tut. »Ich hoffe, es geht noch sehr weit«, sagt sie da. Und neben ihr raunt der Exfreund, der jetzt ihr Manager ist: »International.«

Sie plant gerade eine eigene Modelinie, die im kommenden Jahr erscheinen soll. Und eine Pflegelinie. Fast wie Paris Hilton.

»Amerika ist ein großes Ziel«, sagt Carolin. »Ich möchte gern in die Fußstapfen von Jenna Jameson treten.« Jameson, das ist die bekannteste Pornodarstellerin der Welt. Carolin lacht. Aber nur ein bisschen.

Kapitel 7

Aussperren unmöglich: Jugendschutz im Internet

Frank Müller saß zu Hause an einem seiner Rechner und arbeitete, als er seine Frau im Wohnzimmer rufen hörte:»Nina, was ist das denn?«

Auf dem Sofa starrten Mutter und Tochter geschockt in den Bildschirm von Müllers Macbook. Seine 13 Jahre alte Tochter, die Zweitälteste von vieren, hatte sich seinen tragbaren Computer genommen und sich durch das Profil einer Freundin auf SchülerVZ geklickt. Dabei war ihr auf einer Pinnwand ein Link aufgefallen. »hie rder link dne du ahben wolltst hdgdl« hatte ein Junge aus ihrer Schule der Freundin ins Gästebuch geschrieben. Nina kopierte die Adresse, in der etwas von»doppelanal« stand, öffnete sie und zuckte neben ihrer Mutter zusammen: Da war eine blonde Frau zu sehen, der zwei Männer ihre Penisse in den Anus schoben.

Müller, 47 Jahre alt, Werbetexter in der Nähe von Frankfurt, setzte sofort eine Mail an die Kundenbetreuer von SchülerVZ auf. Seine Tochter sei gerade auf pornografische Inhalte in dem Netzwerk gestoßen. Er nannte den Namen des Jungen, der den Link verbreitet hatte, und das Profil, wo Nina darauf gestoßen war. Die Reaktion von SchülerVZ überraschte ihn schließlich noch mehr als der Doppelanal-Link.

Man habe den Nutzer wegen des Verstoßes verwarnt, teilte eine Mitarbeiterin von »SchülerVZ User Care« mit, beim nächsten Mal könne sein Profil gelöscht werden. Das sollte alles gewesen sein? Die Reaktion finde er enttäuschend, schrieb Müller zurück. Warum würden die Links nicht umgehend gelöscht? Es handle sich nicht um irgendwelche Pin-ups, sondern um Hardcore-Pornografie!

Wenn es um die Kontrolle in sozialen Netzwerken geht, verweisen die Betreiber alle auf dasselbe Dilemma. Sie haben so viele Nutzer, dass es ein unglaublicher Aufwand wäre, die Aktivitäten der einzelnen Mitglieder zu überwachen. Die Communitys wirken wie Miniaturnachbildungen des weltweiten Netzes – unübersichtlich und weit verzweigt. Ständig entstehen neue Verknüpfungen, in jeder Sekunde werden Nachrichten verschickt, Bilder versendet und kommentiert, Gästebucheinträge hinterlassen. Jugendschützer stehen vor einer fast unlösbaren Aufgabe: Wie sollen sie in diesem Webwirrwarr die Übersicht behalten?

Allein bei SchülerVZ sind nach Angaben des Betreibers VZnet Netzwerke 5,5 Millionen Teenager angemeldet, die täglich etwa 600 000 Fotos hochladen. Besonders gern werden Partys dokumentiert. Am 1. Januar 2009 verzeichnete SchülerVZ 1,3 Millionen Uploads. Ein »irrsinniges Volumen« von Daten laufe über die großen Plattformen, sagt Andreas Hauenstein, einer der Mitgründer der Lokalisten, einer Seite, die im Süden Deutschlands von vielen Schülern genutzt wird. Drei Millionen Nachrichten fließen täglich durch dieses Netzwerk, bis zu 250 000 Fotos werden hochgeladen.

Aus datenschutzrechtlichen Gründen könne das nicht alles kontrolliert werden, sagt Hauenstein. Das erschiene ihm wie Zensur. Es sei technisch auch kaum machbar. Wirtschaftlich sinnvoll sei eine komplette Kontrolle bei der Bilderflut nicht zu leisten, heißt es bei *SchülerVZ*. Die *Lokalisten* setzen deshalb auf menschliche Filter – auf ihren »Petzen-Knopf«. Das Prinzip wenden fast alle an: egal ob *SchülerVZ*, *Lokalisten*, *Jappy* oder *Youtube*.

Es sei »ganz wichtig, dass jemand auf seine Umwelt achtet, sei es im realen Leben oder auf der Webseite«, glaubt Hauenstein. Mehrere Tausend Petzmeldungen gingen Tag für Tag bei den *Lokalisten* ein. Ein Rechner sortiert sie automatisch nach Dringlichkeit. Je häufiger etwa ein Profil gemeldet wird, desto schneller gerät es auf den Bildschirm eines Mitarbeiters im Support-Team der *Lokalisten*. Das ist die zweite Stufe des menschlichen Filters. Jemand muss erkennen, ob die Petzmeldung berechtigt ist. »Da braucht man ziemlich viel Erfahrung«, sagt Hauenstein, »technisch kann man das nicht umsetzen.«

Bei den *Lokalisten* kümmern sich 20 Mitarbeiter um die Warnmeldungen, bei *Myspace* um die 300 im Hauptsitz in Los Angeles. Zehn von ihnen sprechen Deutsch. *Youtube* macht keine Angaben. Angesichts der Millionen Nutzer hält Katja Knierim, die bei der staatlichen Kontrollstelle jugendschutz.net für Chats und Communitys zuständig ist, die Mitarbeiterstärke für ziemlich gering, selten könnten sie mit den Nutzerzahlen mithalten. Laut Telediensteguesetz müssen die Plattformverantwortlichen »unverzüglich« handeln, wenn sie von rechtswidrigen Handlungen oder Informationen auf ihren Seiten erfahren – und das Material entfernen. Knierim fordert »intensivere Kontrollen« und rät Nutzern, nicht nur die Netzwerkbetreiber, sondern auch die Polizei zu verständigen, wenn sie »strafrechtlich relevante Vorgänge beobachten«. Es geht bei den Meldungen per »Petz«-Button nicht nur um Pornografie, sondern auch um rechtsextreme Sprüche, Symbole oder Links, um Gewalt und Amokdrohungen.

Knapp zwei Wochen nach seinem ersten Mailwechsel mit *SchülerVZ* musste Frank Müller feststellen, dass der Doppelanal-Link nach wie vor auf dem Profil zu sehen war. Er tippte eine weitere Nachricht und kopierte ein Zitat der Betreiber hinein: »Inhalte, die gegen den Verhaltenskodex verstoßen, werden gelöscht, sobald sie uns gemeldet werden.« Man tue doch alles, behauptete *SchülerVZ*, für ein »möglichst hohes Jugendschutzniveau«. Müller fragte den »User Care«: »Sie wissen seit zwölf Tagen, dass Sie auf Ihren Seiten 13-Jährigen den Zugang zu Hardcore-Pornos ermöglichen. Was tun Sie eigentlich in der Abteilung Jugendschutz?«

Man habe die Nutzer, die die betreffenden Links auf ihren Profilen hätten, verwarnt, antwortete die Mitarbeiterin. Wer die Einträge daraufhin nicht entfernt habe, sei gelöscht worden. Im Übrigen handle es sich gar nicht um pornografische Inhalte auf *SchülerVZ*, »sondern lediglich um einen Link auf solche im Internet – auffindbar auch jederzeit über die gängigen Suchmaschinen«.

Mehr als sechs Monate nach Müllers Beschwerde stand der Doppelanal-Link immer noch auf der Pinnwand, an der seine Tochter ihn entdeckt hatte. Und tatsächlich, da hat die *SchülerVZ*-Mitarbeiterin völlig recht: Man findet die Seite auch über Suchmaschinen, beispielsweise über *Google*. Allerdings nur, wenn man den Jugendschutzfilter ausschaltet – was kein großer Aufwand ist. Und wenn man sie sucht. Das ist der entscheidende Unterschied. Müllers Tochter hatte sie zufällig gefunden.

»Der Link«, sagt Philippe Gröschel, »hätte in diesem Fall sofort gelöscht werden müssen.« Mit der Verwarnung an den Nutzer: »Du hast gegen unseren Verhaltenskodex verstoßen. Wir fordern dich hiermit auf, derartige Inhalte in Zukunft nicht mehr hochzuladen!« Gröschel ist im besten *StudiVZ*-Alter, 24 Jahre. Er trägt Jeans und einen grauen Sweater, hat halblange wuschelige Haare und einen Bart. Bei *SchülerVZ* ist er Jugendschutzbeauftragter. Er sitzt in der Unternehmenszentrale in Berlin in einem Konferenz-

raum mit hohen Decken und Glasscheiben. 250 Mitarbeiter beschäftigt VZnet Netzwerke in dem Backstein-Fabrikbau.

Von 9 bis 23 Uhr kümmern sich Tag für Tag mehr als 30 Mitarbeiter um Anfragen wie die von Frank Müller. Es sind viele
Werkstudenten darunter. In einem Großraum mit grauer Auslege-
ware und Zimmerpflanzen lesen sie die Beschwerdemeldungen
und überprüfen Profile. Täglich gehen um die 3000 Meldungen
ein. Mit 400 Textbausteinen reagieren die Mitarbeiter in der Regel
auf Anfragen wie: »Ich war auf einer Party, und jemand hat ein
Foto hochgeladen. Das soll da nicht gezeigt werden.« Sie müssen
auch Mädchenprofile durchsehen, deren Aufnahmen »Erotografie«
sein könnten. Darüber zu entscheiden sei nicht einfach, sagt Gröschel. Eine 16-Jährige, die im Familienurlaub am Strand posiert
und das im Album »Meine Ferien« dokumentiert, darf das prinzipiell tun. Wenn das Album allerdings »I'm hot« heiße und sie sich
in sexy Posen vor dem Spiegel räkele, müsse man ganz anders darüber nachdenken.

Sofort hart durchzugreifen erscheint Gröschel nicht immer als
die beste Lösung. »Es kommt vor, dass Jugendliche trotzig reagieren.« Sie melden sich noch einmal mit einer anderen E-Mail-Adresse an, nachdem ihr Profil gelöscht worden ist.

Was Gröschel auch sagt: »Es ist für kein Unternehmen machbar,
5,5 Millionen Jugendliche hundertprozentig zu beaufsichtigen.
Wir haben selbstverständlich eine Verantwortung als Betreiber,
der wir nachkommen, aber Medienerziehung ist auch Aufgabe der
Eltern, der Familien und der Schulen.« SchülerVZ hat gemeinsam
mit Teenagern einen Verhaltenskodex erarbeitet, gibt Informati-
onsmaterial für Eltern und Lehrer heraus und klärt an Schulen auf.
Wenn Eltern ihrem Kind zu Weihnachten eine Kamera schenken,
müssten sie ihm selbst erklären, was es mit den Fotos machen darf
und was nicht, findet Gröschel.

Pornografie von Minderjährigen fernzuhalten, so wie es das
Strafgesetzbuch und der Jugendmedienschutz-Staatsvertrag verlangen, ist schon in den geschlossenen Communitys alles andere
als einfach – obwohl manche nach außen hin mit ihrem möglichst
hohen Jugendschutzniveau werben. In den Weiten des Netzes, außerhalb der vermeintlich geschützten Teenager-Netzwerke, wird
es noch viel komplizierter.

Die Zentralen im Abwehrkampf gegen die **In den Hauptquartieren**
harten Sexclips und brutalen Rap-Zeilen sitzen **der Jugendschützer**
in München, in Mainz und in Bonn. Die Kom-
mission für Jugendmedienschutz, die Kontrolleinrichtung ju-
gendschutz.net und die Bundesprüfstelle für jugendgefährdende
Medien führen diesen Kampf gemeinsam. Ihre Waffen sind Altersverifikationssysteme, Filtermodule und Indizierungen. Gäbe es
ein nationales deutsches Internet, das an den Landesgrenzen
endet, hätten sie gute Siegchancen. Aber das Internet ist international. Das macht ihre Waffen so stumpf.

Das strategische Hauptquartier der Abwehrkämpfer residiert in
einem zweistöckigen grauen Bürokasten, der eckig ist wie die Mehr-
familienhäuser der unmittelbaren Umgebung, mitten im Münchner Brennpunktviertel Neuperlach. Muhlis A. hat den Bezirk Ende
der Neunzigerjahre bekannt gemacht. In Medienberichten hieß er
Mehmet, der Serienstraftäter. Ein gewalttätiger Jugendlicher, der
abgeschoben wurde. In Neuperlach wachsen Teenager auf, um die
sich ihre Eltern oft wenig kümmern. Wie in Berlin-Hellersdorf
oder im Märkischen Viertel des Rappers Sido. An solche Jugendliche, sagt Verena Weigand, denkt sie bei ihrer Arbeit. Weigand ist
die Leiterin der Stabsstelle der Kommission für Jugendmedienschutz (KJM). Sie hat Erziehungswissenschaften, Psychologie und
Jura studiert. Sie hat mit Kindern gearbeitet und sagt, sie emp-
finde sich als Pädagogin. Weigand strahlt auch etwas Sanftes, Päd-

agogisches aus. Kurze maronenbraune Haare, ein weiter blasslila Pullover. 1993 wurde sie staatliche Jugendschützerin und fing an, sich an »bürokratische Zusammenhänge« zu gewöhnen, sagt sie. Ihre Mitarbeiter prüften das Programm von privatem Rundfunk und Fernsehen. Gelegentlich gab es einen Fall, in dem nach 23 Uhr etwas Pornografieverdächtiges lief.

2003 wurde beschlossen, dass die Kommission auch für den Jugendschutz im weltweiten Netz zuständig sein soll. Seitdem ist ihre Aufmerksamkeit zweigeteilt. Das mehr oder weniger geordnete Rundfunksystem mit seiner wachsenden Zahl von Kanälen auf der einen, das digitale Kuddelmuddel auf der anderen Seite. Die Jugendschützer mussten sich zu Pornografie-Experten fortbilden. »Durch das Internet hat das Thema für die KJM extrem an Bedeutung gewonnen«, sagt Weigand. 1750 Fälle haben sie in dem Neuperlacher Bürokasten seit 2003 abgearbeitet. Sie reagieren selbst auf Bürgerbeschwerden und bewerten Seiten, die ihnen die Bundesprüfstelle aus Bonn schickt.

Die zuständige Abteilung heißt immer noch »Programmbeobachtung«. Aber es ist längst kein Programm mehr, das irgendwo anfängt und irgendwann aufhört. Eigentlich müssten die Mitarbeiter und Werkstudenten auf jeder Pornoseite, die ihnen vorliegt, auch die Links überprüfen. Man soll eine Homepage beurteilen und findet sofort an die hundert andere, die vermutlich jugendgefährdend sind. Für jede einzelne müsste jetzt wieder ein Antrag auf Indizierung bei der Bundesprüfstelle gestellt werden. Man würde sich permanent selbst blockieren, wenn man das so durchzieht, sagt Weigand.

Sie haben zwölf bis 15 Mitarbeiter, die Seiten checken. In einem kleinen kaminroten Bungalow im Garten der Stabsstelle ruft eine Studentin an diesem diesigen Novembervormittag eine Website mit Tierpornografie auf, dazu das Word-Dokument, in dem sie

einzelne Aufnahmen beschreibt: »Das mittlere Bild zeigt, wie eine
dunkelhaarige Frau von einem Pferd vaginal penetriert wird.«
Wenn sich bei Weigand jemand um den Bewertungsjob bewirbt,
legt sie ihm eine Mappe mit Fotos hin. Halbnackte Kinder,
Nadeln in Penissen, erigierte Glieder vor einem Frauengesicht,
zerplatzte Schädel, Fäkalien im Mund. Zwei von drei Bewerbern
hätten gerade erst abgesagt, erzählt sie. Wer sich darauf einlässt,
nimmt ein Mal im Monat an Supervisionssitzungen teil. Sie reden
darüber, was die Bilder mit ihnen machen. »Es hat einen hohen
Gewöhnungseffekt«, sagt die Studentin vor dem Bildschirm mit
der Tierpornografie. »Das verfolgt mich nicht bis nach Hause.«

Amerikanische Angebote können die staatlichen Jugendschützer
nur indizieren. Gegen die deutschen Anbieter gehen sie bei Ver-
stößen rechtlich vor. Die Vorgänge wandern von jugendschutz.net
oder von den Landesmedienanstalten zur Münchner Kommission,
hin und wieder zurück, von Gremium zu Gremium. »Bei jedem
einzelnen Fall müssen wir alle Stationen eines verwaltungsrecht-
lichen Verfahrens durchlaufen«, sagt Weigand.

Bei der Altersverifikation ist das beispielsweise so: Wer von
Deutschland aus eine Pornoseite ins Netz stellt, muss dafür sorgen,
dass die Videos und Bilder darin nur für eine »geschlossene Benut-
zergruppe« erreichbar sind. Denn jeder, der das Material einer Person unter 18 Jahren zugänglich macht, so steht es in Paragraf 184
des Strafgesetzbuchs, muss mit einer Freiheitsstrafe von bis zu einem Jahr oder einer Geldstrafe rechnen. Die Kommission für Jugendmedienschutz prüft solche Altersverifikationssysteme. Es sind
äußerst komplizierte Kontrollabläufe, die den künftigen Nutzer
dazu zwingen, sich persönlich vorzustellen, etwa einem Post-
mitarbeiter gegenüber, damit völlig sicher ist, dass es sich wirklich
um einen Volljährigen handelt. Es genügt längst nicht, die Daten
des Personalausweises oder eine Kreditkartennummer anzugeben.

Die Kommission hat seit 2003 einige solcher Verfahren genehmigt, etwa für Arcor oder T-Online. Das ändert aber nichts daran, dass die einzige Altersverifikation, die Seiten wie *Youporn* verlangen, aus der simplen Klick-Antwort auf die Frage besteht, ob einer schon 18 ist. Deutsche Pornofirmen reagieren auf die strikten Regeln unterschiedlich. Einige verlagern ihren Sitz ins Ausland. Andere nähern sich den strengen Bestimmungen an. Viele kleinere orientieren sich einfach an dem *Youporn*-Modell und ignorieren die bestehenden Gesetze. Wenn sie deswegen von den Landesmedienanstalten abgestraft werden sollen, wechseln sie schnell den Firmensitz. Jeden Tag, sagt Norbert Schneider, der Direktor der Landesmedienanstalt von Nordrhein-Westfalen, müsse er deswegen ein Bußgeldverfahren einstellen. »Wenn das Bußgeld vollstreckt werden soll, sind die nicht mehr da«, stellt er fest. »Die Adresse ist weg. Die Seite ist weg. Die Bestrafung fällt flach.« Was das Ganze zur Sisyphusarbeit macht: Längst gibt es irgendwo eine neue Seite. Man kommt mit verwaltungsrechtlich korrekten Verfahren schwer hinterher.

Große Unternehmen wie Magma können sich das Versteckspiel mit dem ständigen Wechsel der Firmenadresse nicht leisten und ärgern sich deshalb über die Post, die sie regelmäßig bekommen, weil auf einer ihrer Seiten etwas wenig Jugendfreies gezeigt wird oder weil ein Link auf eine Seite verweist, die unzulässige Bilder enthält. Sie fühlen sich, als müssten sie sich als einzige Prostituierte in einem riesigen Bordell wie eine Nonne verkleiden und in einem mehrfach verschließbaren Stahlkäfig auf Kundschaft warten, während um sie herum die internationale Konkurrenz sehr freizügig die Freier abgreift.

Gegen die Betreiber von *Youporn* und verwandten Angeboten haben die Jugendschützer rechtlich nichts in der Hand. Sie sind vor allem um Kooperation mit Kollegen im Ausland bemüht. Die Bundesprüfstelle für jugendgefährdende Medien (BPjM) setzt

US-Pornoseiten auf den Index. Damit gelangen sie auch in das
BPjM-Modul, das eine Liste von jugendgefährdenden Homepages
enthält. Suchmaschinenbetreiber wie Google und Microsoft haben sich freiwillig dazu verpflichtet, die Seiten aus dem BPjM-
Modul nicht anzuzeigen.

Youporn und andere Adressen sind aber so bekannt, dass niemand
danach suchen muss. Die meisten Jugendlichen dürften sie direkt
in die Adresszeile ihres Browsers eingeben. Das Filtern stellt die
Bundesprüfstelle vor eine ähnliche Herausforderung wie die Landesmedienanstalten das Abmahnen von Pornoanbietern. Es ist wie
beim Wettlauf zwischen Hase und Igel, die Porno-Igel tauchen an
immer neuen Stellen auf, für die Prüfhasen ist es ein müßiges Un-
terfangen, hinterherzuhoppeln. »Bei pornografischen Angeboten
zeigt die Indizierung keine große Wirkung«, bilanziert jugend-
schutz.net im Jahresbericht 2008. Für die Pornoseiten, die die Anbieter aus ihrem Index nehmen, rückten ständig neue nach.

Bei Online-Inhalten, die nicht wie Pornos jugendgefährdend
sind, sondern »entwicklungsbeeinträchtigend«, wie Soft-Erotik-
Seiten sein können, müssen Anbieter einen wirksamen Schutz etablieren. Auch dazu können Filter dienen. Der Verein »Jusprog«,
dem etliche Erotikanbieter wie Beate Uhse angehören, arbeitet daran, ein Jugendschutzprogramm zu entwickeln. Es wird laut Aus-
kunft der Bundesregierung seit 2005 in einem Labor von jugend-
schutz.net in einem Modellversuch ebenso wie andere Angebote
auf seine Fehlerquote geprüft. Bislang zeige keines der getesteten
Systeme eine akzeptable Wirksamkeit. »Zu viele zulässige Inhalte
würden blockiert, und zu viele ungeeignete Angebote würden
durchgelassen«, antwortet die Regierung auf eine parlamentari-
sche Anfrage. Zeitungsberichte hatten zuvor behauptet, Jusprog
stufe das *Bild*-Zeitung-kritische *Bildblog* ab 16 Jahren ein, bild.de
selbst aber als unbedenklich.

In jede Filterklassifizierung, stellte der Leiter von jugendschutz.
net schon 2006 in einem Beitrag fest, »fließen die moralischen und
politischen Wertvorstellungen der Hersteller ein«. Entsprechend
gravierend seien die Unterschiede. Dabei spielt es zunächst keine
Rolle, ob Negativlisten oder Positivlisten zusammengestellt werden. Ob also bestimmt wird, was angesurft werden darf oder ausgeschlossen wird, was nicht angeklickt werden sollte. Viele simple
Filter schaffen es nach wie vor nicht, das »arsch« aus »haarscharf«
als harmlos zu erkennen. Das ist dem Familienvater Frank Müller
kürzlich erst wieder aufgefallen, als ein Kollege erzählte, dass ein
Buch, das er versteigern wollte, auf *eBay* wegen so eines »haarscharfs«
im Titel wohl nicht in der Suche angezeigt worden war.

Aber selbst empfohlene Filter wie das BPjM-Modul würden auf
Webseiten und in Foren kaum eingesetzt, beklagt jugendschutz.
net. In ihren Büros hinter dem Mainzer Hauptbahnhof reagieren
die etwa 30 Jugendschützer nicht nur auf Hinweise von Nutzern,
die über eine Hotline und per Mail eingehen. Sie checken auch
selbst Websites, Suchmaschinentreffer, Communitys und Chats.
2008 haben sie 3054 Verstöße gegen den Jugendschutz registriert – bei 62 Prozent davon ging es um Pornografie. Hunderte
Hinweise landen Monat für Monat auf Andreas Links Schreibtisch. Er muss in der Abteilung »Sex und Gewalt« klären: Ist das
entwicklungsbeeinträchtigend, pornografisch? Oder handelt es
sich sogar um Gewaltpornografie? Die meisten ausländischen
Verstöße, auch wegen Pornografie, verzeichnet jugendschutz.net
aus den USA.

Brauchen wir strengere   Tobias Huch hat sein Büro in Mainz auf
Regeln?   derselben Seite des Mains, nur ein paar Auto-
                                     minuten von Andreas Link entfernt. Huch und
Link kennen sich aber höchstens aus Briefen und Mails, nicht per-
sönlich. Sie befinden sich jugendschutzrechtlich an gänzlich ent-

gegengesetzten Ufern. Der Geschäftsführer der Resisto IT GmbH kämpft seit Jahren gegen die Benachteiligung von deutschen Erotik-anbietern. Er ist bis vors Bundesverfassungsgericht gezogen, um sich für ein weniger rigides System der Altersüberprüfung einzu-setzen. Nach eigenen Angaben hat er dafür rund 200 000 Euro in Gutachten und Anwälte investiert. Die obersten Richter allerdings wiesen seine Klage im November 2009 dennoch ab. Selbst wenn sich der Zugang zu Pornos für Jugendliche im Netz nicht grund-sätzlich verhindern lasse, so könne er mit den bestehenden Maß-nahmen wenigstens verringert werden. Bedeutet: Es muss ja ne-ben *Youporn* nicht auch noch deutsche Pendants geben, wenn sich das rechtlich untersagen lässt.

Norbert Schneider, der Direktor der Landesmedienanstalt in NRW, sieht in den aktuellen Zuständen »eine Art Inländer-Porno-grafie-Diskriminierung«. Im Gegensatz zu Huch, der niedrigere Barrieren will, fordert Schneider international eine bessere Abstim-mung und ein schärferes Vorgehen. Dass es theoretisch möglich wäre, Seiten wie *Youporn* in Deutschland zu sperren, ist spätestens seit 2007 klar. Da erwirkte eine Pornofirma beim Landgericht Frankfurt eine Sperrung von *Youporn*. Der Internet-Provider Arcor war anschlie-ßend eine Zeit lang per Gerichtsbeschluss gezwungen, seinen Nut-zern die Seite vorzuenthalten. Eine ungewöhnliche Allianz aus Elternvertretern, einem Familienverband und Videothekenbetrei-bern plädierte 2008 in einer gemeinsamen Stellungnahme dafür, mit gesetzlichen Sperrverfügungen gegen Pornos vorzugehen – und gegen illegale Tauschbörsen. Die DSL-Anbieter seien schließlich nicht dazu gezwungen, Verbotenes zu verbreiten, argumentierten die besorgten Erziehungsberechtigten und die internetgeschädig-ten DVD-Verleiher, deren Erotikumsätze eingebrochen sind.

Sperrverfügungen wären rechtlich möglich. Ein Gutachten des Max-Planck-Instituts für ausländisches und internationales Straf-

recht sieht diese »nationale Abschottung« jedoch mit »intensiven
Freiheitseingriffen« verbunden, am massivsten sei das Fernmelde-
geheimnis betroffen. Die Entrüstung, die durch deutsche Blogs
fegte, nachdem Familienministerin Ursula von der Leyen Sperren
gegen Kinderpornografie durchgesetzt hatte, zeigt, was für heftige
Widerstände solche Eingriffe hervorrufen können. Die Piratenpar-
tei, die in erster Linie als Protestpartei gegen »Zensursulas« Pläne
groß geworden ist, kam bei der Bundestagswahl 2009 auf zwei Prozent. Tausende, auch der Familienvater Frank Müller, unterschrie-
ben eine Petition gegen das Vorhaben. Die schwarz-gelbe Koalition hängte die Pläne vorerst in die Warteschleife.

Es gebe eine »Wahrnehmungsdifferenz, was das Internet an-
geht«, beobachtet Direktor Schneider. Die Bevölkerung zerfalle in
Gruppen mit radikal gegensätzlichen Ansichten. Die Frage der Internetregulierung müsse erst einmal »ordentlich öffentlich debat-
tiert« werden. Wenn er Einschränkungen fordere, werfe man ihm
gleich vor, eine Zensur wie in China zu wollen. Dagegen wehrt er
sich: »Es ist ein Unterschied, ob ein sozial unerwünschter Inhalt
schrankenlos verbreitet werden kann oder ob Sie aus politischen
Gründen Zugänge sperren.« Die Sperrungsgegner wenden ein,
dass, wer erst einmal eine Sperr-Infrakstruktur einrichtet, am Ende
bestimmt beides tut: die Jugend schützen und sich politisch moti-
viert einmischen.

Schneider ist völlig klar: Netzkommunikation verlaufe nicht klassisch linear. Es findet sich meist ein Umweg. Das haben auch die
Pornofirmen gemerkt. Schließlich kämpfen sie – ähnlich wie die
Musikindustrie – seit Jahren gegen illegale Downloads. Als die Un-
terhaltungsanbieter es geschafft hatten, die erste Tauschbörse Naps-
ter ins Aus zu klagen, gab es längst andere. Jetzt schlagen die geschä-
digten Inhaber der Urheberrechte auf dem Rechtsweg zurück. Den
Nutzern der neueren Tauschbörsen schicken Plattenfirmen und

Porno-Labels regelmäßig Abmahnungen. Sie bezahlen eigene Netzfahnder, die herausfinden, wer welche Pornos von welcher IP-Adresse und von welchem Anschluss aus heruntergeladen hat. So ist ein ganz neues Geschäftsmodell gewachsen. Song für Song, Sexfilm für Sexfilm erstreiten sich die Entertainment-Industriellen Beträge von teils mehreren Hundert Euro. Zu den kreativen Geldeintreibern gehört auch der Rapper Bushido. Einige, die von ihm und anderen verklagt wurden und zahlen mussten, protestieren im Netz gegen den »Abmahnwahn«.

Eltern sind von der Abmahnpost manchmal so überrascht wie Frank Müller von dem Doppelanal-Link auf *SchülerVZ*. Wenn ihre Kinder verdächtigt werden, sich illegal Pornos oder Ballerspiele besorgt zu haben, können sie sich an spezialisierte Anwälte wie Alexander Wachs in Hamburg wenden. So lasse sich verhindern, sagt der, dass nach den ersten 200 oder 300 Euro gleich die nächste Abmahnung mit derselben Forderung wegen eines anderen Films, Songs oder Spiels komme. Auf ihrem Finanzfeldzug gegen die Tauschbörsenpiraten sind Pornoproduzenten und Porno-Rapper auf die Unterstützung der Staatsanwaltschaften angewiesen, nur mit deren Hilfe kommen sie an IP-Adressen. Einige Staatsanwälte verweigern sich dem Spielchen mittlerweile. Die Stapel der Beschwerden wegen Urheberrechtsverletzungen sind ihnen zu groß.

Die Online-Gemeinde ist ohnehin weitergezogen und tauscht über Communitys wie *Rapidshare*. Dafür kann derzeit kaum einer belangt werden, weil die Filmdateien auf einem zentralen Server liegen und nicht von Nutzer zu Nutzer, also Peer to Peer, weitergegeben werden. Andere Seiten machen den Download gänzlich überflüssig und streamen allerneueste Filme, auch Pornos. Niemand muss die illegalen Inhalte so mehr auf seinen Rechner lassen.

Die »Generation Porno« sucht sich ihre Pornos sowieso

Wo im weltweiten Netz eine Sperre aufgebaut wird, werkeln sofort einige Technikfreaks an der Umleitung. Als Arcor den *Youporn*-Zugang kappte, lud ein junger Mann auf *Youtube* einen Clip namens »Youporn entsperren« hoch, der erklärte, wie man trotzdem auf die Seite gelangt. So was lasse man sich ja wohl nicht einfach gefallen, erzählte er in dem Clip mit recht jugendlicher Stimme, während er seinen Maus-Cursor zu Demonstrationszwecken über den Windows-Bildschirm navigierte. Die »Generation Porno« sucht sich ihre Pornos schon, sofern sie welche sehen will, selbst wenn die »Generation Offline« ihr Hürden in den Weg stellt.

Für manchen ergibt sich daraus die Frage, ob es nicht sinnvoll wäre, die Gesetzeslage an die Realität anzupassen. In der Schweiz beispielsweise und in einigen anderen europäischen Ländern dürfen auch 16-Jährige Pornos gucken. Altersgrenzen seien immer willkürlich gesetzt, bemerkt die Strafrechtlerin Tatjana Hörnle. »Man erlangt die Reife nicht über Nacht.« Zigaretten gibt es ab 16, Bier genauso, warum nicht auch Pornografie? Die Jungen Liberalen in Niedersachsen haben auf einem ihrer Parteitage exakt das beschlossen: eine Pornofreigabe ab 16. Christopher Vorwerk war ihr Vorsitzender, als ein Journalist die Forderung Anfang 2007 in ihrem Programm entdeckte. Vorwerk musste den Beschluss also verteidigen. Er überlegte sich mit seinem Pressesprecher ein paar Argumente und sagte in mehreren Interviews, dass man mit 16 Jahren ja auch schon Sex haben dürfe und dass es doch nicht sein könne, dass das Fernsehen Gewalt zeige, aber keinen »Akt der Liebe«. Ab 24 Uhr solle Pornografie im TV möglich werden. Nicht nur die Mutterpartei FDP reagierte äußerst ablehnend. Eine niedersächsische Regionalausgabe der *Bild*-Zeitung fuhr eine kleine Kampagne gegen Vorwerk.

Selbst Liberalen sind solche Vorschläge zu liberal. Konservative wie die Unions-Familienpolitikerin Michaela Noll meinen, Pornografie im Netz müsse besser kontrolliert werden. Sie setze den Schutzgedanken »sehr hoch an«. Aber auch Noll sagt: Die Kinderpornografie-Diskussion habe gezeigt, wie schwierig manches durchzusetzen sei und wie unredlich da oft argumentiert werde. Den Widerstand hat sie persönlich gespürt. Sie bekam viele bitterböse Briefe, als sie in Reden für eine Regulierung eintrat. Gerade wenn es darum gehe, Kinder und Jugendliche vor Pornografie zu schützen, kritisiert die CDU-Politikerin, sollten die Online-Community und die Gegner von Sperren lieber konstruktive Vorschläge machen, statt alles niederzureden. »Das bringt uns ja nicht weiter.«

Die Trennlinien verlaufen in solchen Fragen der Internetregulierung ähnlich klar wie in der grundsätzlichen Pornografie-Diskussion. Man ficht erbittert dafür oder polemisiert erbost dagegen. Die einen fürchten um die Entwicklung des minderjährigen Nachwuchses, die anderen um die Freiheit auf ihrem Daten-Highway. Auf lange Sicht könne die durch Verkehrskontrollen einer Gedankenpolizei eingeschränkt werden. Sie verweisen auf Diktaturen wie China, wo das jetzt schon so laufe. Der Vorwurf: Zensur, wie in »Zensursula«.

Mit derselben Anschuldigung wird auch die **Bundesprüfstelle gegen Porno-Rap** Bundesprüfstelle in Bonn immer wieder konfrontiert. Die Ärzte haben sich in den Achtzigern noch ironisch über die Behörde lustig gemacht. Die Berliner Rapper von Hirntot drohten, sie würden in der Behörde einreiten und alle abstechen. Bei der Bundesprüfstelle für jugendgefährdende Medien kennen sie solche Gewaltfantasien. Aus Ego-Shooter-Spielen, Horrorfilmen und von deutschen Gangsta-Rap-Alben, mit denen sie sich täglich beschäftigen. Morddrohungen sind für die Mitarbeiter nichts Ungewöhnliches, die kommen per Mail. Aber der Hirntot-Track namens »Fick die BPjM« enthielt nicht nur

Gewaltankündigungen gegen die Jugendschützer, sondern wandte sich außerdem gegen eine SPD-Bundestagsabgeordnete, die sich kritisch mit aggressivem Rap auseinandergesetzt hatte: »Die kleine dumme Hure Monika Griefahn muss sterben.« In Berlin kam es zum Prozess.

Elke Monssen-Engberding hatte Strafanzeige erstattet. Sie geht langsam auf die 60 zu. Seit 18 Jahren leitet sie die Bundesprüfstelle für jugendgefährdende Medien. In einem grauen Bonner Behördenbau lagern die Akten über Porno-Rapper wie Frauenarzt oder rechtsextreme Musiker wie Landser in beigefarbenen Mappen. In den Archivregalen stehen durchnummeriert Computerspiele, DVDs, Super-8-Filme, CDs, Kassetten, Maske von Sido, Electro Ghetto von Bushido, Schulmädchenreport, Praline. Von hier aus wird auch das BPjM-Modul mit den indizierten Webseiten verwaltet. Monssen-Engberding, rheinische Raucherstimme, braunbleiches Haar, den Kopf leicht nach vorn gebeugt, sitzt in Jeanshose und Jeansjacke an ihrem Schreibtisch, um den Hals eine Perlenkette. Die Rollläden sind runtergelassen, als wüsste sie aus Erfahrung, dass man der Welt da draußen besser mit Vorsicht begegnet.

Ihre 18 Mitarbeiter beschäftigen sich mit DVDs, CDs und Online-Angeboten, wenn Jugendämter und die Kommission für Jugendmedienschutz das beantragen oder Polizisten und Staatsanwälte es anregen. 1142 Verfahrenseingänge hat die Prüfstelle 2008 verbucht. Bei 400 davon ging es um DVDs oder Videos, bei 340 um Internetangebote, bei 188 um Tonträger. In den Jahren zuvor lagen die Online-Angebote ganz vorn. Es ist keine Statistik, aus der sich irgendetwas ablesen ließe. Es kommt, wie es kommt. Je nachdem, wie die Polizei gerade ermittelt und was Jugendämtern so auffällt. Ein bisschen wie in den Communitys. Ohne aktive Mithilfe von außen läuft gar nichts. Es ist allein schon deshalb keine Zensur, weil die Sachen bereits erscheinen, bevor sie jemand der BPjM melden kann. Genug Zeit, um Tracks zu kopieren und auf *Youtube* zu stellen. Das Rammstein-Album mit dem »Pussy«-Song wurde auf den Index gesetzt, als es schon an der Spitze der Charts stand. Auf den Tonträgern, die in Bonn begutachtet werden, sind immer wieder Rapper zu hören, die aggressiv oder pornografisch texten. Sidos Album *Maske* etwa steht auf dem Index vor *Mann für Mann* der Gruppe Störkraft. Die Rechten besetzen weiterhin den Großteil der Plätze.

Als sich um die Jahrtausendwende die Klagen über harten Rap häuften, begannen die Referenten der Prüfstelle zu recherchieren, was »battlen« bedeutet, wer ein »Homie« ist und wann »ficken« aus dem Niederstraßendeutschen mit »fertigmachen« zu übersetzen ist. Sie fassen diese »Begrifflichkeiten« heute nur mit den Schutzhandschuhen ihrer Verwaltungshochsprache an, packen Rap-Zeilen in Schmutzschubladen: zur Gewalt anreizend, rassistisch, Frau als sexuell willfähriges Objekt, positive Darstellung des Drogenkonsums. Dabei berücksichtigen sie die Kunstfreiheit, auch die Kultur und Geschichte des Sprechgesangs. Dass »Ich f dich«, wie sie hier sagen, mittlerweile zu den Standardschulhoffloskeln gehört, nehmen sie zur Kenntnis, aber sie versuchen trotzdem gegenzusteuern. »Es kann ja nicht Sinn und Zweck der Übung sein, dass das Wort ›Frau‹ irgendwann durch ›dreckige Nutte‹ ersetzt wird«, sagt die Chefin.

Ein Stockwerk tiefer schiebt die Protokollantin im Konferenzraum die CD *Der Bozz – Remix* des Frankfurter Rappers Azad in den Player. Das Zwölfergremium der Prüfstelle tagt, wie an jedem ersten Donnerstag. Das bayerische Landeskriminalamt hat die Überprüfung von Track 7 und Track 9 angeregt. Auf dem Konferenztisch stehen Kaffeekannen und Wasserflaschen, darum herum sitzen ein Lehrer, ein Lokaljournalist, eine Frau vom Zentralrat der Juden, ein Vertreter des Verbands der Deutschen Automatenindustrie, einer des Landes Bayern und einige andere Abgesandte von Verbänden und Ländern. Sie stellen heute »die deutsche Gesellschaft« dar.

Die »deutsche Gesellschaft« hat ein geschätztes Durchschnittsalter von ungefähr 57 Jahren, vorwiegend graue Haare und ausnehmend gute Laune. Es sind eher die Großeltern als die Eltern der »Generation Porno«. Als die erste Fanfare aus den Boxen stößt, der Bass leicht brummt und Azad rappt, dass in Frankfurt Haschisch auf Bäumen wächst, nickt eine Beisitzerin aus Versehen vier Takte lang mit dem Kopf. Während Track 9 läuft, unterstreicht der Vertreter Bayerns auf seinem Textzettel die Worte »Klinge in den Arsch steckt«.

Die Protokollantin stellt mit der Fernbedienung den Player aus. Für einen Moment ist der Regen zu hören, wie er leise gegen die Scheiben prasselt. Nils Bortloff presst am Kopfende des Konferenztisches die Handflächen gegeneinander, dann beginnt er sein Plädoyer. Er ist Anwalt des Labels Universal, das Azads CD herausbringt. Bortloff sagt, er wolle nicht mit den üblichen Argumenten langweilen – bildhafte Sprache, rhetorisches Mittel der Übertreibung. Den Beisitzern sicher auch bekannt: das Prinzip Battle-Rap – einer fühlt sich von aller Welt angegriffen und muss nun klarmachen, dass er der Beste ist, der Bozz eben. »Das ist das Umfeld«, sagt Bortloff, »jetzt zum Vorgang.«

Zwei Vorwürfen muss er begegnen: Azad verherrliche a) Drogenkonsum und b) Gewalt. Der Anwalt hat sich mit dem Manager des Künstlers vorbereitet. Track 7, argumentiert er, verherrliche die Drogen nicht, sondern verteufle sie eher. Azad reime etwa »kleiner Gauner« auf »Trauma« – »etwas, was man eigentlich vermeiden möchte«.

Auf dem Index, aus dem Online-Shop

Bortloff sieht im grauen Anzug mit seinem Bürstenschnitt nicht so aus, aber er interpretiert wie ein ambitionierter Lehramtsanwärter im Deutschunterricht. In Track 9 arbeite der Künstler teilweise mit komischen Bildern –

»ihr rappt wie mein Arsch«. Er wende sich damit aber – »wenn ich spitte, Mutterficker, wird dein Reim ausradiert« – nicht gegen Menschen, sondern gegen Texte. Schließlich zitiert der Anwalt aus einem Interview mit Azad, in dem der Rapper behauptet, einen Meilenstein »in Sachen Deepness«, also Tiefgründigkeit, gesetzt zu haben. »Wir haben in unserem Schriftsatz«, so der Anwalt, »aufgezeigt, dass dieser Mann auch im Rahmen von ›deepness‹ anders denken, anders rappen kann.«

»Vielen Dank«, sagt die stellvertretende Vorsitzende der Bundesprüfstelle, Petra Meier, die heute das Gremium leitet. Sie schaut auf ihren Zettel. »Ich pack dich an der Kehle, Mutterficker, und ich beiß dich«, murmelt sie, »Klinge in den Arsch steckt ... ähm ... Könnten Sie da vielleicht noch mal ...« Bortloff wiederholt in etwa, was er gerade gesagt hat. Eine Beisitzerin will wissen, was »Gangbang, bis die Nille brennt« bedeutet. »Ich erklär's Ihnen nachher«, schlägt ihr Nebenmann vor. »Geschlechtsverkehr bis zur Erschöpfung«, versucht der Anwalt eine Übersetzung.

Während das Gremium entscheidet, wartet Bortloff draußen. »Mich würde es wundern, wenn das indiziert wird«, sagt er, die Hand auf dem silbernen Pilotenkoffer. Es gebe da ganz andere Kaliber. Vor zwei Jahren hat er Bushido bei der Prüfstelle vertreten. »Da waren Hämmer drin«, erinnert er sich. »Die kann man dann wirklich nicht mehr erklären.« Er verteidigt hier ein Produkt. Wenn Azads Album indiziert würde, käme es in den Elektromärkten in die FSK-18-Ecke und dürfte weder über Amazon noch über den Online-Musikshop iTunes verkauft werden, schon gar nicht an Minderjährige. »Die Leute, die das hören, sind aber weit unter 18«, stellt Bortloff fest. »Das heißt: Ich kann meine Käufer nicht mehr erreichen.«

Der Bozz - Remix darf weiter an Teenager vertrieben werden. Das Gremium entscheidet gegen eine Indizierung, obwohl das Lied

Nr. 9 mit dieser Klinge »sehr, sehr grenzwertig« sei, teilt Petra
Meier mit, weil äußerst realitätsnah. Ein Messer hätten Jugendliche schnell zur Hand. Anders würde sich das verhalten, wenn da
von einer Laserpistole die Rede wäre, »wobei das auch nicht grundsätzlich gut sein muss«. Sie bittet den Anwalt, bei seiner Firma darauf hinzuwirken, dass man künftig mit solchen Äußerungen vorsichtiger umgehe.

Bortloff verabschiedet sich. Kurze Pause. Lüften. Dann legt die
Protokollantin einen Samurai-Film mit viel Kunstblut und Verge-
waltigungsszenen ein. Dazu gibt es Eierbrötchen und Kaffee aus
der Kanne. Um 14 Uhr 30 ziehen die Beisitzer ihre Rollkoffer zum
Aufzug. Petra Meier, 36 Jahre alt, sitzt im schwarzen Hosenanzug
am Konferenztisch. Sie ist noch ein bisschen geschockt von der
Vergewaltigung eben. Sie begegnet diesen Grausamkeiten sonst
sachlich – Paragrafen gegen Pornos. Manches setzt ihr aber doch
zu. Die Texte, die sie 2007 indiziert haben, sagt sie, seien härter
gewesen als viele ältere, etwa wenn sie dazu aufriefen, Schwule zu
verbrennen. Die wurden häufiger auf die Liste B gesetzt, damit beschäftigt sich dann die Staatsanwaltschaft. Wenn ein Gericht es
beschließt, werden solche CDs auch eingezogen. So ist es etwa mit
dem Album *Sexkönig* des Porno-Rappers King Orgasmus One geschehen. Das darf gar nicht mehr verkauft werden.

Auf Youtube gibt es In den Internet-Tauschbörsen sind die Tracks
trotzdem alles trotzdem zu haben. Das Schwierige, bemängelt man
bei jugendschutz.net, sei, dass die Betreiber von
Videoplattformen die Clips zwar löschten, wenn man sie darauf
aufmerksam mache. Die Nutzer laden häufig aber genauso schnell
neue nach. Bushidos Gangbang-Song lässt sich also auf *Youtube* genauso abspielen wie mancher Track von King Orgasmus One oder
Frauenarzt, den kein 16-Jähriger hören dürfte. Wenn man sich die
Liste der Prüfstelle mit den indizierten Alben nimmt, fällt es rela-

tiv schwer, indizierte Songs zu finden, die es nicht auf Youtube gibt. Pro Minute würden eben 15 Stunden Videomaterial auf die Platt-form geladen, verteidigt ein Sprecher das Unternehmen. Man sei so gezwungen, bei der Kontrolle auf die Youtube-Community zu setzen. Wie bei allen anderen Netzwerken, gelangt das angezeigte Video zu Mitarbeitern, die entscheiden müssen, ob der Nutzer zu Recht moniert. Myspace lässt alle Videos und Fotos von »Menschen-auge« prüfen, teilt man dort mit. Die Videos würden in Stills zer-legt, anstößige Einstellungen an Experten weitergeleitet, die über die Zulassung entscheiden.

Man kann etwas tun. Es kostet nur viel Geld. Youtube verstehe sich vorwiegend als technische Plattform, stellt der Sprecher klar. Das heißt: Was die Nutzer hochladen, interessiert zunächst einmal nicht. Mit ähnlichen Argumenten wehren sich die DSL-Anbieter dagegen, die Inhalte kontrollieren zu lassen, die durch ihre Leitun-gen fließen. Auch die Online-Community sieht das Wesen des In-ternets mit seinem ungehemmten Austausch von Ideen und Inhalten gefährdet, wenn der Staat sich dort zu stark einmischt. Einer ihrer prominentesten Vertreter, der Blogger Sascha Lobo, sagt, den vollständigen Schutz gebe es nicht – sich darum zu be-mühen, schränke die Freiheit zu sehr ein. Stattdessen plädiert er für eine bessere Aufklärung. An seinem Wohnzimmertisch kann der Mann mit dem roten Irokesenschnitt sich richtig in Rage re-den: »Bei kleinen Kindern bis zu einem gewissen Alter müssen die Eltern dafür sorgen, dass sie nicht mit harten Inhalten konfron-tiert werden. Die Eltern müssen auch dafür sorgen, dass das Kind nicht bei Rot über die Ampel läuft. Da wird man nämlich überfah-ren. Da ist man tot. Niemand fordert fünf Meter hohe Mauern um alle Straßen herum, für die nur Erwachsene einen Schlüssel haben, damit die Kinder nicht totgefahren werden. Man setzt darauf, dass die Leute eine gewisse Vernunft mitbringen und die weitergeben.

Und das sehe ich im Internet ähnlich. Es geht um die Verantwortung der Eltern, um die Verantwortung des Staates über die Schule.«

Monika Griefahn würde da nur zustimmen. Und das ist fast ein wenig verwunderlich. Griefahn haben die Hirntot-Rapper Blokkmonsta, Uzi und Schwartz beleidigt. Sie haben ihr indirekt mit dem Tod gedroht. Obwohl es deswegen einen Prozess gab, obwohl sie verurteilt worden sind und sich in einem Brief bei Griefahn entschuldigt haben: Am 14. Oktober 2009 lädt ein Nutzer namens »PureHardstyler48«, der laut seines Profils gern Ego-Shooter spielt und sich für »Hardstyle Hardcore« interessiert, den Track »Fick die BPjM« wieder auf *Youtube*, wo er zunächst einmal so lange steht, dass andere die SPD-Politikerin in den folgenden Wochen in den Kommentaren darunter wüst beschimpfen können und die Todesforderung leicht variiert wiederholen. Wenn man ihn fragt, warum er das tut, antwortet PureHardstyler48, der Song habe auf *Youtube* gefehlt. Von dem Prozess wisse er. Wenn ihn jemand offiziell auffordere, werde er das Lied löschen. Dazu ein virtuelles Augenzwinkern. Das sei doch alles nicht so ernst gemeint. Wenig später ist »Fick die BPjM« verschwunden. Fast jeder Teenager hatte in der Zwischenzeit Gelegenheit, sich den *Youtube*-Track auf den eigenen Rechner zu ziehen. Die Software dafür finden sie mit wenigen Klicks über *Googles* Suchmaschine. Der Splatter-Rap voller Hassfantasien kann so ganz leicht auf Handys gelangen und von dort immer weitergeschickt werden.

Griefahn hat die Schuhe abgestreift und sitzt an einem Mittwoch im August 2009 barfuß in einem schwarzen Sessel ihres Bundestagsbüros. Im Herbst wird sie es räumen müssen, weil die SPD die Wahl verliert. Hier hat sie Jahre zuvor mit dem Rapper Sido diskutiert. Ihre drei Kinder fanden das ganz witzig. Griefahns Position ist nach wie vor dieselbe. Es wurde einmal geschrieben, sie

habe ein Rap-Verbot gefordert. Auch daher der Hirntot-Hassrap.
»Das habe ich nie getan«, sagt sie. Sie hatte sich in der Zeit des
Bravo-Gesprächs Songs von Bushido und Sido angehört. Die Sprache kam ihr »brutalisiert« vor. »Und pornografisch insofern, als sie
gesagt haben, Frauen werden als Objekte benutzt, mit denen man
auch brutal umgehen kann.« Sie appellierte an Musiksender, ihre
Sendelisten kritisch zu prüfen. Griefahn sagt, sie sei vor 20 Jahren
nicht dafür in der Frauenbewegung gewesen, »dass ich das einfach
so hinnehme«.
   Ihre beiden Töchter wolle sie zu »starken Mädels« erziehen. Sie
habe nach dem Interview in der Bravo viele Zuschriften bekommen, von Mädchen, die fragten: Muss ich mir das bieten lassen?
Griefahn findet: Nein. Die »ganze Kiste mit den Verboten«, sagt sie
trotzdem, bringe nichts. Hätte sie ihrem Sohn Youporn verboten,
hätte er die Seite gerade deshalb angesurft. Gegen alles, was rechts-
widrig sei und gegen bestehende Gesetze verstoße, müsse rigoros
vorgegangen werden. Ansonsten hält sie öffentlichen Widerspruch
und Medienerziehung für das A und O. Sie benutzt denselben
Vergleich wie Lobo. Man müsse einem Kind ja auch beibringen,
wie es unbeschadet über die Straße komme.
   Darauf dürften sich sowohl Konservative als auch Liberale einigen. Selbst wer ein schärferes Vorgehen gegen Pornos und Gewalt-
Rap im Internet fordert und sich weniger Sorgen um die Online-
Freiheit macht als Sascha Lobo, muss einsehen, dass sich ihre
Verbreitung im Augenblick schwer eindämmen lässt. Dafür sind
die staatlichen Jugendschützer und die Bearbeiter der »Petz«-Mel-
dungen in den Communitys viel zu wenige. Die paar Hundert
Cyberfahnder der Polizei im Bund und in den Ländern sind mit
Kinderpornografie oder Kreditkartenbetrug schon ausreichend
überlastet, das Internet ist zu unübersichtlich und die »Genera-
tion Porno« technisch zu versiert. Die Aufseher erscheinen derzeit

eher wie ein Dutzend Politessen, die man in einer Millionenmetropole ausgesetzt hat, um den kompletten Verkehr zu regeln. Sie müssen sich auf die Kreuzungen konzentrieren, wo es im Zweifel richtig kracht. Wer seine Kinder schützen will, begleitet sie am besten so lange, bis sie selbstständig genug sind, und erklärt ihnen währenddessen, wie sie allein zurechtkommen. Die Eltern sind also gefordert. Und die professionellen Erzieher, die Lehrer und Sozialpädagogen.

Kapitel 8

Reden, reden, reden: Wie Eltern und Lehrer auf Pornos reagieren müssten

Es geht ihr um den geraden Rücken, sagt Monika Griefahn. Wenn sie es schaffe, ihren Kindern den anzuerziehen, dann könnten sie durch Drogen, Alkohol oder Mobbing gar nicht so beeinträchtigt werden, dass ihnen das schadet. Und auch nicht durch Pornografie und pornografische Rap-Texte. Man muss die Stärke besitzen, nicht mitzumachen, sagt sie, Nein zu sagen: zu den Zigaretten, die einem in einer unbeaufsichtigten Ecke des Pausenhofs angeboten werden, genauso wie zu den Clips, auf denen Pferde in Frauen eindringen, oder zu den Songs des Rappers Frauenarzt, in denen »Muschis« herumgereicht werden. Über die Dinge und ihre Konsequenzen Bescheid zu wissen sei wichtiger als jedes Verbot, sagt Griefahn. Ganz grundsätzlich, findet sie, unterscheidet sich die Erziehung fürs Internet darin nicht vom Fernsehen. Die entscheidende Grundfrage: »Kann man Dinge bewerten?«

Schaut eine 13-Jährige sich *Germany's Next Topmodel* an, beschließt, künftig weniger zu essen, und wünscht sich, dort auch einmal ein Bild von Heidi Klum geschenkt zu bekommen, als Zeichen, dass sie es in die nächste Runde geschafft hat? Oder denkt sie beim Fernsehen darüber nach, dass das Theater am Nachmittag in der Schul-AG mehr Spaß macht, weil man sich selten halbnackt im

Kunstregen erkälten muss und die Leute auch nicht so doof heulen? Außerdem sprechen dort alle flüssiger Deutsch als Heidi Klum in ihrer Sendung. »Kritische Auseinandersetzung«, sagt Griefahn. Dazu ermuntert sie ihre Kinder. Die Sozialdemokratin setzt sich für einen Medienführerschein an Schulen ein.

Dahinter steht wieder die Idee, dass Kinder lernen müssen, sich im Verkehr der internationalen Datenautobahn zu bewegen wie auf befahrenen Großstadtstraßen. Anfangs werden nur sehr verantwortungslose Eltern ihre Kleinen einfach mal losrennen lassen und sehen, wie heil sie das alles überleben. Als Griefahns jüngste Tochter die ersten Seiten ansurfte, war immer jemand dabei: entweder die Eltern oder die größeren Geschwister.

Frank Müller hat die zwei Computer, mit denen seine jüngsten Kinder ins Internet können, so aufgestellt, dass sie nicht alleine sind, wenn sie online spielen. Sie sitzen dann an einem Ikea-Tischchen zwischen Esszimmer und Wohnzimmer. Die Eltern können ihnen jederzeit über die Schultern schauen. Müller mischt sich nicht ein, das ist für ihn eine Frage des Vertrauens. Wenn sie sich beim Chatten argwöhnisch nach ihm umdrehen, sagt er: »Ich guck schon nicht.« Die Liste der gespeicherten Webseiten, die sie besucht haben, kontrolliert er nicht nach. Bisher war der Link bei *SchülerVZ*, der zur Doppelanal-Penetration führte, das Schlimmste, worauf Müllers Töchter online gestoßen sind.

Wie man die digitale Distanz überbrückt

Er hat ihnen erklärt, dass sie weder ihren vollen Namen noch ihre Adresse und auch keine Telefonnummern herausgeben dürfen. Mails sollen sie sofort löschen, wenn sie den Absender nicht kennen. Dahinter könnte sich Spam verbergen, also Werbemüll, der nicht nur Penisverlängerungen und billiges Viagra anbietet, sondern auch zu Pornoseiten lockt. Seine älteste Tochter ist jetzt

15 Jahre alt und hat sich von ihrem Konfirmationsgeld einen eigenen Laptop gekauft, mit dem sie auch allein in ihrem Zimmer surfen darf. Er glaubt, dass sie damit umgehen kann. Er hält sie für
sehr vernünftig. Sie hat einen Freund, den sie beim Chatten kennengelernt hat. Sie waren im selben Leichtathletik-Verein, aber
richtig nähergekommen sind sie sich erst im Netz. Der erste Kontakt habe im wirklichen Leben stattgefunden. Müller sagt »Real
Life«.

Der Werbetexter hat einigen Eltern seiner Generation etwas
voraus. Er bewegt sich regelmäßig im Netz, es ist für ihn kein frem-
des Medium. Er ist zwar kein »Digital Native«, niemand, der wie
seine Töchter in DSL-Zeiten hineingeboren wurde, aber er ist mindestens ein »Digital Immigrant«, ein Zugezogener, der dort schon
eine Weile unterwegs ist und sein eigenes Blog betreibt. Dass er
wenig Angst um seine Töchter hat, könnte damit zusammenhängen. Eine Studie aus den USA hat vor einigen Jahren gezeigt: Je
weniger Ahnung die Eltern vom Internet haben, desto größer sind
ihre Befürchtungen, was die Kinder anbelangt.

Dadurch wird die Sache mit der Medienkompetenz und dem
Medienführerschein recht anstrengend. Wenn Eltern sich der Online-Welt ihrer Kinder nähern, merken sie, dass eine digitale Kluft
sie von den Jüngeren trennt. Peter, der in den Siebzigern aufgewachsen ist, nutzt das Internet, um ab und zu per *Google* nach einem Restaurant zu suchen, gelegentlich lässt er sich auf einer
Stadtplanseite eine Route ausdrucken, er schlägt in der Enzyklopä-
die *Wikipedia* das Geburtsdatum eines Musikers nach, das ihn interessiert, und neulich hat er sich sogar bei *Facebook* angemeldet. Als
er seiner Tochter, die in dem sozialen Netzwerk mailt, chattet und
Bilder hochlädt, eine Freundschaftsanfrage geschickt hat, erklärte
die ihm im »Real Life«, dass das leider gar nicht gehe. Er könne
doch nicht die ganzen Bilder aus dem Italienurlaub sehen. Aber

deine 89 Freunde schon, hat Peter ganz leicht beleidigt entgegnet. Ach Papa, das ist doch was anderes ...

Das Internet, durch das sich Peter und seine Altersgenossen klicken, erscheint ihnen geordnet wie eine US-amerikanische Reißbrettstadt. Klare Straßenführung, wenige markante Zentren. Man fährt von A nach B, von *Google* zu *Wikipedia*, und von dort höchstens ein, zwei Abzweigungen weiter. Sie nutzen das Medium zielgerichteter als ihre Kinder. Das belegt die ARD-Online-Studie 2009. Die Älteren bewegen sich darin anders, chatten viel weniger, spielen kaum. Von den 14- bis 19-Jährigen sind der Erhebung zufolge 78 Prozent mindestens ein Mal pro Woche in Online-Communitys unterwegs, bei den 30- bis 49-Jährigen ganze zwölf Prozent. Ab 50 Jahren schmilzt die Zahl auf acht Prozent zusammen.

Das Internet ihrer Kinder muss den digitalen Einwanderern manchmal vorkommen wie ein indischer Basar. Vor lauter buntem Leben und lautem Gewusel sieht man gar keine Straßen mehr. So stehen manche Eltern also da wie ein hilfloser deutscher Schülerlotse, den man mit einer Schulklasse am Bara-Basar von Kolkata ausgesetzt hat, und können nur hoffen, dass eines der Kinder sie noch an die Hand nimmt, bevor alle schreiend in die Menge stürmen. Die »Generation Porno«, die vor allem eine »Generation Internet« ist, könnte den Vertretern der »Generation Schnurtelefon« den Weg auf die andere Seite der digitalen Kluft weisen. Aber wieso sollte sie?

Wer sich erst in der Pubertät sorgt, ist zu spät dran

Ab einem bestimmten Alter freuen sich viele Teenager über eine gewisse Distanz zwischen sich selbst und den Eltern. Gerade darum geht es ja in der Pubertät: sich von den Eltern lösen, eigene Wege auskundschaften, neue Kontakte knüpfen – auch solche, die über Kabel aus Kupfer oder Glasfasern führen. Und als ob der digitale Graben nicht ohnehin schon groß genug wäre, wächst die Kluft noch weiter, wenn es um Sexualität geht. Wenn Peter sich an seine eigene Jugend erinnert, fällt ihm ein, dass er sich damals mit seinen Eltern über einiges unterhalten hat – aber ganz bestimmt nicht über Sex. Er hätte das auch nicht gewollt. »Das Sextabu in der Familie ist zu stark«, sagt der erste Dr. Sommer der *Bravo*, Martin Goldstein. Eine Sozialarbeiterin glaubt, ungefähr zu wissen, was ihr 16 Jahre alter Sohn gelegentlich schaut. Genauer herausfinden will sie es nicht. Ein Vater aus Bayern hat zu Hause einen Film übers Computernetzwerk gesucht und auf dem Rechner seines Sohnes Videodateien mit sehr eindeutigen Titeln gefunden, versteckt in einem Geflecht von Ordnern und Unterordnern. Er habe die Clips nicht geöffnet, sagt der Vater, die Beschriftung sei ihm nicht allzu besorgniserregend erschienen. Manches wolle er sich außerdem gar nicht ausmalen. Ein Bekannter habe sein Kind kürzlich beim Masturbieren im eigenen Ehebett erwischt. »Horror!«

»Sexualität ist der Weg des Lebens, sich von seinem Elternideal zu trennen und sein eigenes Leben aufzubauen«, erklärt Martin Goldstein. Wenn jemand also erst in der Pubertät beginnt, sich Sorgen über die Sexualität seiner Kinder und ihren Internetgebrauch zu machen, ist er eindeutig zu spät dran.

Die Skripte, die mitbestimmen, wie sich die Teenager Carl, Ric und Charis oder Sophie ihren Freundinnen und Freunden gegenüber verhalten oder verhalten werden, was sie im Internet sexuell interessieren könnte und wie sie sich selbst sehen, entstehen wesentlich früher. Die Politikerin Griefahn hat sich immer gefragt: »Was biete ich für ein Vorbild? Welches Frauenbild vermittle ich?« Sie ist Feministin, sie will eine starke Frau sein. Ihre Töchter sollen starke Frauen werden. Bei ihrem Sohn stutzt sie derzeit manchmal. Er ist Anfang zwanzig, und in seinem Zimmer hängt ein Poster von einer vollbusigen Blondine, das Griefahn etwas seltsam vorkommt. Über Pornografie hat sie mit ihm nie gesprochen. »Ich glaube, ich hätte meinen Sohn total genervt, wenn ich das gemacht hätte.« Sie lacht hell und laut. Wahrscheinlich hat sie recht.

Der Porno-Pop lässt sich allerdings zusehends schwerer ignorieren. Heinz-Peter Meidinger ist Direktor eines bayerischen Gymnasiums und Vorsitzender des Deutschen Philologenverbands. Bei ihm beschweren sich immer wieder Eltern, dass ihren zehn oder elf Jahre alten Kindern Pornobilder auf dem Handy gezeigt werden. »Das ist auf jeden Fall ab der Unterstufe ein Thema.« Als seine Tochter so alt war, kam sie nach Hause und wollte wissen, was »Bondage« ist, Fesselsex. Er hat versucht, es ihr so zu erklären, dass er sie nicht überfordert und sie trotzdem zufrieden ist. Meidinger hatte den Eindruck, »dass sich da Ängste aufgebaut hatten«.

Mädchen, die solche Begriffe hörten, würden sich fragen: »Was droht mir mit dem Thema Sexualität von der Männerwelt, mit was werde ich da konfrontiert, was muss ich alles machen, was ich vielleicht gar nicht machen will?« Man müsse ihnen die Angst nehmen. Es gehe darum, den Kindern die Möglichkeit zu lassen, »einen eigenen unbelasteten Weg zur Entdeckung ihrer Sexualität zu finden«. Denn: »Sex soll ja Spaß machen.« Die Grundregeln, die er dabei vermitteln will: »Tu nichts, was du nicht willst. Lass dich nicht fremdbestimmen.« Er ist froh, wenn seine Tochter mit ihren Sorgen zu ihm oder seiner Frau kommt. »Man muss alles dafür tun, dass der Gesprächsfaden nicht abreißt und das Vertrauensverhältnis zwischen Kindern und Erwachsenen bestehen bleibt«, sagt er. Und weiß gleichzeitig, dass das bei Tabuthemen wie Pornografie alles andere als einfach ist: »Die Schüler reden darüber eigentlich nicht mit Lehrern, und Eltern reden darüber selten mit Kindern.«

Damit verspielen sie eine Chance. Die US-Professorin Jane Brown hat festgestellt: Je mehr Jugendliche mit ihren Eltern darüber sprechen, desto weniger neigen sie dazu, frühen Sex zu haben. Gespräche mit Eltern haben Einfluss.

Nur: In keinem anderen OECD-Land reden Eltern mit ihren 15 Jahre alten Kindern so selten wie in Deutschland, fand eine Unicef-Studie von 2007 heraus. Es gäbe einiges aufzuholen.

Mama, was ist Gangbang? Solche Begriffe können schon Grundschüler mit nach Hause bringen. »Die erste Frage, die mich sehr brennend interessieren würde,

Ist die Schule noch richtig?, fragt Sido

ist: Wo hat er so ein Wort aufgeschnappt?«, sagt Paul Würdig. Er lehnt am offenen Fenster eines alten Berliner Fabrikgebäudes, in das vor einigen Jahren seine Plattenfirma Universal eingezogen ist. Würdig zieht an einem Joint und bläst den Rauch in den schwarzen Abendhimmel hinaus. Als Sido hat er gerade sein allerneuestes Album herausgebracht, es heißt *Aggro Berlin*. Es soll noch einmal zeigen, sagt er, wie er sich gewandelt hat. Die Texte sind überhaupt nicht pornografisch. Je bekannter Sido geworden ist, desto weiter hat er sich von seinem »Arschficksong« entfernt. Viele Rap-Fans wie der Berliner Ric und die Bayerin Sophie halten ihn jetzt für langweilig. Harmlos.

Würdigs Sohn ist neun Jahre alt. Er besucht eine gute Schule. Käme er mit einem Wort wie »Gangbang« nach Hause, würde er sich als Vater zunächst fragen: »Ist die Schule noch die richtige?« Er würde sich ärgern, sagt Würdig, »dass ich mit neun Jahren schon mit ihm darüber reden muss. Er muss es ja wissen. Ich muss ihm erklären, was er da sagt. Dass er weiß, dass er es nicht mehr in diesem Kontext benutzt.« Und wie erklärt man das? »Da müsste ich mir noch eine Taktik überlegen. Ich würde nicht sagen, da sind ein paar Leute aufeinander, Fleisch, sie bumsen, sie schreien alle.

Nee. Aber auch nicht Blümchen und Bienchen oder so ein Scheiß. Ich hätte ein Problem damit, dass ich es ihm schon sagen müsste. Das ist belastend für einen 9-jährigen Jungen, so was zu wissen.« Der »Arschfickmann« als Moralprediger? Ist er es nicht selbst, der solche Begriffe mit seinem Song großflächig verteilt? Auf *Youtube* gibt es das Video zum »Arschficksong« in unterschiedlichsten Versionen, im Jahr 2008 hat Würdig die drastischen Zeilen noch auf Bühnen gerappt.

Er wehrt sich, wenn man ihn auf seine Verantwortung als Künstler hinweist. »Ich mache meine Musik nicht für Kinder. Auf mein Konzert kommst du erst ab 16«, sagt er. Und wenn er vor kreischenden Teenies bei Massen-Fernseh-Events wie *The Dome* auftritt? Dann wähle er andere Titel aus. Er plädiert stoisch auf »nicht schuldig«. Sido verkörpert wie kein anderer den Widerspruch einer pornografisierten Gesellschaft. Porno als Marketingmittel, um Produkte zu platzieren, um Geld zu machen, ist völlig in Ordnung. Aber sobald es um die eigenen Kinder geht, hört der Spaß auf.

Was ist ein Blowjob? Im Grunde sei es ganz einfach, sagt Michael Hummert vom Deutschen Institut für Sexualpädagogik, dessen Tochter drei Jahre alt ist und bisher maximal ein konventionelles »Arschloch« aus dem Kindergarten mit nach Hause gebracht hat. Was wird er tun, wenn es sie interessiert, was ein Blowjob ist? »Im Gespräch würde ich ihr erklären, was das ist. Ich würde von vorne anfangen: Es ist ein englisches Wort für eine Sache, die Erwachsene machen, wenn sie Sex haben – davon ausgehend, dass meine 8-jährige Tochter weiß, was Sex ist.«

Die Ärztin Esther Schoonbrood, die seit einem Jahrzehnt Mädchen an Schulen aufklärt, plädiert vehement dafür, frühzeitig mit der Sexualerziehung zu beginnen: »Was Geschlechtsverkehr ist, sollten die Kinder erfahren, bevor sie in die Schule kommen, denn dort werden sie davon hören – und meist nicht auf die passende

Art und Weise.« Sie rät Eltern, nicht große Aufklärungsgespräche zu veranstalten, sondern nebenbei über das Wichtigste zu reden. Statt Binden oder Tampons zu verstecken: erläutern, wofür man sie braucht. Wenn im Fernsehen eine Liebesszene läuft: vielleicht mal nach den Kondomen fragen. Aufklärung ist für Schoonbrood ein »entwicklungsbegleitender Prozess«. Man kann den Kindern so vermitteln, dass Sex etwas ist, wovor sie keine Angst haben müssen. Dass es aber durchaus ein paar Dinge gibt, auf die man dabei achten sollte.

Eltern müssen ein Gespür dafür entwickeln, wann Kinder sich wofür interessieren. Sexualpädagoge Hummert veranschaulicht das am Beispiel Blowjob. Er hat jetzt also gesagt, dass das etwas ist, was Erwachsene beim Sex machen. »Wenn sie noch mehr wissen will, kann ich das auch erklären. Ich weiß nicht, ob ich ausschließen würde, zu sagen: Die Mama nimmt den Penis vom Papa in den Mund. Das hängt ganz davon ab, wie das Kind reagiert. Ich kriege ja mit, wenn es nicht mehr zuhört.« Die Sexualpädagogin Almut Weise sagt: »Kinder kommen, wenn sie merken, dass ihre Eltern offen sind, nach und nach mit mehr Fragen, wenn sie was gehört haben.« Sie empfiehlt, schon früh Bücher wie *Peter, Ida, Minimum – Familie Lindström bekommt ein Baby* zu Hause herumliegen zu lassen. Dann können die Kinder durch die anschaulichen Comic-Erklärungen blättern, wenn sie neugierig werden.

Ein gesundes Verhältnis zum eigenen Körper zu vermitteln, darum geht es Hummert: »Kinder müssen lernen, was ihnen keine guten Gefühle macht. Sie müssen lernen, Nein zu sagen. Sie müssen aber auch wissen, was ihnen Spaß macht und was gut für sie ist. Deshalb kann ich sie nicht nur vor dem bösen Mann warnen, der sie ins Auto holt. Man muss Ja und Nein sagen können. Wenn man nicht weiß, was man will, kann man nicht Nein sagen. Und dazu gehört auch, zu wissen, wie der eigene Körper funktioniert.«

Hätte ich einen Sohn, würde ich sagen: Wenn du deinen Penis anfasst, weißt du ja, das fühlt sich gut an. Das kann man ja sagen. Ein Mädchen weiß, dass es schön ist, sich an der Scheide zu berühren. Das ist nicht Sexualität, wie wir Erwachsenen uns das vorstellen. Aber es sind auch schöne Gefühle.«

Filter allein bringen gar nichts
Kinder, die ein vernünftiges Verhältnis zu ihrem Körper und zu ihren Gefühlen haben, die eine Vorstellung von Sexualität haben, die nicht von Angst geprägt ist, können besser mit Porno-Vokabular oder Pornobildern umgehen. Vor allem dann, wenn das Vertrauensverhältnis zu ihren Eltern Fragen nach Gangbang oder Blowjob erlaubt. Wenn sie wissen, dass sie echte Antworten bekommen. Und wenn sie außerdem gelernt haben, Bilder, Filme, Töne und Texte, die Medien ihnen liefern, kritisch zu konsumieren.

Darum müssen sich Eltern kümmern, wenn sie ihre Kinder auf eine möglichst Crash-freie Fahrt auf den Daten-Highway mit all seinen Freiheiten vorbereiten wollen: 1. ein positives sexuelles Selbstbild, das vor Übergriffen im echten und im virtuellen Leben schützt, das den Mut beinhaltet, Nein zu sagen, und 2. die Medienkompetenz, Dinge einzuordnen und zu bewerten, auch hier: im Zweifel den Konsum zu verweigern. Beides hängt zusammen.

Das klingt alles wunderbar einfach und ist es natürlich überhaupt nicht. Um gemeinsam mit seinem 8-jährigen Sohn oder der 9-jährigen Tochter die ersten Spieleseiten im Internet zu entdecken, muss man sich Zeit nehmen. Wer 60 Stunden in der Woche am PC arbeitet, neigt womöglich dazu, lieber einer Kinderschutzsoftware oder einem Filter zu vertrauen. Aber selbst die besten Filter haben Lücken. Vor allem sind Filter stumm. Sie können nicht erklären, warum eine bestimmte Seite für Kinder nicht geeignet ist und warum dort Bilder zu sehen sind, die eine 9-Jährige schlecht schlafen lassen. Ein Filter nimmt ein Kind nicht in den

Arm, wenn es etwas Verstörendes gesehen hat. In seine Programmierung sind Werte eingeflossen, aber das bloße Blocken erhellt diese Werte für seine minderjährigen Nutzer nicht.

Mag sein, dass eine solche Abwehrsoftware bei Kindern noch leidlich funktioniert. Ein Teenager, der sich von Pornoseiten angezogen fühlt, wird sich von einem Filter nicht abhalten lassen. Das musste auch der Vater erfahren, der sich im Sommer 2007 »Porn Buster« nannte und im Youporn-Chat wider den Realitätsverlust im Zeitalter der Pornografisierung wetterte. »Es hat mich viel Zeit und Mühe gekostet ›die Schotten‹ dicht zu machen und den Zugriff auf verschiedene Upperage-Seiten zu verhindern«, schreibt er auf Nachfrage, auf Homepages für Volljährige also. Der Wille seines Sohnes sei aber weiterhin vorhanden – »trotz Erklärungen«. In die Suchmaschinen gebe der immer wieder einschlägige Begriffe ein, stellt der besorgte Vater fest. Sein Sohn sucht, und wahrscheinlich wird er auch finden. Da mag der Vater noch so engagiert am digitalen Abwehrbollwerk basteln.

Andere lassen sich die E-Mail-Daten ihrer Kinder geben, checken deren Mails und prüfen nach jeder Surfsitzung die besuchten Seiten. Die Mutter der elf Jahre alten Charis hat gerade erst wieder das Internetpasswort geändert, damit ihre Tochter nicht allein ins Netz kann. Seit sie im Jimi-Blue-Ochsenknecht-Forum von einem älteren Mann belästigt wurde, ist Godela noch vorsichtiger. Sie erzieht Charis allein. Ihre Tochter erscheint ihr manchmal zu gutgläubig. Sie darf sich bisher in keinem Schülernetzwerk anmelden, auch wenn sie ständig bettelt. Godela diskutiert mit ihr darüber, warum sie das nicht will. Sie hat ihr auch erklärt, warum Charis die Bushido-Lieder vom Handy löschen soll und wieso sie das Bushido-Plakat bitte besser abhängt. Mütter ficken? Findest du das gut?

Der Schwerpunkt der sexuellen Online-Erziehung verschiebt sich mit dem Alter. Geht es anfangs noch vorwiegend darum, zweifelhafte Inhalte von den Kindern fernzuhalten, haben die Eltern später das Gefühl, sie müssen ihre Kinder von den Inhalten fernhalten. Besonders die Jungs.

Verbote, wie sie der »Porn Buster« aussprach, sind eine Möglichkeit, damit umzugehen. »Das fand ich für mich aber nicht richtig«, sagt Corinna Rückert, die Mutter des Gymnasiasten Carl. Sie setzt lieber auf Vertrauen, statt Zugangshürden aufzubauen, die ihr Sohn am Ende sowieso überwindet. Jetzt, wo er 15 ist, redet sie mit ihm darüber. Sie hat in einer Zeitschrift über Pornografie und Jugendliche gelesen und ihn darauf angesprochen. Wie ist das denn bei dir? So würde es auch Esther Schoonbrood empfehlen: Vorlagen aus den Medien nutzen, in den Alltag einbauen, so beiläufig wie möglich. »Was passiert denn, wenn das erste Mädchen sich für dich interessiert, ihr fangt an zu knutschen, und du hast solche Bilder im Kopf?«, hat Rückert Carl gefragt. »Da fängt man doch langsam an, zusammen rauszufinden, wie das geht«, hat er ihr geantwortet. »Sie weiß es doch auch nicht.« Seine Mutter hat ihm erklärt, dass man einen Penis nicht einfach so in eine Vagina rammen kann, dass die Darstellerinnen in Pornos viel Gleitgel benutzen und dass Frauen im realen Leben aufschreien würden, wenn man mit ihnen so umginge wie in einem Porno. »Dann war es das«, hat sie gesagt, »dann hast du nie wieder die Chance.«

So offen wie Corinna und Carl Rückert gehen sicher nicht alle Mütter und Söhne miteinander um – ganz im Gegenteil. Sie haben sich nach dem Gespräch aber beide besser gefühlt. Es hatte etwas Beruhigendes.

Der kanadische Autor Don Tapscott, der die »Generation Internet« seit Jahren beobachtet, wirbt für sein Modell der offenen Familie. Als seine Kinder ihre Mäuse über die ersten Websites steuerten, hat er keine Filter installiert. Mit seinem 12-jährigen Sohn hat er sich erst über Pornografie unterhalten und dann einen Vertrag

geschlossen. Der Teenager verpflichtet sich, keine Seiten zu besuchen, die für ihn ungeeignet sind. Dafür spionieren seine Eltern
ihm auch nicht nach. Am Abendbrottisch haben sie über gute und
schlechte Seiten des Netzes diskutiert. Natürlich, gesteht Tapscott
ein, es habe Verstöße gegeben und Streitereien. Am Grundmodell
zweifelt er nicht. In einer offenen Familie, freut er sich, könne die
ältere Generation vom Internetwissen ihrer Kinder profitieren.

Corinna Rückert interessiert sich ganz ohne Vertrag. Sie erkennt
die digitale Kluft und lässt sich von ihrem Sohn an seine Seite
heranholen. Sie fordert das ein. Er zeigt ihr Clips auf seinem Handy,
führt ihr Ballerspiele vor, ruft für sie die Startseite seines *SchülerVZ*-
Profils auf und scrollt kurz durch die Freundesliste, während sie
zusieht. Ihr ist völlig klar, dass er ihr die brutalsten Kampfsequen-
zen nicht vorspielen wird. Sie kennt nicht jeden Winkel seines
Online-Universums, aber sie hat eine ungefähre Vorstellung davon. In Zeitungen, Magazinen und im Fernsehen hat sie von Cyber-Mobbing unter Schülern erfahren, sie hat die Diskussion um
Amokläufe und Gewaltspiele verfolgt und die Warnungen vor
Pornoclips. Aber sie hat immer versucht, diese Medieneindrücke
mit dem Leben ihres Sohnes abzugleichen. Zeig mal, was hast du
denn auf dem Handy? Woher kennst du denn die ganzen Mädchen auf deinem *SchülerVZ*-Profil?

Kürzlich war an Carls Schule eine Elternversamm-
lung, bei der es um Medien ging. Andere Väter und
Mütter schimpften auf das Netzwerk *SchülerVZ*, da
werde nur gemobbt. Wenn man dann nachfrage, sagt Rückert,
stelle sich heraus, dass viele fast nichts darüber wüssten. Sie nimmt
vor allem »diffuse Ängste« wahr. Es ist wie mit der US-Studie:
keine Ahnung, aber eine Riesenabneigung. Für Rückert stellt das
eine »Form von Vernachlässigung« dar: »Eltern kennen sich nicht
mehr mit den Dingen aus, mit denen sich Kinder beschäftigen. Sie

**Die mediale
Vernachlässigung**

haben eine Scheu, sich damit auseinanderzusetzen.« Ein Polizist, der wie einige Kollegen Eltern, Lehrer und Schüler über Mobbing, Datenschutz und Internetpornografie aufklärt, ärgert sich, dass zu den Elternveranstaltungen meist nur die kommen, die sich ohnehin mit dem Thema befassen. Was ist mit den anderen? »Keine Zeit, keine Lust«, stellt er knapp fest. Sie vertrauten ihren Kindern, sagen ihm einige. Das macht ihn richtig wütend: Was sie Vertrauen nennen, sei in Wirklichkeit bloß Desinteresse.

Wer sich an den Rand der digitalen Schlucht stellt und drohend den Zeigefinger hebt, gibt ein komisches Bild ab. Er erreicht sein Kind mit der Mahnung kaum. Sinnvoller ist es, sich spaßeshalber bei einem sozialen Netzwerk einzuloggen oder es sich wenigstens von seinen Kindern vorführen zu lassen, wenn die Söhne oder Töchter schon allein surfen. Es schadet nicht, zu wissen, wie *Youtube* funktioniert, wie dort ein Clip auf die nächsten, verwandten, verweist. Muss man sich aber *Youporn* angucken, *Redtube*, *Pornhub* und wie sie alle heißen?

Corinna Rückert hat es getan. Als die Pornodebatte durch die Medien waberte, gab sie »free porn« bei *Google* ein. Sie las von Stellungen und Praktiken, von denen sie noch nie gehört hatte, obwohl sie sich für ihre Promotion jahrelang intensiv mit Pornografie befasst hat. Es ging um Pornos für Frauen, sie hat sogar selbst für einen Regie geführt. Nun musste sie sich überlegen, was ihre Haltung zur Pornografie für die Erziehung ihre Sohnes bedeutet. Ihre eigene Jugend in den Siebzigern hat sie weder vergessen noch verdrängt, so wie es ihr manche zu tun scheinen, die mit Drogen, Sex und Hippie-Musik sozialisiert wurden und jetzt ihren Kindern gegenüber als »Obermoralapostel« auftreten. Dass Pornografie auf Heranwachsende eine Faszination ausübt, gehört für sie zur Adoleszenz. Man müsse den richtigen Umgang vermitteln. Auch sie hat dafür ein plastisches Bild: »Es wird ein verrückter

Aktionismus betrieben, um Computerspiele und Pornografie einzuschränken. Damit nimmt man nur die Eltern aus der Verantwortung. Es ist, als würde man sagen: Wir schaffen Messer und Gabel ab, weil Eltern nicht mehr in der Lage sind, ihren Kindern vernünftige Tischmanieren beizubringen.«

Tischmanieren mögen sich im Laufe der Zeit genauso wandeln wie das Verhältnis der Gesellschaft zur Pornografie. Nur sind sie längst nicht so umstritten. Und Tischmanieren tabuisiert niemand. Man spricht nicht mit vollem Mund, man isst mit Messer und Gabel. So weit, so klar. Man schaut mit zehn Jahren keine Pornos? Sicher! Mit 14? Mit 16? Prinzipiell tut man es nicht. So schreibt es das Gesetz vor. Eigentlich. Aber ...

Ist es nicht ein natürliches Bedürfnis, sich als Teenager mit Sexualität zu befassen, auch mit Bildern, vielleicht sogar mit pornografischen Bildern? Vieles hängt bei den konkreten Geboten und Verboten von der Einstellung der Eltern ab. Sogar das Gesetz lässt entsprechende Lücken. Grundsätzlich macht sich strafbar, wer Minderjährigen Pornografie zugänglich macht. Bei den Erziehungsberechtigten ist das etwas anders. Es gilt das Elternprivileg. Eltern dürfen nicht bestraft werden, wenn sie ihre Kinder Pornos sehen lassen. Zumindest nicht für das Zugänglichmachen. Das Amtsgericht Kaufbeuren hat der *Augsburger Allgemeinen* zufolge im September 2009 eine Mutter zu 120 Tagessätzen von je 10 Euro verurteilt, weil sie ihrer Tochter neun Jahre zuvor einen Porno gezeigt hatte. Die Tochter war damals elf Jahre alt. Ihr Kind habe sich so sehr dafür interessiert, wie Sex geht, sagte die Mutter vor Gericht. Es habe dann auch ganz interessiert zugeschaut. Das Urteil, berichtete die Zeitung: sexueller Missbrauch in einem minder schweren Fall.

Von solchen Beispielen erzählen auch Sozialarbeiter und Sexualpädagogen immer wieder. Sie geschehen meist in einem schwierigen Umfeld, in dem Jobs und Geld fehlen, Nähe und Zuneigung. Die verurteilte Mutter aus dem Kaufbeurer Prozess hat mittlerweile keinen Kontakt mehr zur Tochter – auch zu den anderen Kindern nicht. Ein Beispiel sozialer Vernachlässigung.

Schulen könnten entgegenwirken Es gäbe eine Instanz, die dieser Vernachlässigung entgegenwirken könnte: die Schule. Sie ist die einzige Einrichtung, die alle deutschen Kinder durchlaufen müssen. Für die Schulen sind in Deutschland die Bundesländer zuständig und dort die Kultusministerien. Wer Kinder auf ein Leben im pornografisierten Internetzeitalter vorbereiten möchte, müsste im Unterricht dieselben zwei Aspekte behandeln wie die Eltern zu Hause: 1. das Verhältnis der jungen Menschen zu ihrem eigenen Körper und ihrer Sexualität, also auch ihre Beziehung zu anderen, und 2. ihren Umgang mit neuen Medien, besonders mit dem weltweiten Netz. Wenn man sich durch die einzelnen Lehrpläne und Richtlinien liest und in den Kultusministerien nachfragt, stößt man auf unterschiedliche Bereitschaft, sich mit dem Thema zu befassen. Seit die Kultusministerkonferenz 1968 ihre »Empfehlungen zur Sexualerziehung in den Schulen« herausgegeben hat, ist die Aufklärung in den Rahmenlehrplänen verankert. Meist wird der Umgang mit Sex und Liebe besonders in den Fächern Biologie und Ethik oder Religion verortet. Je nach Bundesland und Schulform geht es um »Stärkung des Selbstbewusstseins«, »Verantwortungsbewusstsein für den eigenen Körper«, um ein »Leben in freier Entscheidung«.

Die Navigation in einer digital geprägten Welt sollen Projekte wie der Medienführerschein in Bayern oder das Programm »Medienkompetenz macht Schule« in Rheinland-Pfalz fördern. Langfristig hätte die Landesregierung in Mainz gern an jeder Schule einen Jugendmedienschutzberater, bis zum Herbst 2009 waren für die Aufgabe 600 Lehrer ausgebildet worden. Etliche Schulen in ganz

Deutschland arbeiten regelmäßig mit der Polizei und mit Jugend-
schützern zusammen, um Lehrer und Schüler über »Chancen und
Gefahren des Internets« zu informieren. In Thüringen wird ein
neues Medienkundekonzept vorbereitet. Mit Fortbildungen zu
Themen wie »Chatten, Flirten, Daten, Treffen!?« oder »Identitäts-
design im Netz« will der Stadtstaat Hamburg seine Lehrer und
Referendare auf Diskussionen auf die »Generation Porno« einstim-
men. Namhafte Medienforscher und Erziehungswissenschaftler
mahnen in ihrem »Medienpädagogischen Manifest« allerdings,
dass solche »punktuellen Maßnahmen« nicht mehr ausreichten.
»In der Breite gesehen« habe die Medienpädagogik weder an Schulen noch in der Lehrerausbildung an Hochschulen einen festen
Platz.

Für die Sexualerziehung stecken die allgemeinen Lehrpläne
einen groben Rahmen ab, der mit Richtlinien präzisiert wird. Der
»Teilaspekt Pornografie« werde in Nordrhein-Westfalen »in den
Lehrplänen aller Schulformen umgesetzt, je nach Klassenstufe
altersgemäß in unterschiedlicher Form«, teilt das Ministerium für
Schule und Weiterbildung von NRW mit. »Aufgabe der Lehrerin-
nen und Lehrer ist es auch, die Verknüpfung von Sexualität mit
Gewalt, Geschäft und Ausbeutung zu behandeln. Sexuelle Gewalt,
sexueller Missbrauch, Pädophilie, Pornografie und Prostitution
sind eine gesellschaftliche Realität, die an allen Orten und quer
durch alle Schichten verbreitet ist. Deshalb werden diese Proble-
matiken in der Schule angesprochen. Dabei wird auch thematisiert, inwieweit die zunehmende Nutzung von Medien die Wahrnehmung der Jugendlichen von Sexualität beeinflusst. Das
Diskutieren über diese Themen im Unterricht kann einen Beitrag
zur Prävention leisten«, heißt es weiter. Auch im Biologielehrplan
des Landes Berlin wird das »Phänomen Pornografie« laut Bildungs-
senat im Pflichtmodul für die siebte und achte Jahrgangsstufe

erwähnt. Bayern weist in seinen »Richtlinien für die Familien- und Sexualerziehung« aus dem Jahr 2002 immerhin darauf hin, dass der Frage »Was ist pornografische Literatur?« im Deutschunterricht nicht ausgewichen werden sollte.

Lehrer haben Angst und sind unsicher Am deutlichsten wird Rheinland-Pfalz in seinen »Richtlinien zur Sexualerziehung«. Sie sind auch am aktuellsten, aus dem Sommer 2009. Der Text bezieht sich eindeutig auf Handys und das Internet. Jugendliche würden heute über diese Kanäle »zu fast allen Facetten von sexuellen Sachverhalten« Zugang erhalten. Aber: »Detaillierte Bilder von Geschlechtsorganen und von Sexualpraktiken (bis hin zur Pornografie) vermitteln nicht zwangsläufig auch Informationen über Bau und Funktionen des eigenen Körpers und die eines potenziellen Partners oder einer Partnerin. So können Leistungsdruck erzeugt und Versagensängste geweckt werden.«

In der Theorie der Kultusministerien ist die Pornografie manchmal eine Fußnote, gelegentlich, wie in Rheinland-Pfalz, schafft sie es als Beispiel in eine Klammer des Fließtextes. Immer ist sie aber eines: eine Querschnittsaufgabe, die in vielen verschiedenen Fächern umgesetzt werden soll. Mit solchen Regelungen ist laut der Gewerkschaft Erziehung und Wissenschaft (GEW) stets dieselbe Schwierigkeit verbunden. »Bei Querschnittsthemen, die keinen festen Ort im Stundenplan haben, entsteht das Problem, dass es keiner macht«, sagt Marianne Demmer aus dem GEW-Vorstand. Es sieht auch bei der Sexualkunde nicht so aus, als würden Lehrer in Biologie, Ethik und anderen Fächern die vagen Vorgaben, die die Pläne benennen, umso konkreter umsetzen.

Wenn Linus Dietz vor Eltern, Lehrern oder Schülern Vorträge hält, stellt er eine indonesische Schnitzfigur auf, an der lose ein steifer Holzpenis hängt. Zu Beginn klopft er mit dem geschnitzten Penis auf die Figur, dann steckt er ihn so fest, dass er vom

Körper absteht. »So, bitte Ruhe, wir wollen anfangen«, sagt er
schließlich.

Dietz arbeitet seit 40 Jahren als Lehrer, ein kleiner, geschäftiger
Mann mit weißem Bart und gestutzter Igelfrisur. Er leitet eine
Hauptschule im fränkischen Würzburg und ist Vorsitzender der
Deutschen Gesellschaft für Geschlechterziehung. In der hellen
Schrankwand vor seinem Schreibtisch lagern Aufklärungsbücher,
Videokassetten und Erotikthriller aus mehreren Jahrzehnten. Auf
Hundertwasser-förmig geschwungenen Regalen stapeln sich Bü-
cher, auch seines ist darunter. Er hat beschrieben, wie die Sexual-
aufklärung gesetzlich an den Schulen verankert wurde, über ein
Urteil des Bundesverfassungsgerichts. Das Cover seines Buchs
zeigt seine Tochter. Er hält ihr die Hand vors Gesicht, aber die Finger lassen ihre Augen frei. So müsste das optimalerweise laufen,
denkt er: den Blick lenken, aber nicht versperren.

In fast allen Bundesländern, stellt Dietz fest, sollte das Thema
Pornografie gegen Ende der Schullaufbahn theoretisch einmal behandelt werden. »Wenn ein Lehrer das wirklich machen würde,
müsste er das als Pädagoge wissenschaftlich sauber aufarbeiten«,
sagt er. »Aber wir sind der Meinung: 80 Prozent kommen diesem
Auftrag nicht nach.« Und von den 20 Prozent, die es vielleicht
doch tun, würden es nicht wenige »ex Ärmulo« machen – »wenn
auf dem Pausenhof etwas vorgefallen ist«. In der Fachkonferenz
wird an Dietz' Schule mit dem Klassenlehrer abgesprochen, wer in
einer Klasse welche Themen übernimmt. Wenn Dietz sich selbst
um »Medien, Filme, Sexualität, Erotik« kümmert, will er sich erst
einmal klarmachen: »Wie reagieren meine Schüler? Was wissen
die? Sind die auf einer Ebene, wo ich sagen kann: Das ist ähnlich
wie bei mir? Damit kann ich als professioneller Erzieher leben.
Oder reden die in einer derb-versauten Sprache und kennen keine
Beschränkungen?« Dann müsse er reagieren. Er tendiere nicht

zum Verbot, sagt Dietz, eher zum Gebot: »Du kannst das und das tun, aber bedenke, was die Folgen sind.« Was man gesehen habe, glaubt er, könne man nicht mehr ungesehen machen. Pornografie, warnt er, kann einen in einem bestimmten Alter mehr belasten als befreien. »Wenn dir bewusst ist, wie du bestimmte Dinge verarbeiten kannst, mit wem du darüber reden kannst, dann bist du geschützt davor«, sagt er.

Der Rektor geht davon aus, dass Pornografie »eine Funktion hat. In der Mehrheit sogar eine positivere, als die Menschen annehmen.« Wie man sich als Lehrer seinen Schülern gegenüber dazu positioniert, erscheint ihm eine schwierige Frage, auf die Lehrpläne und Richtlinien keine wirkliche Antwort geben. Es sei alles sehr »konsensfähig«. Der Papst müsse sich darin wiederfinden können, genauso wie ein »aktiver Sexualmensch«.

»Das ist ein bisschen schwammig«, kritisiert Dietz. Die Schüler sollten auf das Leben vorbereitet sein. »Ja, auf welches Leben?«, ruft er. »Auf eines, wo sie sich pornografisch betätigen, weil sie auf Lehrer getroffen sind, die sagen, sie halten das für richtig und wichtig? Oder aufs Gegenteil, weil sie im Unterricht jemanden hatten, der sagt: Das darfst du nicht anschauen, sonst wirst du blind?«

Der Lehrer stehe in solchen Situationen unter extremem Druck. Es falle einigen Kollegen schon schwer, sich mit ihren Schülern über Tagespolitik zu unterhalten, weil sie Angst haben, die beschweren sich bei ihren Eltern, da habe jemand seine parteipolitische Überzeugung in den Klassenraum getragen. »Bei Sexualität ist es noch schlimmer«, sagt Dietz. »Man hat immer das Gefühl, da hört einem jemand zu, der geht nach Hause und erzählt nur in Ausschnitten.« Etwa: Heute haben wir über Ficken geredet. Obwohl es um Aufklärung ging, wobei dann ein Schüler erwähnt hat, man könne das so nennen. »Diese Schere im Kopf, die Angst vor der Blamage, davor, dass man sich angreifbar macht, belastet Lehrer zunehmend«, beobachtet Dietz.

Diese Unsicherheit hat auch dazu geführt, dass der Autor Jaromir Konecny mit seinem Buch *Doktorspiele* an einigen Schulen ein- und wieder ausgeladen worden ist. Der Jugendroman handelt von einem Teenager, der seine Sexualität entdeckt, seinen Penis mit anderen vergleicht und so darüber redet, wie Jungs in seinem Alter das tun. Konecny, den manche den Wladimir Kaminer Münchens nennen, las auf seiner Tour mit schwerem polnischen Akzent witzige Ausschnitte wie jenen von der »Pimmelparade«. Mehreren leitenden Pädagogen schien das zu pornografisch. Man müsse mit Sexualaufklärung sehr zurückhaltend sein, begründete ein Berliner Direktor seine Ausladung.

»Leben eben«, mit dem Slogan bewarb der Verlag Konecnys Buch, das zwar Wörter wie »Pimmel« und »Möse« enthält, aber wesentlich freundlicher daherkommt als viele Rap-Tracks. Eigentlich würde Linus Dietz es für wünschenswert halten, dass sich die Schulaufklärung dem Alltag ein wenig annäherte. Die Schüler hätten heute oft sowieso viel mehr gesehen als die Pädagogen selbst, »bei der Pornografie sicherlich«. Man lässt sie damit seiner Ansicht nach aber allein.

Das Fatale, beklagt Dietz: In der Lehrerausbildung spielt die Sexualerziehung so gut wie keine Rolle. »In Bayern ist das Fehlanzeige, da gibt es nichts.« Und nicht nur in Bayern. »Sexualpädagogik für Lehrer existiert an Unis so gut wie nicht«, stellt der Psychologe Konrad Weller fest, der in Merseburg lehrt, wo sich ein Master-Studiengang »Angewandte Sexualwissenschaft« ausdrücklich an Sozialpädagogen und Schulpädagogen richtet.

Die deutsche Ausbildungslandschaft für professionelle Erzieher ist in dieser Hinsicht zweigeteilt. Bei Pro Familia oder Donum Vitae

Sexualausbildung für Lehramtsanwärter? Fehlanzeige!

sitzen gut ausgebildete Sexualpädagogen, Lehramtsreferendare dagegen stoßen im Studium zufällig und ganz am Rande auf das
Thema. Wenn überhaupt. Die Schulen profitieren von dem Fach-
wissen bei Pro Familia und anderen professionellen Aufklärern, weil
sie sie zu Fachtagen einladen, um mit den Schülern über Sex und
Liebe zu reden. Weller hält das für sinnvoll: »Schulpädagogik muss
mehr denn je sozialpädagogisch flankiert werden.« Die Gelder, die
Bundesländer dafür zur Verfügung stellen, sind laut der Gewerk-
schafterin Demmer aber »zu gering, wenn überhaupt vorhanden«.

Von einer grundsätzlichen Schwierigkeit befreit der Einsatz der
externen Bio- oder Ethiklehrer auch nicht. Sollen sie mit Schülern
über Sex oder Pornografie sprechen, steht ihnen oft die eigene Biografie im Weg. »Man reagiert hauptsächlich auf sich selbst statt auf
die Schülerfrage. Das ist das Problem«, sagt Karla Etschenberg, die
Vorgängerin von Linus Dietz im Vorsitz der Deutschen Gesellschaft für Geschlechtserziehung. »Lehrer müssten im Studium
oder am Anfang ihrer Lehrertätigkeit eine Selbsterfahrungsgruppe
mitmachen zum Umgang mit der eigenen Sexualität.« Welches
Thema macht mich betroffen, mit welchem kann ich sachlich umgehen, wo reagiere ich aggressiv, ängstlich?

Almut Weise hat zu Beginn ihrer Multiplikatorenausbildung
genau das getan. Nur ist sie keine Lehrerin, sondern Sexualpädagogin bei Pro Familia Berlin. »Das war hochexplosiv«, erinnert sie
sich. In einer kleinen Gruppe haben sie mehrere Wochen lang ihre
sexuellen Biografien aufgearbeitet, haben sexuelle Lebenswege gemalt und vom ersten Mal, von Abneigungen, Orgasmuslügen und
Missbrauchserfahrungen erzählt. Sie dachten, sie kennen sich.
»Aber da sind plötzlich Sachen aufgebrochen ...« Es habe viele Tränen gegeben. Weise hält so eine Auseinandersetzung für unge-
mein wichtig. Man müsse die eigenen Mechanismen kennen, um
sie außen vor lassen zu können. Wo sind meine Grenzen? »Ich

möchte nicht meine eigenen Komplexe an eine andere Generation weitergeben«, sagt Weise. Im Zweifel, wenn es einem zu unangenehm wird, kann man die Fragen der Schüler auch zurückgeben. Was meint ihr denn?

So eine Vorbereitung hätte sich Gert Laibert gewünscht. Bei ihm, sagt er, sei es jetzt mehr »learning by doing«. Laibert ist ein junger Lehrer in Bayern und heißt in Wirklichkeit anders. Die Ausbildung sei sicher nicht optimal. In der fünften Klasse unterrichtet er die »Basics«. »Da bist du oft überrascht, wie wenig die wissen.« Das sagen fast alle, die mit Schülern über Sexualität reden. Wer Gangbang-Texte nachsingen kann, hat noch lange nicht verstanden, wie die Menstruation funktioniert.

Der Biologielehrer Laibert nimmt sich Zeit und gibt in der achten Klasse jede einzelne der zehn Stunden, die dafür vorgesehen sind. »Da lasse ich lieber mal ein Hausschwein hinten runterfallen.« Er versucht auf alle Fragen einzugehen und teilt nicht nur Arbeitsblätter mit Geschlechtsorganen aus, wobei es Kollegen nicht selten belassen. Wenn Sorgen wegen der Penisgröße auftreten, beruhigt er: »Das ist völlig wurscht.« Wenn sie zu konkret nach Stellungen und Techniken fragen, verweist er sie an die Eltern. »Das besprecht ihr mal zu Hause.« Die Eltern wüssten, was sie ihren Kindern zumuten können, sagt Laibert. Allzu konkret auf Praktiken einzugehen könne den einen oder anderen vor den Kopf stoßen. Da ist diese Schere im Kopf. Die Sorge vor aufgebrachten Eltern in der Sprechstunde.

Aber reden die Kinder zu Hause mit ihren Vätern und Müttern über so etwas, wenn sie sich mit ihnen laut Unicef in Deutschland ohnehin so selten unterhalten? Carl ja, Ric nicht, Sophie auch nicht. »Die meisten haben mit ihren Eltern nicht darüber geredet«, sagt die Stuttgarter Kommunikationswissenschaftlerin Petra

Grimm, die Jugendliche in einer Studie, die im April 2010 erscheinen soll, intensiv zu ihrem Pornografie-Konsum befragt hat. Es sei abhängig davon, wie offen zu Hause mit Sexualität umgegangen werde. »Wie gefestigt ist das Vertrauen zwischen Kids und Eltern?«

»Kann man als Fremder mit Schülern überhaupt über Sexualität reden?«, fragt Linus Dietz. Fremde können es besser als Eltern, findet Martin Goldstein, der ehemalige Dr. Sommer. Nicht nur wegen jenes Sex-Tabus in der Familie. »Die Eltern sind darin überfordert«, sagt er. »Es allein auf die Eltern und auf die Schule zu schieben, halte ich für einen Irrweg.« Stattdessen seien freie Vereine gefordert. Goldstein ist von der Potsdamer Initiative »Manne« begeistert, die seit Jahren »geschlechtsbewusste Jungenarbeit« macht und sich mittlerweile auch um Mädchen kümmert. Es gibt einige solcher Vereine. In seinem Buch Teenagerliebe hat er Gedichte zitiert, die bei dem Manne-Projekt entstanden sind. »Es geht nicht darum, den Jugendlichen etwas zu sagen, sondern zu lauschen: Was ist in dir? Was denkst du? Verrate das mal!« Man müsse ein Ambiente schaffen, in dem die Jugendlichen das aussprechen könnten, in dem sie sich nicht schämen. Erst wenn man ihnen zugehört habe, solle man selber berichten und korrigieren. »Das machen die Potsdamer auf eine geniale Art. Liebevoll, emotional und demokratisch.«

Zwei Regeln hält er in einer solchen Liebesschule für zentral: 1. Selbstvertrauen entwickeln und sich selber lieben und 2. merken, dass das andere Geschlecht anderes im Sinn hat. Die Gegensätze zu überwinden, nicht nur zwischen den Mädchen und Jungen, auch zwischen Jung und Alt, dabei helfe »das Kommunikative«. Er glaubt daran, seit er als Dr. Sommer per Brief mit Tausenden Jugendlichen kommuniziert hat. »Ich habe immer auf das Soziale, auf den Kontakt zwischen den Geschlechtern gezielt. Frage doch mal: Wie ist das für dich, wenn ich das mache?«

Vor einiger Zeit hat er sich ein paar Pornoclips im Internet angesehen. Ein Freund von Pro Familia hatte ihm Adressen gegeben. Aufklärung stellt er sich anders vor, persönlicher. »Mir standen die Haare zu Berge«, sagt Goldstein.

Auch Pädagogen in Fortbildungen des Sex-Dozenten Michael Hummert reagieren manchmal so, wenn er ihnen Eindrücke aus dem *Youporn*-Universum **Muss man das als Lehrer ansehen?** präsentiert. Er wird von Landesregierungen und Verbänden eingeladen, um Lehrer, Sozialarbeiter und Sozialpädagogen über die »Generation Porno« aufzuklären. Irgendwann sehen sie sich an ihren Rechnern auch *Youporn* an. Manche würden abgeklärt reagieren. »Es gibt aber auch Pädagoginnen, die völlig geschockt sind.« Eine, um die 50, kam einmal zu ihm und hat ihn gefragt, ob dieses Mädchen auf dem Parkplatz im Halbdunkeln tatsächlich vier Männern einen geblasen hat. Für die Lehrer und Sozialarbeiter stellt sich dieselbe Frage wie für die Eltern: Muss man sich das ansehen, wenn man mit Jugendlichen darüber redet?

Manchmal dürfen die Lehrkräfte es gar nicht. Schulleiter berichten immer wieder davon, dass trotz Handyverbots in Pausenhöfen Mobiltelefone konfisziert werden, auf denen Sechstklässler sich offenbar Pornos angesehen haben. Die Aufsichten bekommen es mit, weil eine Gruppe um ein Gerät steht und kichert. Überprüfen, was für Clips sich auf den Handys befinden, dürfen sie nicht. Das verbietet der Datenschutz. Sie geben die sichergestellten Telefone also der Polizei.

Wenn man schon keine Einblicke in die Handys erhält: Sollte man sich als Lehrer auf *Youporn* umsehen, um zu wissen, womit Teenager konfrontiert sind? Heinz-Peter Meidinger, der Vorsitzende des Philologenverbands, sagt: »Ich glaube nicht, dass es notwendig ist, das selber alles gesehen zu haben.« Er war kürzlich auf einer Fortbildung zum Thema, da hat ein Pädagoge eine »Giftmappe« herumgereicht. Die Kollegen und Kolleginnen hätten meist nur einen kurzen Blick hineingeworfen. Man könne aber erahnen, »was es für Jugendliche bedeutet, die so etwas sehen, bevor sie erste eigene Sexualkontakte haben.«

So ahnen viele Eltern, Lehrer und Sozialarbeiter vor sich hin. Sie ahnen selten etwas Gutes. Aber es bleibt eben oft lediglich eine Ahnung. An Gert Laiberts Gymnasium müssen sie in den vergangenen Jahren häufiger Pornoadressen von den Tischen wischen. Er hat eine davon zu Hause in den Browser eingegeben, aber er kam gar nicht bis zu den Clips durch. Er gibt zu: Wenn es um Medien geht, müsste er sich eigentlich von seinen Schülern aufklären lassen. »Besonders bei Handys sind wir völlig vorsintflutlich. Das gilt ja nicht nur für Pornografie, dass Jugendliche einen Wissensvorsprung haben.«

Medienkompetenz, bemerkt eine Studie zur »digitalen Spaltung« im Herbst 2009, werde in allen Arbeitsumfeldern unerlässlich. Nicht nur für die Jüngsten, auch Erwachsene müssten sich fortbilden. Im internationalen Vergleich verfügten die Bundesbürger »noch nicht über genügende Kompetenzen im Umgang mit den neuen Technologien und Medien«, mahnt die Analyse, die IT-Unternehmen und das Bundeswirtschaftsministerium gefördert hatten. In Finnland richten sich die Behörden darauf ein und lassen Lehrer von 5000 ausgewählten Schülern an Computern ausbilden. Das Grundmodell des Unterrichtens, das noch aus dem Industriezeitalter stammt, müsste reformiert werden, fordern Bildungsexperten überall auf der Welt. Lehrer, die vor der Tafel dosiertes Wissen an ihre Klassen verteilten, seien für die Kinder des digitalen Zeitalters schlicht zu langweilig, bemängelt der Buchautor Don Tapscott in *Grown Up Digital*. Sie würden die Computerkids unterfordern. Lernen mit Spaß, Lernen im Austausch, das hält er für den besseren Ansatz. Die Schulen, verlangt die SPD-Frau Griefahn, müssten zum kritischen Denken erziehen, zum Widerspruch anregen, damit Kinder und Jugendliche zu souveränen Netznutzern würden. Derzeit beobachtet sie eher das Gegenteil.

Karla Etschenberg, die ehemalige Vorsitzende der Deutschen Gesellschaft für Geschlechtserziehung, ist eine energische Frau, 68 Jahre alt. Sie hat bis zu ihrer Emeritierung an der Universität Flensburg gelehrt, ihre Studenten mussten in Sexualpädagogik qualifiziert sein, um Examen zu machen. In Deutschland eine große Ausnahme. Etschenberg würde nicht nur Lehrern raten, sich mit Pornografie und Porno-Rap zu befassen. Sie geht noch weiter: »Die Schule darf bis heute keine Pornos einsetzen. Ich halte das inzwischen für überholt.«

Die ehemalige Biologielehrerin hat eine klare Meinung zur Pornografie. Jugendliche bekämen die Bilder und die pornografischen Textzeilen nicht mehr aus dem Kopf: »Das ist wie das Einbringen von Giftstoffen in die Umwelt.« Sie vergleicht es mit Ironie und Kabarett. Um ironische Bemerkungen zu verstehen, müsse man reale Erfahrungen gemacht haben. Die reale Erfahrung fehle den Teenagern. Also kapierten sie die Porno-Ironie nicht. Wie sollen sie damit umgehen, wenn sie sehen, dass eine Frau wie eine »Entsorgungsstation für zehn Samenergüsse« behandelt wird? Die Schule erscheint ihr im Kampf gegen das mediale Überangebot von »Bravo über Porno-Rapper bis hin zum Internetporno« wie ein kleiner David gegen einen übermächtigen Goliath. Sie tüftelt gedanklich seit einiger Zeit an einer Steinschleuder.

Etschenberg hat ihren tragbaren CD-Player in den Hörsaal getragen und ihren Studenten Porno-Songs von Frauenarzt vorgespielt. »Ein ganz kleiner Teil kannte die. Der andere Teil sagte: Oje, damit habe ich ja gar nicht gerechnet, dass Kinder, die ich unterrichte, solche Texte im Kopf haben. Die waren sehr, sehr betroffen

und dankbar, dass ich ihnen das Portal geöffnet habe.« Etschenberg
selbst haben die Texte aufgewühlt. Sie hat ein Gedicht geschrieben
aus der Perspektive eines jungen Mädchens, das sich gegen den
Porno-Rap wehrt. In etlichen Jugendzentren machen junge
Hobby-Rapper längst etwas Ähnliches. Angeleitet von erfahrenen
MCs, liefern sie sich in Workshops Wortgefechte, ohne zu diskri-
minieren.

Pornokompetenz vermitteln –   Während sie über all das nachdachte,
auch mit Clips   ist in Carla Etschenbergs Kopf ein Plan
gereift, wie sich Pornoclips in den Un-
terricht einbauen ließen. Ganz vorsichtig. Nur für die Schüler, die
es wirklich sehen und besprechen wollen. Und natürlich nur mit
Zustimmung der Eltern. Man müsste das sorgfältig vorbereiten.
Ein guter Startpunkt schiene ihr das Vokabular des Porno-Raps,
das an Schulen weit verbreitet ist. Wie werden Frauen da bezeichnet? Als Fotzen, Schlampen. Ist das für euch okay? Was haltet ihr
davon?

Im Gespräch über solche Textsequenzen könnte man die Merk-
male von Pornografie herausarbeiten, dazu ließe sich im Vergleich
Literatur über »Begehren, Anmachen, Geschlechtsverkehr« besprechen. Sexualität könnte ihrer Ansicht nach ohnehin in vielen Un-
terrichtsfächern eingebaut werden, nicht nur in Deutsch, auch in
der Kunst, in der Musik, nur tue es kaum einer. In der aufbauen-
den Unterrichtssequenz zur Pornografie müsste den Schülern
dann erklärt werden, was Pornos zeigen, damit sie sich entscheiden können, ob sie pornografische Bilder sehen und in der Gruppe
diskutieren möchten. Wer das wirklich wolle und die Erlaubnis
der Eltern habe, könne sich zuletzt einige ausgewählte Szenen ansehen. »So wird das Besprochene veranschaulicht und eine eigene
begründete Position zum Thema Pornografie gefördert«, sagt
Etschenberg.

Sie hat trotz ihrer Pensionierung mehr als genug zu tun, aber sie könnte sich durchaus vorstellen, so ein Konzept für die Bundeszentrale für gesundheitliche Aufklärung auszuarbeiten. Verwirklichen ließe sich alles nur in Absprache mit den Bundesländern.

Linus Dietz, Etschenbergs Nachfolger bei der Deutschen Gesellschaft für Geschlechtserziehung, ist skeptisch, ob der Plan eine Chance hätte. Im Augenblick haben Union und FDP die Mehrheit im Bundestag. Die Bundeszentrale untersteht also einer konservativ gefärbten Regierung. Die Unions-Familienpolitikerin Michaela Noll etwa sagt zur Pornografie an Schulen: »Es muss nicht überall ins Curriculum mit rein.« Am Ende würden sich nur Eltern beschweren, weil da etwas in den Unterricht transportiert werde, wofür sie »gar keinen Handlungsbedarf« sehen.

Das Argument, das für Dietz viele Überlegungen überflüssig macht, lautet schlicht: »Es ist verboten.« Das Gesetzbuch stellt das Zugänglichmachen von Pornografie für Minderjährige unter Strafe. Höchstens in der Kollegstufe, wenn die Gymnasiasten volljährig sind, könne man möglicherweise darüber nachdenken, zusammen ein Pornovideo anzusehen. Aber ist es da nicht längst zu spät?

Carl Rückert, der 15 Jahre alte Schüler, ist sich nicht sicher, ob es sinnvoll wäre, überhaupt über Pornografie zu sprechen: »Ich könnte mir vorstellen, dass es nicht sonderlich viel Erfolg hätte. Es ist ein zu großer Kreis in der ganzen Klasse. Entweder wird dann gekichert oder nur Mist gelabert.«

Es ist auch in dieser Frage wie immer mit der Pornografie. Es kommt auf die persönliche Haltung an, auf die Perspektive. Vermutlich ist es leichter, eine zu entwickeln, wenn man sich nicht wirklich mit dem Thema befasst. Seinen Kindern wird so aber niemand gerecht.

Und egal, wie abweisend die Schüler anfangs reagieren, wenn man versucht, ihnen bestimmte Werte zu vermitteln. Manchmal, sagt der junge Lehrer Gert Laibert, bleibt am Ende doch etwas hängen.

Es klinge vielleicht ein bisschen komisch, sagt Karla Etschenberg. Aber was man vermitteln müsste, sei Pornokompetenz.

Ratgeberteil

Wie Sie mit Ihrem Kind über Sexualität und das Internet reden können

1 **Nicht nur Pubertierende, schon kleine Kinder haben eine Sexualität.** Sie fassen sich am Penis oder der Scheide an und finden es angenehm. Ab einem bestimmten Alter ist das in der Öffentlichkeit nicht mehr in Ordnung. Das müssen Sie Ihrem Kind schon sagen. Verbieten Sie ihm aber bloß nicht, herauszufinden, was sich gut und was sich nicht so gut anfühlt. Wenn aus Ihrem Kind eine starke Persönlichkeit werden soll, muss es wissen, was ihm gefällt. Genauso, wie ihm klar sein muss, was es ablehnt und wovor es sich schützen sollte.

2 **Begreifen Sie die sexuelle Aufklärung als einen Prozess, der in den ersten Jahren beginnt und in der Pubertät einen vorläufigen Höhepunkt erreicht.** Erklären Sie Ihrem Kind, was es wissen will, sobald es sich dafür interessiert. Signalisieren Sie immer Offenheit und Redebereitschaft. Spätestens, wenn Geschwister geboren werden, wird es sich fragen, wo die herkommen. Wenn Sie unsicher sind, wie Sie das veranschaulichen sollen, nehmen Sie Bücher zu Hilfe. Es gibt für jedes Alter welche. Der Ravensburger Verlag hat eine kleine Reihe, in der etwa *Das Aufklärungsbuch* erscheint. Auch bei Kopp sind mehrere Bücher zum Thema erschienen. Die

Ärztin Esther Schoonbrood gibt in *Erklär mir die Liebe!* viele prakti-
sche Tipps, *Von wegen Licht aus, Augen zu!* bietet Anregungen. Für Pubertierende können Seiten wie www.sextra.de oder www.loveline.
de interessant sein. Lassen Sie sich mit manchen Antworten ruhig
Zeit. Kommen Sie später auf die Frage zurück. Was ist ein Blowjob?
Etwas, das Erwachsene beim Sex machen. Ihr Kind will mehr wissen? Jemand nimmt den Penis des anderen in den Mund, manchen
gefällt das. Vielleicht wollte Ihr Kind es so detailliert gar nicht hören. Dafür müssen Sie ein Gespür entwickeln.

3 Erziehungsexperten raten dazu, klare Grenzen zu setzen und
Regeln zu definieren. Wichtig ist dabei: **Jedes Verbot und jede
Einschränkung muss erklärt werden.** Erziehung kann in zwei
Richtungen scheitern: Eltern sind zu lax, oder sie sind zu streng.
Dazwischen verorten erfahrene Pädagogen den sinnvollen Mittel-
weg. Das gilt auch für den Umgang mit Sexualität und Pornogra-
fie. Gerade auf diesem emotional aufgeladenen Gebiet sollten Sie
sich um Ruhe bemühen – auch wenn Ihnen manches ungeheuer-
lich erscheint. Empathie bringt in der Regel mehr als Empörung.
Warum soll man nicht »Schlampe« sagen? Diskutieren Sie!

4 Um für solche Auseinandersetzungen gerüstet zu sein: **Beschäftigen Sie sich zuallererst mit Ihrem eigenen Verhältnis zu
Sexualität und Pornografie.** Lehnen Sie Pornos generell ab? Oder
glauben Sie, dass Sexfilme ein menschliches Bedürfnis befriedigen?
Schauen Sie sogar selbst welche? Das alles ist Ihnen viel zu peinlich? Sie werden sich mit diesen Fragen befassen müssen. Wie wollen Sie Ihrem Kind Werte vermitteln, wenn Sie nicht einmal Ihre
eigenen formulieren können? In Pornodebatten hängt vieles vom
Standpunkt ab. Finden Sie Ihren. Machen Sie sich für Ihre Familie
klar, welche Werte sie zusammenhält, wie der Sexparagraf im

Grundgesetz Ihrer kleinen Gemeinschaft aussähe. Darüber haben Sie noch nie nachgedacht? Es wird höchste Zeit!

5 Sie waren auch mal jung, haben sich verliebt und zum ersten Mal jemanden geküsst. **Erinnern Sie sich an Ihre eigene Jugend. Erzählen Sie Ihrem Kind davon.** Helfen Sie Ihrem Gedächtnis mit *Liebes-Erklärungen*. Ein *Sex-Buch* auf die Sprünge, wenn Ihnen das schwerfällt. Zeigen Sie: Sie haben Verständnis. Aber nerven Sie andererseits nicht zu sehr mit Ihren Jugendschwänken.

6 Meist beginnt es mit Porno-Vokabeln. »Gangbang«, »Blowjob«, »Schlampe«, »Fotze«. In der Schule kann Ihr Kind solche Begriffe aufschnappen. Sie kommen in den Songs bekannter Rapper vor. Reagieren Sie gelassen. **Woher hast du dieses Wort?** Was interessiert dich daran? Fragen Sie zunächst lieber, als zu dozieren. Werden Sie nicht gleich energisch, das bestärkt Ihr Kind nur darin, das Wort für cool zu halten.

7 **Bauen Sie die Aufklärung in den Alltag ein.** Liebe und Sexualität tauchen in Filmen, im Fernsehen, in Zeitungen auf. Erzählen Sie, wie es Ihnen mit bestimmten Bildern geht, warum Ihnen ein Film gefallen hat, wie Frauen darin für Sie rüberkamen. Fragen Sie Ihr Kind, was es selbst über Rap-Zeilen und Serienhelden denkt. Machen Sie ihm klar: Sex ist in erster Linie etwas ungeheuer Angenehmes, das Spaß macht und wunderbare Gefühle hervorrufen kann. Weisen Sie dennoch auf die Gefahren hin. Wenn Sie mit ihrem Teenager einen Film sehen, in dem Menschen miteinander schlafen, können Sie beiläufig darauf eingehen. Verhüten die? Wenn nicht: Woher wissen sie, dass der andere kein HIV hat? Nimmt die Frau die Pille? Sicher, das mag Ihnen alles recht peinlich vorkommen. Aber peinlicher als ein hochnotoffizielles Aufklärungsgespräch?

8   Bevor Sie sich mit Ihrem Kind zum ersten Mal vor den Bildschirm setzen: **Schützen Sie Ihre Computer technisch.** Installieren Sie Firewalls, Virenprogramme und schotten Sie drahtlose
Netze nach außen ab, damit nicht ohne Ihr Wissen jemand den
Anschluss mitnutzt. Überlegen Sie, ob Sie mit Filterprogrammen
bestimmte Inhalte grundsätzlich fernhalten wollen. Stellen Sie
Ihre Suchmaschine auf den familienfreundlichen Modus. Bei
Google nennt er sich »Safe Search«. So sind indizierte Seiten von
vornherein ausgeschlossen. Auf www.klicksafe.de, www.jugend-
schutz.net/eltern/surfen/index.html oder www.internet-abc.de/
eltern/ finden Sie ausführlichere Tipps zum sicheren Surfen mit
Kindern.

9   Vergessen Sie aber nie: **Kein Filter und keine Sicherheitsein-
stellung können Ihre Anleitung und Ihre Aufsicht ersetzen.** Sie
müssen nicht nur technisches Wissen, sondern auch Ihre Internet-
werte vermitteln. Selbst wenn es Zeit kostet und anstrengend ist:
Seien Sie anfangs immer dabei, wenn Ihr Kind das Online-Universum erkundet, oder sorgen Sie dafür, dass jemand bei ihm ist. Erste
Anlaufadressen: www.klick-tipps.net, www.blinde-kuh.de, www.
seitenstark.de oder www.fragfinn.de

10   Begleiten Sie Ihr Kind so lange, bis Sie davon ausgehen, dass es
mit allem souverän umgehen kann, worauf es dort klicken könnte.
**Überlegen Sie genau, ab wann es einen Rechner im eigenen
Zimmer nutzen darf und wann es dafür eine Verbindung ins
weltweite Netz bekommt.** Auch wenn Ihre Kinder älter werden
und sich der Pubertät nähern, ist es besser, wenn jemand in der
Nähe ist, sobald sie online gehen. Stellen Sie den Rechner also ruhig an einen öffentlichen Ort im Haus, vielleicht ins Wohnzimmer.

11 Wenn Sie während der Überlegungen zum Familiengrundgesetz zu dem Schluss gekommen sind, dass Pornografie etwas ist, dass bei Erwachsenen eine gewisse Funktion erfüllt, für Jugendliche aber gänzlich ungeeignet ist, erklären Sie das Ihren Söhnen oder Töchtern. **Erläutern Sie Ihnen, dass einige Bilder und Clips aus dem Internet sie verstören könnten.** Warnen Sie davor. Schildern Sie die konkreten Gefahren. Sobald Sie Ihrem Kind erlauben, seine eigene E-Mail-Adresse zu verwenden, muss es wissen, dass es Mails von unbekannten Absendern besser löscht, ohne lange nachzudenken. Genauso sollte es sehr skeptisch mit allem umgehen, was an den Werberändern von Homepages als Banner blinkt. Schauen Sie gemeinsam Internetseiten an, und reden Sie darüber, warum die Seiten gut oder nicht gut sind, wo Verlockungen lauern. Wo droht Abzocke oder Schadsoftware?

12 Es kann sein, dass Ihr Sohn oder Ihre Tochter schon mit neun oder zehn Jahren darum bettelt, sich bei einem sozialen Netzwerk anmelden zu dürfen. **Die Betreiber von *SchülerVZ* halten zwölf für ein vernünftiges Einstiegsalter, zu *Facebook* darf man ab 13.** Viel früher könnten die vielen Kontakte ein Kind überfordern. Behalten Sie zunächst die Kontrolle. Passwörter und Anmeldenamen für Profile in sozialen Netzwerken und für E-Mail-Accounts besitzt am besten nicht nur Ihr Kind, sondern auch Sie selbst. Erst wenn es bewiesen hat, dass es sich online verantwortungsvoll verhält – und das kann einige Jahre dauern –, darf es surfen, wohin es will.

13 Die Anmeldung in einem Netzwerk erfordert eine sorgsame Vorbereitung. *SchülerVZ* oder *Jappy* klären an Schulen über die Gefahren und Fallstricke der Online-Freundeskreise auf. Was für die gesamte Internetnutzung gilt, ist hier besonders zu beachten: Keine Adressen, keine Telefonnummern, keine echten Namen herausgeben! Virtuelle Profile müssen mit den Personen dahinter nichts zu tun haben. Machen Sie das Ihrem Kind bewusst. Wer ist dieser Typ, der mein virtueller Freund werden will? Kenne ich ihn aus der Schule, aus einem Verein? Wenn nicht: Warum soll er Zugang zu all meinen Fotoalben und Statusmeldungen bekommen? Nur weil jemand ein Kompliment macht, ist er noch kein netter Mensch. Spätestens, wenn er nach Unterwäschefotos fragt, muss sich Ihr Kind sofort an Sie wenden. Manchen Sie ihm keine Angst, aber weisen Sie sachlich auf solche Gefahren hin. Es ist sehr unwahrscheinlich, dass Modelscouts oder Talentsucher in Communitys um Ihr Kind werben. Erklären Sie ihm das.

14 Fordern Sie dieselbe kritische Haltung bei Chat-Seiten ein. **Zunächst ist es am sichersten, wenn Ihr Kind zum Chatten nur geprüfte Angebote nutzt.** Hinweise dazu erhalten Sie etwa bei www.chatten-ohne-risiko.net.

15 **Versuchen Sie Ihre Skepsis gegenüber den schrill-bunten Webwelten von Jugendlichen abzulegen.** Hätten Sie nicht nur Ihr Schnurtelefon besessen, hätten Sie früher wahrscheinlich auch abendelang chatten wollen. Melden Sie sich einmal bei einem Netzwerk für Erwachsene an, wenn Sie das noch nicht getan haben. Betrachten Sie es als Fortbildung zum Verbessern Ihrer eigenen Medienkompetenz. In mancher Hinsicht kennt Ihr Kind sich im Netz besser aus als Sie. Scheuen Sie sich nicht, von ihm zu lernen. Denken Sie darüber nach, sich bei *Facebook* mit ihm zu befreunden. Wenn es zu Hause selbstständig surft, können Sie nachmittags vom Büro aus ruhig mal per Chat nachfragen, wie die Hausaufgaben laufen – wenn Ihr Arbeitgeber das erlaubt. Das fördert bei Ihrem Kind auch das Gefühl, dass es nicht anonym und unbeobachtet im Web unterwegs ist.

16 Erkunden Sie mit Ihrem Kind dessen Online-Welt. Sprechen Sie sich mit ihm ab, lassen Sie sich die Profile zeigen und die Freunde. Spionieren Sie ihm aber nicht hinterher! Gönnen Sie ihm eine Privatsphäre, genauso wie Sie anklopfen, wenn Sie ins Zimmer kommen. Machen Sie dennoch deutlich: Ein Online-Profil mit 89 Freunden ist kein privates Tagebuch. Bestehen Sie bis zu einem bestimmten Alter ruhig auf Einblicke. Stellen Sie kritische Fragen: Würdest du deinem Lehrer die Bilder zeigen? Nein? Er kann sie so aber sehen, wenn du das nicht mit den Profil-Einstellungen änderst. Gehen Sie mit Ihrem Kind die Möglichkeiten durch, seine Online-Privatsphäre zu schützen. *SchülerVZ* zeigt auf seinen Elternseiten, wie das geht: www.schuelervz.net/l/settings_demo. *Jappy* hat grundlegende Tipps für Sie: www.jappy.de/infos/jugendschutzEltern.

17 Überlegen Sie sich, ab wann Ihr Kind ein Handy nutzen soll und mit welchen Funktionen es ausgestattet sein darf. In den ersten Jahren kann es sinnvoll sein, das Handy abends einzubehalten. Wenn es eine Kamera besitzt, müssen Sie unbedingt darüber reden, welche Fotos im Netz landen dürfen. Erklären Sie, was das Recht am eigenen Bild ist. Nicht jeder kann einfach auf Partys seine Kumpels fotografieren und alles auf Netzwerkseiten hochladen. Vermitteln Sie Ihrem Kind ein Gefühl dafür, dass es selbst darüber entscheidet, welche Fotos von ihm im Umlauf sind. Diskutieren Sie mögliche Konsequenzen. Was denkst du wohl in fünf Jahren darüber? Über den kindgerechten Umgang mit persönlichen Daten informiert etwa www.schau-hin.info/persoenliche-daten.html.

18 Ein Argument, das Sie während Ihrer Diskussionen häufig hören werden: Janas Eltern erlauben Ihr aber, nachts das Handy zu benutzen, sich jetzt schon bei *SchülerVZ* anzumelden, die Bilder zu veröffentlichen, die sie herausgeben will. **Schimpfen Sie nicht auf die unverantwortlichen Rabeneltern dieser Freunde oder Freundinnen. Nehmen Sie Kontakt zu ihnen auf.** Treffen Sie Absprachen mit ihnen, was im Netz in Ordnung ist und was nicht, um den Gruppendruck zu nehmen.

19 Wenn Sie den Eindruck haben, in der Schule reagieren die Lehrer nicht angemessen auf die Pornosprüche: Reden Sie mit Ihnen. **Klagen Sie nicht an, tauschen Sie sich aus. Lehrer sind oft in Sorge wegen der Reaktionen der Eltern.** Es läuft besser, wenn Sie nicht wie eine meckernde Kontrollinstanz wirken, sondern wie ein Erziehungspartner. Fordern Sie eine Auseinandersetzung mit dem Internet und mit der medialen Sexualisierung ein, wenn Ihnen das nötig erscheint.

20 **Sollten Sie Abmahnungen bekommen, weil Ihr Sohn oder Ihre Tochter Pornos oder andere Filme und Musik illegal heruntergeladen hat: Wenden Sie sich an einen Anwalt.** Meist lässt sich zumindest der Abmahnbetrag verringern. Vor allem werden so künftige Zahlungen verhindert. Sonst kann es sein, dass nach der ersten Abmahnung weitere kommen, obwohl ihr Kind aufgehört hat, Dinge illegal herunterzuladen.

Für Töchter: Spätestens in der Pubertät wird Ihre Tochter sehr viel darüber nachdenken, wie sie auf andere wirkt. Das ist völlig normal. Auch, dass sie mit ihrem Äußeren spielt, sich zu schminken und aufreizend anzuziehen beginnt, muss Sie nicht gleich verschrecken. Signalisieren Sie ihr aber frühzeitig, dass das Aussehen nicht alles ist. Suchen Sie nach Anlässen, sie auf mediale Bilder aufmerksam zu machen und darauf, unter welchen Bedingungen die oft entstehen. Frauen aus Hochglanzmagazinen und Promi-Sendungen im Fernsehen sind keine natürlichen Vorbilder. Wenn Ihre Tochter mit zwölf Jahren anfängt zu hungern, weil Sie bei *Germany's Next Topmodel* gewinnen will, wischen Sie Ihre Sorgen nicht einfach beiseite. Nehmen Sie die Bedenken ernst. Schlagen Sie Lösungen vor. Sollen wir uns gesünder ernähren? Möchtest du Sport machen? Geben Sie ihr immer ein positives Gefühl: Ich finde dich schön.

Für Söhne: Die Wahrscheinlichkeit ist groß, dass sich Ihr Sohn im Alter von 14, 15 oder 16 Jahren für Seiten wie *Youporn* zu interessieren beginnt. Sie müssen entscheiden, ob Sie ihm das rigoros verbieten wollen, weil es gesetzlich nicht erlaubt ist, oder ob Sie seinen Pornokonsum tolerieren wie die Niederländer das Marihuana. In dem Fall wird kein Weg darum herum führen, mit ihm über die Stellungsakrobatik der Pornoplattformen zu sprechen oder ihn auf Informationen zu verweisen, die die einseitigen Pornoeindrücke korrigieren. Erziehen Sie Ihren Sohn zu einem kritischen Medienkonsumenten. Machen Sie ihm klar, wie künstlich die Frauenbilder sind, denen er in Filmen, im Fernsehen, in Zeitschriften und im Netz begegnet. Regen Sie Ihn dazu an, über Frauen- und Männerrollen zu diskutieren. Was macht eine Beziehung zu einer guten Beziehung? Was macht den Mann zum Mann? Nicht nur die Muskeln und ein großer Penis.

Danksagung

Ich bedanke mich sehr, sehr herzlich bei allen Forschern, Politikern und Pädagogen, bei allen Interviewpartnern, die mir ihre Bürotüren, Leitz-Ordner und Archive geöffnet haben und mir während der Recherche viele Stunden ihrer Zeit geschenkt haben, um ihre Erfahrungen und Expertisen zu teilen.

Mindestens ebenso sehr gilt mein Dank den Jugendlichen und ihren Eltern, die bereit waren, sich mit mir so offen über dieses Thema zu unterhalten, ganz besonders Corinna und Carl Rückert. Ohne die vielen spannenden Gespräche hätte dieses Projekt nicht gelingen können. Ohne dass mich Anja Maier als Reporter für die *taz* schon 2006 ermutigt hätte, mich den Lebenswelten von Jugendlichen zu nähern, hätte mir zudem eine wesentliche Basis gefehlt. Dasselbe gilt für die Redaktionen von *stern.de*, *Berliner Zeitung*, *Frankfurter Rundschau* oder *Spiegel Online*, die es mir ermöglicht haben, mich auf diesem Gebiet weiter fortzubilden. Ähnlich verhält es sich mit *Google* – ohne dessen Alert-Funktion das Buch um einige aktuelle Beispiele ärmer wäre.

Außerdem bin ich glücklich, dass mich während und nach dem Schreiben Kathi, Sonja und Alicja unglaublich unterstützend, aber immer kritisch begleitet haben, genauso wie Julia, Wolf, Jan,

Oliver und Mathi. Viele dieser Verbindungen hat die Deutsche
Journalistenschule in München geschaffen. Von den stilprägenden
Monaten dort zehre ich nach wie vor.

Ich bedanke mich bei meinen Eltern für alles, insbesondere für
ihre hilfreichen Hinweise, und bei meiner Mutter für ihr Erst-
lektorat und ihre unverzichtbare Rechercheassistenz in diversen
Kinderunterwäsche-Abteilungen.

Mein besonderer Dank gilt dem Fackelträger Verlag, und da vor
allem Moritz Kienast, ohne dessen Vertrauen und Initiative dieses
Buch nie zustande gekommen wäre.

Berlin, im Dezember 2009
Johannes Gernert

Was Kindern am meisten hilft: Entspannte Eltern!

Carl Honoré:
Kinder unter Druck.
Rettet die Kindheit vor
Schule und Übereltern
Gebunden mit
Schutzumschlag
320 Seiten
Format: 14 x 21,5 cm
ISBN: 978-3-7716-4384-3
€ 19,95 [D] / € 20,60 [A] /
SFr 34,50

»Der Journalist sucht nach Gegentrends, nach Nischen für aufgeklärte Eltern, die sich den Auswüchsen einer ›von Konkurrenz besessenen Kultur‹ verweigern wollen.« *Psychologie heute*

»Honoré resümiert nicht bloß seine eigenen Erfahrungen, sondern er recherchiert alles von alternativen Sportprogrammen in New York, die ohne Leistungsdruck funktionieren, über Reggio-Kindergärten in Italien, wo das Erkenntnisinteresse des Kindes im Zentrum steht, bis hin zum Spielverhalten von Straßenkindern in Brasilien.« *Tages-Anzeiger*

»Der Vater zweier Kinder macht Eltern Mut, sich selbst und ihren Kindern zu mehr freier Zeit zu verhelfen.« *Westdeutsche Zeitung*

Fackelträger

Raus aus der Kuschelecke – rein ins wirkliche Leben!

Charles J. Sykes:
50 Regeln, die Kinder
nicht in der Schule lernen
Gebunden mit
Schutzumschlag
208 Seiten
Format: 14 x 21,5 cm
ISBN: 978-3-7716-4378-2
€ 19,95 [D] / € 20,60 [A] /
SFr 34,50

»Eine unterhaltsame Gebrauchsanweisung für Eltern, Erzieher und Jugendliche ab etwa 14 Jahren.« *Oberhessische Presse*

»50 Regeln, die für Kinder wichtig sind, aber auf keinem Lehrplan stehen.« *Neue Presse*

»Das Leben ist nicht gerecht, gewöhn dich daran.« (Regel 1)
»Deine Eltern sind nicht so peinlich, wie du denkst.« (Regel 15)
»Du bist nicht perfekt und musst es auch nicht sein.« (Regel 47)
Diese und 47 weitere unbequeme Wahrheiten, die auf keinem Lehrplan stehen, gibt Charles J. Sykes seinen Lesern mit auf den Weg. Knallhart und oft urkomisch bringt er auf den Punkt, was im Leben wirklich zählt – aber an keiner Schule vermittelt wird!
Eine Gebrauchsanweisung für alle, die sich ins echte Leben stürzen wollen!

Fackelträger